中原智库丛书·青年系列

新形势下河南企业
国际化路径与对策研究

Research on the Internationalization Path and Countermeasures of
Henan Enterprises under the New Situation

赵中华 / 著

经济管理出版社
ECONOMY & MANAGEMENT PUBLISHING HOUSE

图书在版编目（CIP）数据

新形势下河南企业国际化路径与对策研究 ／ 赵中华

著. -- 北京 ：经济管理出版社，2024. -- ISBN 978-7

-5243-0050-2

Ⅰ．F279.276.1

中国国家版本馆 CIP 数据核字第 2025RT6127 号

组稿编辑：申桂萍

责任编辑：申桂萍

助理编辑：张　艺

责任印制：张莉琼

责任校对：蔡晓臻

出版发行：经济管理出版社

　　　　　（北京市海淀区北蜂窝 8 号中雅大厦 A 座 11 层　　100038）

网　　　址：www.E-mp.com.cn

电　　　话：（010）51915602

印　　　刷：北京晨旭印刷厂

经　　　销：新华书店

开　　　本：720mm×1000mm/16

印　　　张：14.25

字　　　数：290 千字

版　　　次：2025 年 3 月第 1 版　　2025 年 3 月第 1 次印刷

书　　　号：ISBN 978-7-5243-0050-2

定　　　价：88.00 元

前　言

　　中部地区是我国重要的粮食生产基地、能源原材料基地、现代装备制造及高新技术产业基地和综合交通运输枢纽，在全国具有举足轻重的地位。在我国推进高水平对外开放的大背景下，提升中部地区企业国际化水平，将使中部地区在世界范围内更好地配置资源，推动高质量发展，助力中部地区崛起。河南地处中国地理版图的中心，是我国重要的交通枢纽，更是带动中部地区发展的核心引擎。以河南为例，对中部地区企业国际化历程、问题进行梳理，提出新时代新征程中中部地区企业国际化模式和路径，具有重要的理论和现实意义。

　　自改革开放以来，经过四十多年的快速发展，河南省已经取得了许多突出成绩。河南企业在"引进来"的同时，不断加快"走出去"的步伐，大量本省企业以创新发展方式，提升国际化经营水平，融入全球一体化竞争，参与全球市场与资源分配，实现以国际促国内，加快对本省产业的转型升级。当前，提升企业国际化发展水平既是河南省持续扩大对外开放的重点工作，也是企业扩大生存空间的迫切需要。

　　展望未来，在我国全面推进中国式现代化、着力构建"双循环"新发展格局的大背景下，以河南为代表的中部地区面临着重大历史机遇与严峻的内外部挑战。借助高水平对外开放政策，河南企业应加快技术追赶、产业升级，从而实现自身实力的提升。然而，河南企业想要在海外市场站稳脚跟，需要清晰地认识到复杂多变的内外部环境、企业自身的优势和劣势以及国际化发展面临的困难。

　　本书首先系统梳理了国内外企业国际化相关概念、理论、分类与特点。在阅读国内外学者的研究成果后，总结出国内外对于企业国际化所处的研究阶段与重点。其次回顾了河南企业国际化的发展历程与轨迹、主要方向、发展情况等，通过总结近些年河南企业内向国际化与外向国际化取得的成绩，提炼出河南企业国际化发展形成的主要特色。此外，本书全面分析了河南企业国际化面临的复杂多变、不确定性持续增强的国内外环境，并基于对河南企业自身的优势与劣势以及面临的机遇与挑战的分析，全面掌握当前河南企业国际化面临的新形势与新变化，为下一阶段设计具有针对性的国际化发展路径，提供了现实与理论支撑。

除分析阐述外，本书结合实证分析法，建立了八维度地区国际化蛛网模型，对全省企业内向与外向国际化水平进行了系统评价。从纵向层面探究河南企业国际化发展与东部沿海（广东）、中部地区（安徽）的差异之处。在企业层面，以河南87家总资产规模超过1亿元的上市公司为研究对象，通过研阅公司年报、社会责任报告、财报、审计报告等对外发布的信息数据，本书对60家开展对外贸易的企业进行了定量分析，并通过建立n维蛛网数学模型，对样本企业的国际化程度进行测量。在经过与省外（沿海及中部地区）、省内（指标间）企业间的比较后，全面探讨了河南企业国际化发展程度。

为全面提升河南企业国际化经营水平，本书基于提炼总结出的四类企业特征，选择河南具有代表性的、国际化经营成功的企业进行单案例、多案例分析，跨案例比较研究，基于案例分析法，全面提炼出国际化经营出色企业的共性与特点。此外，本书通过解析国外（美国、欧盟、日本）、国内（广东、浙江、安徽）企业国际化发展的成功之处，总结提炼出值得河南企业借鉴的经验。基于四种不同国际化特征，本书提出了针对大型企业、中小型企业开展国际化经营的多种发展路径，以及本省企业开展跨国经营的成功模式，并从企业、产业、政府层面提出全方位提升全省国际化经营能力的系统性建议与对策。本书作为目前较全面分析某一区域国际化发展全过程的成果，将为河南省全面了解企业国际化经营所处的阶段、发展程度、面临的问题困境，以及在内外部新形势下如何提升全省企业国际化水平，提供路径设计与对策指导。

本书在国内外经济社会发展面临新形势与新挑战背景下，立足于河南本土企业，以河南地区企业国际化发展为主题，以实证分析与案例研究相结合，基于定量与定性角度，对全省企业国际化发展水平进行全面测度。本书的研究成果将有助于学者、企业家以及政府相关部门了解掌握河南企业国际化经营所处阶段、面临的问题，以及与国内外地区存在的差距。基于上市公司的国际化水平测量，将从微观层面推动企业实施国际化战略，帮助企业补足短板，寻找到适合自身情况的发展路径，为提升中部地区企业国际影响力与品牌声誉提供有力依据。

目 录

第一章　绪论

一、研究背景

经过改革开放 40 多年的深入发展，中国已经成为世界较大的商品出口国和商品贸易国，中国企业已经成为国际市场的重要力量。随着经济全球化趋势不断加强，我国企业扩大了参与国际市场的深度和广度。企业间通过贸易合作、文化交流、知识共享、技术互补，使中国逐步融入全球一体化的发展浪潮。面对全方位、多层次、多领域的对外开放，中国企业以直接利用外资、对外贸易与对外直接投资等方式，正在谋求与世界经济的全面接轨。据国家统计局发布的数据，2022 年我国货物贸易进出口总额为 42.07 万亿元，比 2021 年增长 7.7%。其中，出口额为 23.97 万亿元，增长 10.5%；进口额为 18.1 万亿元，增长 4.3%，我国连续六年保持世界第一货物贸易大国地位。与此同时，企业的国际合作与竞争更加频繁，大量国外品牌积极涌入我国市场，使尚未"走出去"的企业的竞争优势被进一步弱化。可见，当前我国企业的国际化发展面临着机遇和挑战，如何正确选择国际化发展路径、实施国际化发展战略、提高国际化经营水平，是我国企业面临的一个重要问题。

当今世界经济处于全球化的时代，在全球范围内配置资源是提升产品和企业竞争力的重要武器，通过吸引全球企业进入中国，带动中国企业走向世界，中国企业国际化发展已经成为一种不可逆转的趋势。埃森哲和经济学人信息部联合针对亚洲企业国际化进行的调研显示，超过一半的企业希望通过国际化在价值链上拥有更多的主导权。企业国际化已经成为全球经济一体化的必然结果，也成为中国企业对外谋求发展的必由之路。然而，我国经济在经历高速增长阶段之后，开始进入转变发展方式、优化经济结构、转变增长动力的关键时期，地方区域乃至全国都面临新的形势，经济发展虽然具有动力强劲、前景向好的特点，但是又存在发展动力减弱、内部需求日趋饱和等结构性问题。

从外部环境来看，近几年，全球经济增速下滑，欧美发达国家国际经济贸易活动明显萎缩，国际产业格局发生巨变，这一系列变化都使我国的对外开放与对外贸易面临巨大的不确定性与不可预估的持续风险。加之，来自制造业、高新技术产业对传统行业的冲击、挑战不断加剧，对我国制造业、服务业"走出去"产生了诸多障碍。面对新形势，我国提出要构建"双循环"新发展格局，积极应对各种风险，降低各种不利影响。但是，在外部环境还不明朗、国际化发展中的负面因素仍多于正面因素的情况下，河南企业究竟如何应对严峻的国际形势，加快提高国际化经营的规模与质量，仍是河南省提高对外经济开放程度、加快带动企业对外经营所必须关注的内容。

从国内发展环境来看，过去40多年，在对外开放的大时代背景下，企业为寻求资源、技术、品牌、管理和市场，开拓海外市场，不断增强自身实力，形成核心竞争能力，塑造国际品牌，实现企业利润的最大化。但是，区域国际化水平差异大、国际化发展不均问题较为突出，以广东、浙江为代表的东部沿海地区，依靠出口代工、贴牌生产等方式，迅速打开国际市场，并通过一系列海外投资、跨国并购加速扩张，逐渐成长出一批既具有低成本优势，又具有高技术附加值的跨国企业。相比之下，中西部地区的经济发展更多依赖资源投入、基础设施投资拉动，因此，其对外开放程度以及企业国际化发展都处于中低层次。以河南为代表的中西部省份的国际化发展具有其独特的发展特点与路径，需要进一步展开详细分析，以期对相同发展情况的地区加快国际化步伐提供一定借鉴与指导。

从河南自身发展来看，自改革开放以来，河南省在外贸、外资与外经三大层面取得了显著成就，对促进产业结构升级、保持经济平稳增长起到了重要的推动作用。然而，省内产业结构不合理、企业过度依赖资源优势等一系列问题，使河南企业在国际化进程中处于相对后发地位，也在一定程度上影响了全省经济的高质量发展。因此，研究分析和探讨河南企业国际化经营面临的问题，以及问题产生的根源，并依据国内外研究经验与启示，提炼出相应的发展路径与对策建议，将对河南省追赶沿海地区经济发展与加快对外开放步伐具有重要意义。面对新的发展形势，对河南企业国际化问题开展研究，寻找提升企业国际化水平的有效对策，无论是对提升河南企业创新能力、增强国际竞争力，还是对经济社会转变增长动能、实现高质量发展均有重要意义。

二、研究问题与意义

（一）研究问题

1. 河南企业国际化发展情况及存在的问题

经过改革开放40多年的发展，河南省对外开放水平不断提升，越来越多的本省企业选择"走出去"，将产品或服务带向全球市场，实现自身经营水平与抗风险能力的提升。然而，全球金融危机、中国加入WTO等对中国经济以及对外开放政策带来的影响，均对国际化发展处于初期的河南企业带来了潜在的影响，继而产生了多重问题。经过多年的成长，河南企业国际化发展情况如何？取得了哪些成绩？存在哪些问题？造成这些问题的原因又是什么？这些都是本书需要全面分析的重点。此外，哪些问题是可以通过外部政策或者通过企业自身努力解决的？哪些问题无法在短期内消失？这些是决定河南企业未来如何开展国际化经营的关键之处。

2. 与其他地区相比，河南企业国际化发展的特点

通过建立地区企业国际化程度评价体系，可以用来检测和评定河南企业国际化发展水平，以及企业各维度间存在的差异，将对提高企业ODI、合资合营、管理水平等方面产生重要的作用。然而，国际化水平的测量是基于单指标的针对性定量评价，还是基于多指标的定向定量评价更准确？如何建立一套系统、科学、可操作的评价指标体系？如何在地区宏观层面、企业微观层面建立差异化评价指标？一直是理论界与实践界不断深入探讨的问题，也依然是未来研究的重点关注内容。在评价方法选取方面，如何科学合理、避免原有评价方法中出现的问题？克服主观评价对最终结论的影响，也是在本书探讨中需要明确的内容。

3. 当前河南企业国际化经营面临的新形势

到20世纪后期，世界经济呈现出两种新趋势：经济全球化、区域经济一体化，在两种平行发展、相互促进、相辅相成新趋势的影响下，中国经济对外开放程度不断提高。在区域内部，河南省抓住经济发展的大趋势，大力发展外向经济，而在新形势下，身处"一带一路""中原城市群"等一系列区域发展的机遇期，面对新发展格局、新要求，河南企业开展国际化经营面临的新形势是什么？影响企业国际化进程的政治、经济、社会、技术因素是什么？而企业具备哪些优势与劣势？又将面临哪些机遇与挑战？这些内外部影响对河南省国际化发展进程又将产生哪些影响？这些问题都将是本书探讨的重点。面对国际化经营中出现的

新现象、新特征与新形势，如何抢占先机、获取有利资源与先进技术，如何增强对国际市场的影响力等因素，都需要全面分析河南企业国际化面临的新情况，才能基于多重影响因素，获得提升国际化水平的最优路径。

4. 河南省国际化发展的经验与成功之处

目前，河南省已有一批具备资源、技术优势及低成本差异化特征的企业走出国门，布局全球市场。2022 年，河南省已上市且资产超过 2 亿元的 111 家企业中，有 83 家上市公司开展了对外贸易。此外，全省也有近 400 家中小企业以多种形式进入全球产业链与价值链中。① 然而，以上企业在国际化发展过程中，经历了哪些过程？存在哪些困难？又是如何克服困难的？较少文献或研究报告予以总结分析。此外，河南省有哪些企业成功开展了跨国经营？它们属于哪些行业？具备哪些资源或优势？这些企业的国际化发展路径是什么？有哪些可借鉴之处？可以提炼出哪些可复制、可遵循的发展模式？以上问题都将是本书通过案例研究予以解答和提炼的主要内容。研究成果也将为河南省企业国际化发展提供重要参考。

5. 新发展格局下提升河南企业国际化水平的路径

要想提升河南企业的国际化水平，需要全面统筹各类型省域企业国际化经营所处阶段具备的优势及劣势，重点分析企业具备什么样的基础或条件，才能开始国际化发展战略。国内外、省内外企业国际化经验对提炼适合河南国际化发展的方法路径有何借鉴之处，是本书探讨的方向之一。此外，在面临不同的外部环境时，应该如何选择国际化路径？在进行海外投资时，是选择直接对外投资，还是选择合作合资？是采取渐进式国际化路径，还是选择跳跃式国际化路径？河南企业该如何选择一条适合自身发展的国际化路径或战略？在什么样的情况下适合本土发展，在什么样的情况下适合全球布局？这些都将成为影响或决定未来一段时间内河南企业国际化发展的关键问题，也是本书关注的重点问题。

（二）研究意义

1. 理论意义

（1）有助于形成评价地区企业国际化发展水平新方法。

随着国际化发展研究逐渐进入细分领域，企业国际化水平测度已形成一系列特点鲜明、针对性较强的评价指标或实证模型，并且在测度方法选择上已经形成一定的集中性。然而，目前国际化程度的测量，仍缺乏对某一地区企业国际化水平的评价，在微观层面也缺少更为丰富的评价指标，难以从多层次、多角度展开横向与纵向分析。因此，本书的研究成果对创新地区企业国际化评价方法具有重要的

---

① 资料来源：Wind 金融数据库。

现实意义。基于地区宏观层面、企业微观层面展开的双向评价，将成为更具有针对性的测量方法。本书提出的地区及 n 维蛛网数学模型将以定量与定性相结合的数据为基础，为全面评价企业国际化水平提供更具创新性的研究途径与方法。

（2）有助于对外推广河南企业国际化发展的成功案例。

现有文献对企业国际化的分析，大多采取建立评价体系，采取模糊评价或因子分析法，经模型测算得出企业国际化水平。现有采取案例分析的研究，也仅是采取文字描述的形式进行深层次剖析，并未采用有学术意义的评价方法。本书选取不同行业或不同类型的企业，通过开展案例分析，采用扎根理论对四个典型案例的编码、解码，提炼出典型的河南企业国际化发展的共性与特征，特别是对案例企业国际化经营历程、效果以及路径进行深入分析，为其他企业开展海外跨国并购提供可借鉴的经验范本。本书通过案例分析，使一些复杂无规律的经验有序凸显，借助对已有资料的挖掘，深入探索河南企业国际化经营的成功经验以及国际化发展路径。

（3）有助于形成多类型、多主体系统发展的国际化路径。

在现有文献中，较少关于河南企业国际化经营的系统性研究成果，也并未在充分分析地区企业国际化经营情况的前提下，总结提炼出适合不同企业的国际化发展最优路径。虽然有部分研究分析了河南企业国际化发展过程中存在的问题，并提出了对策建议，但是缺乏具有针对性的国际化发展模式，也并未展开实证与案例联合分析，寻找出适合不同类型企业的发展路径。本书通过现状回顾、国际化水平测度、问题提炼、原因分析，帮助河南企业在面临国际化战略选择时，探索更多的途径与国际市场拓展渠道或方式，研究结论也将对河南企业国际化经营发挥重要的实践指导作用。此外，如何在发挥河南自身相对优势的基础上，提出更丰富、更多样的发展战略，也是本书研究的重要议题之一。

2. 实践意义

（1）有助于剖析制约河南企业国际化经营的关键问题。

改革开放 40 多年以来，河南省社会经济发展取得长足进步，特别是一大批本省企业走出国门、走向世界，成为带动河南经济发展的重要驱动力。研究河南省企业国际化发展情况不仅关系到企业自身的成长壮大，也关系到区域经济的高质量发展。然而，国际金融危机等对全球一体化带来较大影响，加之企业在快速国际化进程中暴露出的问题，成为制约全省国际化发展的关键影响因素。本书通过分析近些年河南企业国际化经营的发展路径轨迹、取得的成就、方向定位与特点，总结梳理出影响全省国际化发展的问题，以及这些问题产生的原因。另外，本书的研究将对提升全省企业国际化水平打下坚实的基础，为下一阶段更多河南企业开展跨国经营起到重要的借鉴与启示作用。

（2）有助于河南企业掌握新机遇。

自 2020 年以来，进出口贸易出现大幅下滑，企业跨国经营面临资源稀缺、市场收缩、原材料供应不足等一系列问题。因此，针对河南企业国际化经营水平的研究，需要更加全面地分析影响河南企业国际化经营的内外部环境，特别是我国提出要加快构建"以国内大循环为主体、国内国际双循环相互促进的新发展格局"的重大战略部署，对河南省外向型经济以及企业跨国经营的战略与方向产生重大影响。由于河南企业发展基础较薄弱、国际化经验不足，因此在面临巨大政治、经济、社会环境变化时，在一定程度上缺乏对环境的准确剖析与把握能力，而本书兼具理论与实践指导价值，借助对宏观、微观环境的分析，研究成果将成为帮助河南省企业准确把握对外经营活动的重要参考依据，具有较强的实践价值。

（3）有助于河南省加快企业外向国际化发展进程。

河南作为我国中西部地区、中原内陆大省，近些年对外开放与经济外向化发展进入到一个机遇与挑战并存的关键时期，本书通过系统梳理河南企业国际化发展历程与不同阶段的发展模式，将为加快推进全省企业国际化发展奠定良好的理论基础。通过借鉴国内外、省内外企业国际化发展经验，从企业、行业与政府层面提出提升国际化发展水平的对策建议，这些建议也将成为助推河南企业开展国际化经营的重要依据。此外，河南省外向国际化起步较晚，更加需要提出有针对性的指导意见，而本书的研究对策及路径选择将从操作实施层面提出具有参考意义的方案，为实现河南经济更快更好发展、提升全省对外开放、实现河南企业走向世界形成有效助推。

三、研究内容

根据本书的研究背景、理论与现实意义、主要面临的难题以及关键问题，本书的主要内容主要包含以下几个方面：

第一章：绪论。本章主要介绍了本书研究的现实与理论背景，并根据研究与实践过程中出现的问题，提出本书的研究主题、研究方法与主要创新点。此外，本章还包括背景、意义、研究问题以及研究技术路线图。

第二章：相关理论与文献综述。本章首先对企业国际化涉及的相关概念、内涵与类别进行分析，通过研究涉及的主要理论进行详细介绍；其次对国内外相关研究进行梳理，分析该领域研究的不足之处，并基于创新视角提出本书的落脚点。

第三章：河南企业国际化面临的新形势。本章主要分析了新形势下，河南企业国际化经营面临的国际、国内与省内宏观环境，全面解析企业国际化经营面临的新要求、新变化。此外，本章还对河南企业国际化经营存在的优势、劣势，面临的机遇与挑战展开分析，以期能寻找到推进全省国际化进程的内外部关键因素。

第四章：河南企业国际化发展现状分析。本章首先回顾了河南企业国际化的发展历程与发展轨迹，归纳总结出四个阶段的演变过程。其次研究总结提炼出近些年河南企业在进出口规模、市场分布、领域拓展等方面取得的成就，并总结归纳出河南企业国际化的发展方向与特点。

第五章：河南企业国际化发展实证分析。本章主要通过建立地区国际化蛛网模型，从八个维度全面评价了河南企业国际化发展程度。此外，本章在国际化蛛网模型基础上，提出 n 维蛛网数学模型，通过对河南 83 家资产规模超过 2 亿元，并且开展了对外贸易的上市企业，进行八维度的国际化水平测量，得出不同经营类型企业的国际化发展差异，并基于企业间的横向比较，总结提炼出提升企业国际化水平的关键要素。

第六章：河南企业国际化经营问题解析。通过前几章对河南企业国际化发展阶段与发展现状、发展方位特点的回顾，本章在国际化水平测量的基础上，分析提炼出河南企业国际化发展过程中存在的问题，以及问题产生的原因，为下一阶段分析制定国际化发展路径提供依据。

第七章：河南企业国际化典型案例分析。通过前期研究样本筛选，得出了河南省 83 家开展对外贸易的上市公司，为了进一步分析不同行业、不同发展基础与发展路径企业国际化经验，选取四类企业（资源开发型、知识密集型、市场寻求型与效率寻求型）典型案例，进行多案例分析，基于案例编码得出实际可行的、可供借鉴的企业国际化提升路径与成功模式。

第八章：国内外企业国际化经验与启示。本章主要选择美国、欧盟、日本等企业国际化走在前列的国家或地区，广东、浙江国际化经营水平较高的国内地区，以及发展阶段与河南相似的中部地区（安徽省）作为分析对象，通过对以上地区企业国际化发展过程、发展特点与发展路径的分析，得出对提升河南省企业国际化经营能力的经验与启示。

第九章：新形势下河南企业国际化路径选择。本章基于前几章的研究成果与横向、纵向实证结论，归纳出四类典型企业国际化类型，并根据不同类型的发展特点，结合河南地区对外开放面临的新形势，建立起适合不同类型、不同规模企业的国际化路径，为不同类型企业寻找到合适的发展方式提供理论与现实依据。

第十章：提升河南企业国际化水平的对策与建议。结合河南企业国际化过程中的问题、短板，以及当前发展面临的新形势，从强化制度供给、优化营商环境、科学规划引导、建立保障体系、应用推广最前沿技术、加强合作与交流等方面，提出具有创新性的系统性对策建议。

四、研究方法

结合本书的研究目的与研究内容，综合运用文献综述、理论分析、实证研究等定性与案例分析法，建立河南企业国际化测度指标体系（地区与企业两个层面），并采取定量与定性相结合的蛛网模型，进行实证分析。本书采用的具体研究方法主要有：

（一）文献研究法

本书参考了企业管理、国际贸易、跨国并购等方面的相关期刊，跟踪了历年河南省企业对外贸易方面取得的成绩，并对国内外相关文献进行了梳理。通过概述国际化的概念、内涵与分类，搜集了国内外诸多学者关于企业国际化的文献，并通过文献综述，找到本书的研究依据以及未来研究方向，为进一步研究提升河南企业国际化水平提供理论支撑。

（二）统计分析法

通过构建两套国际化测度指标体系，本书基于地区企业国际化蛛网模型与企业创新 n 维蛛网模型，分别从宏观层面对河南地区企业国际化水平、从微观层面对域内企业国际化经营情况进行评价，通过蛛网模型进行数学领域的延伸，进行了统计分析。除此之外，本书以描述性统计法、图示法、列表法等多种方法进行辅助性理论与实证分析。

（三）对比分析法

本书运用对比分析法对不同国家或地区国际化发展情况展开解析，以此总结国外成功经验，帮助河南企业提升国际化水平。此外，通过对河南省域开展海外经营活动的企业进行横向对比分析，找到不同行业、不同类型与不同基础的企业在海外经营过程中存在的问题、自身的优缺点，对比分析结论将为制定符合河南企业的国际化经营路径提供参考。

（四）案例分析法

本书以河南国际化发展成绩突出的几家企业作为案例研究对象，基于不同行业或不同类型的企业背景，选取 1~4 个案例对河南企业国际化经营历程、效果以及路径进行深入分析，为其他企业开展海外跨国并购提供可借鉴的经验范本。此外，通过单案例、多案例研究以及跨案例分析，为今后河南企业国际化经营提供新思路。

五、技术路线

本书的研究技术路线如图 1-1 所示。

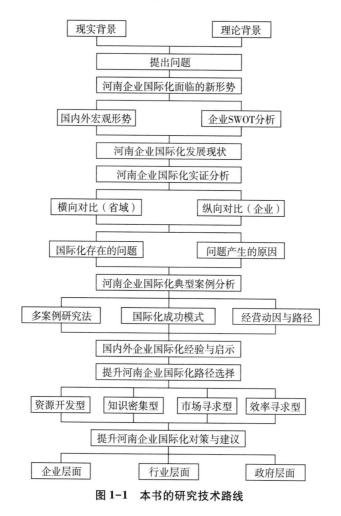

图 1-1　本书的研究技术路线

六、创新之处

本书的创新之处在于：

（1）全面系统梳理河南企业国际化发展存在的问题及其产生的原因。本书基于对河南企业国际化进程与发展轨迹的回顾，客观、全面评价河南企业的国际化经营现状，深入总结取得的成绩，深刻剖析河南企业国际化过程中存在的问题及其成因。本书虽以企业为具体对象，但本质是研究区域的对外开放问题，是少有的将区域对外开放与最新发展形势两者有机结合的研究成果。

（2）探索建立地区企业国际化评价指标体系。本书基于科学性、系统性、通用性、可操纵性等原则，从内向国际化、外向国际化两个层面，以对外进口依存度、出口依存度、世界500强企业进入度等八个指标（定量与定性），建立起地区企业国际化程度评价体系，并对2017~2022年河南企业国际化发展水平进行了全面评价与度量，双向指标既能反映出河南企业国际化实际情况，又能体现出企业国际化动态演变过程，研究成果更是从地区层面拓展了企业国际化蛛网模型的应用范围。

（3）探索建立国际化n维蛛网数学模型。本书在六维国际化蛛网模型基础上创新建立了n因素蛛网模型，特别加入了无形资产与国际化经营阶段两项衡量指标，不仅对原有蛛网模型进行了拓展，更通过计算蛛网模型围成的曲线面积，补充了现有蛛网模型在数学方面的不足之处，提出了可量化企业国际化经营水平的n维蛛网数学模型，并对河南83家上市公司的国际化经营效果展开多维度评价，研究成果将为建立科学全面的国际化测度指标体系与模型提供依据。

（4）基于案例编码开展多元企业国际化经验提炼。本书基于案例分析法，选取不同行业、不同发展特点的省内优秀外向企业，通过多案例编码分析，得出适合河南省产业特点的发展路径，案例分析将为河南企业开展多元化的国际化发展提供参考依据，对于典型企业的单案例、多案例以及跨案例研究，也将为河南部分企业尽早开展国际化运作提供借鉴。

（5）探索提炼出一套企业国际化发展路径。在借鉴国内外先行地区成功经验的基础上，针对河南企业的要素禀赋条件、技术水平和自身特点，提出四类河南企业国际化发展的五种路径，以及国际化过程中的创新发展策略，力求为我国中西部地区、黄河流域地区企业的国际化探索新模式、新路径提供借鉴。

第二章　相关理论与文献综述

一、概念、内涵与特点

当前的企业国际化研究成果丰富。在理论研究方面，学者们对企业国际化概念、国际化理论体系以及国际化影响因素开展了深入研究。

（一）国际化概念

随着全球经济一体化发展的广泛深入，企业国际化战略已经成为企业发展战略中极为重要的一部分，并成为企业增强其在全球市场上的竞争力、延长生命周期的重要举措。研究企业国际化发展首先需要对国际化的概念有一个全面的了解。

1. 国际学者的定义

Johanson 和 Wiedersheim-Paul（1975）最早提出，企业国际化是指企业在本土之外还拥有相关组织或设施，进行跨国生产、销售、服务等跨国经营活动。事实上，企业的国际化可以被认为是企业主动参与国际市场的行为体现，是在产品及生产要素全球流动性逐渐增大的浪潮中，企业对国际性市场做出的战略性反应（Robinson，1998）。随着越来越多企业在全球范围内开展国际经营，国际化的概念不断地被延伸。也有许多国外学者从多种角度出发，对其概念给予了阐释。例如，Johanson 和 Vahlne（1977）认为国际化是企业发展中持续演进的过程，随着市场的扩大和知识投入的增加，企业提高了在国际市场上的参与度。González（2005）认为企业国际化过程包括国际扩张的"内向"和"外向"两种模式。芬兰学者 Welch 和 Luostarinen（1988）指出，企业国际化是指企业积极参与国际分工，企业内向国际化过程会影响其外向国际化的发展，企业内向国际化的效果将决定其外向国际化的成功。

2. 国内学者的定义

在我国，虽然对于国际化的研究起步较晚，但也在不断丰富国际化的内涵与概念。朱克力（2017）将企业国际化定义为企业围绕将资源配置范围由国内市场扩展到国际市场所进行的有组织有计划的控制活动。惠宁（1996）将企业国际化理解为企业在利润、竞争机制和发展要求的驱使下，经营活动超越国界，企业决策以满足世界市场需要为中心并向经营利益全球化方向发展的过程。在众多研究成果中，企业积极参与国际分工被作为企业国际化的核心特征，受到越来越多中国学者的关注。吕蕊（2013）认为，企业国际化包含两个方面的内容：一是企业生产和销售的国际化，即企业市场由国内不断向国际拓展，是一种简单层次的国际化；二是企业边界的国际化，企业成长到一定程度后，企业由国内企业向跨国企业乃至跨国集团拓展，实现更高水平的国际化。鲁桐（2007）提出了国际化蛛网模型，并对企业国际化过程进行了定量研究，将企业国际化区分为内向国际化和外向国际化两个方面。在经济全球化的时代大背景下，企业国际化是企业跨越国界范围限制，从国内市场走向国际市场，对国内外生产要素进行优化配置，扩大生产经营活动范围，从而实现资源利用的最大化。

（二）国际化的内涵

国际化是企业在全球分工背景下，积极参与国际分工与交换，不断提高资源管理与技术创新等生产能力，由国内经营转向国际经营的持续发展过程（Madsen and Servais，1997）。企业国际化是一个渐进的过程，是一个"引进来"与"走出去"相结合的过程。企业国际化过程涉及企业经营管理的方方面面，通常具备资本国际化、管理国际化、市场国际化、品牌国际化、融资国际化等多层次内涵。

1. 资本国际化

资本国际化是企业国际化发展的起点，是资本超出民族国家界限，在国际范围内不断运动的过程，主要表现为借贷资本在国际流动（钟熙等，2020）。国际资本的注入同时还伴随着国际信息、资源、管理模式和技术的流入，与"引进来"相比更重要的是要"走出去"，对外直接投资是我国企业国际化发展的高级阶段。资本国际化具体表现为货币资本、生产资本和商品资本三大职能资本的国际化，其中生产资本国际化是当代资本国际化的主要形式。

2. 管理国际化

管理国际化是指企业引进国际上先进、科学的管理模式，提高企业运行效率，调整内部管理机制和治理结构以适应国际化战略，它是企业成长为国际化大企业的成功保障（Cantwell and Tolentino，1990）。管理国际化体现出企业管理具有国际视角，符合国际惯例和发展趋势，企业能在世界范围内有效配置资源。随着管理国际化这一新兴趋势的发展，它对管理实践各个层面都提出了全新的要求。具体来说，对于管理者而言，需要具备更广阔的国际视野和跨文化沟通能力；在计划工作中，需要考虑全球市场动态、多元文化背景下的战略规划与资源配置；在组织工作中，强调构建能够适应国际竞争环境的灵活高效组织结构；在领导工作中，需要关注培养团队的全球化意识，提升引领跨国团队协作的能力；在控制工作中，则要求建立和完善适应国际规则的标准体系和监控机制，确保在全球范围内实现有效管理和控制。

3. 市场国际化

市场国际化是企业国际化非常重要的表现，是企业从采购、生产、产品到销售等全面全方位的国际化（Frenz and Letto-Gillies，2017）。市场国际化不仅指生产销售体系融入全球市场，企业更要在全球范围内进行生产资源调配、生产能力布局、生产产品全球占有。市场国际化是市场经济与国际市场融为一体的过程，即市场中的生产经营活动超越国界，成为国际经济活动的一部分，使原来的一国性市场变为适应国际上通行规则的国际性市场。

4. 品牌国际化

品牌国际化是指使品牌具备国际影响力，即使品牌在国际上有较大影响力的行为过程（Charles，2003）。品牌国际化既是企业国际化的核心目标，也是企业国际化战略的最高层次。借助国际化实现企业品牌价值是国际市场上不可替代的核心竞争力，同时也是企业国际化过程中最难的部分。企业品牌国际化常用的方式包括：①国内生产，但产品销往国外；②在国外设立分公司，实现全方位的扩张。

5. 融资国际化

融资国际化是指企业在全球范围内寻求成本低、风险小的融资机会的能力；充分利用国际融资市场渠道，获取国际资本组织生产和扩大再生产的能力（Bernard et al.，2003）。融资国际化不仅包括上市、发行国际债券、吸引外商投资等传统方式，还包括融资型反向收购（Alternative Public Offering，APO）、互联网直接公开发行（Direct Public Offering，DPO）、特别并购上市（Special Purpose Acquisition Corporation，SPAC）等新兴的融资方式。

（三）国际化考量因素

《中国企业全球化报告（2020）》中指出，中国企业决定走向海外，开展国际化经营需要考虑自身发展状况、跨国经营能力、对外部环境的适应性等要素，总体来看主要分为国际化经营的愿景、对目的国的了解程度、企业对自身的评估。

1. 国际化经营的愿景

许多涉足海外市场的企业都将国际化战略视为其整体战略蓝图的核心组成部分，并将其作为实现长远发展愿景的关键路径（蔡娅囡和农驰，2021）。例如，中国汽车行业，上海汽车集团股份有限公司（以下简称"上汽集团"）以其追求成为具有创新精神的全球知名汽车制造商为目标，致力于塑造未来的汽车生活方式。吉利汽车以传播吉祥的美好愿景，旨在全球范围内产生积极影响。企业选择迈向国际化的原因通常是内因与外因相互交织的结果。内生性动机源自企业生命周期的不同阶段，比如当企业发展到一定阶段时，为了持续增长和突破瓶颈，往往会寻求海外市场的新机遇和增长动力。外部诱因则包括但不限于国家政策的鼓励和支持，以及不断变化和加剧的国际市场竞争态势。Kumar 等（2020）指出，当内外部因素相互契合时，企业便形成了清晰的国际化发展推动力，驱动它们制定并执行相应的国际化战略。

李平和丁威旭（2021）认为企业在追求国际化进程中，首先应当立足于自身的长远发展愿景和核心业务定位，同时结合全球市场的潜在机遇，科学审慎地设定短期与长期的国际化发展目标。这意味着公司在拓展跨地域业务时，应确保这些业务活动紧密贴合总体发展战略，聚焦于主营业务的深化拓展，而非盲目涉足陌生且无优势的领域。当企业正式启动国际化业务后，其战略规划的方向、资源分配的策略以及组织架构的设计均会随之调整以适应国际市场的需求和挑战。值得注意的是，企业国际化战略的效果并非短期内就能显现，而是需要经历一个相对漫长的成长周期。在这个过程中，如何平衡和优化国内外业务之间的资源调配，是一个至关重要的问题，而这恰恰需要明确且坚定的国际化目标和愿景提供指导和支撑。因此，企业必须基于自身愿景出发，前瞻性地规划并确立中长期的国际化发展目标，从而确保在走向世界的道路上稳步前行，实现可持续的国际化发展。

2. 对目的国的了解程度

在企业推行国际化战略的过程中，要准确识别并评估目标国家在市场潜力、资源状况、技术水平、品牌建设、风险管控以及文化差异等多个关键维度的影响因素，这一步骤的基础是对目标国家详尽、全面的信息掌握（钟筱彤等，2019）。为了实现这样的深入了解，企业需要从两个方面展开系统性研究。

一方面，企业需对目标国的硬性环境要素进行深度剖析，其中包括但不限于：①市场机会与特点，对目标市场的规模、增长率、消费习惯、竞争格局等进行全面评估；②产品适应性分析，研究新产品在当地市场的接受度，以及现有产品是否需要针对目标市场需求进行改良；③成本考量，详细分析生产、运输、销售等各种成本构成，判断成本效益比；④供应链布局，研究目标国供应链网络的完整性和稳定性，以及可能的物流、采购和分销渠道；⑤行业与劳动力条件，调查目标国相关产业的发展水平、产业链配套能力以及劳动力的技术熟练程度、成本和法规限制；⑥法律法规环境，深入研究和遵守当地的相关法律、法规、标准和监管制度，确保企业运营的合法性及合规性。只有通过对以上这些硬性要素的透彻分析，企业才能更好地制订和实施进入目标国市场的战略计划，并有效地规避潜在风险，实现国际化的成功落地。万志宏和王晨（2020）指出在跨国并购前，企业需要进行充分的市场调研和尽职调查，以确保对目标公司的全面了解和对并购风险充分评估，这些要素直接影响并购能否成功以及企业的后续经营和发展。

另一方面，企业还需对目标国家的软性环境要素进行深入探究，这涵盖了诸多无法直接量化的领域，如政治经济体制特征、宗教信仰、民族文化、社会观念形态等。相较于硬性环境要素，软性环境要素虽然不易形成直观的数据报告，但其影响力却潜移默化且深远持久，会在企业的日常运营、决策制定乃至各种人际关系互动中发挥着重要作用。当企业真正步入国际化阶段后，面临的挑战将会更为复杂。诸如组织结构的调整优化、文化差异的应对、当地制度环境的适应等一系列问题，都会对企业跨国经营造成显著影响（Ozkan，2020）。为在全球多样化的环境中稳健发展，企业须妥善处理战略与组织结构之间的动态关系，即根据企业长远发展战略适时调整和完善组织架构，使之适应不断变化的国际环境需求。同时，面对母国与东道国间存在的文化差异，企业不应忽视其重要性，而应正面接纳并尊重文化的多样性，努力培育和发展跨越不同文化的认同感（雷小苗，2017）。唯有如此，企业方能在国际化的道路上行稳致远，实现成功的跨文化融合与经营管理。

3. 企业对自身的评估

杨勃和刘娟（2020）指出，对企业国际化程度的衡量可以从两个相互关联的评估维度入手：第一维度是国际化业绩经营指标，这是一个涉及企业国际化进程各个阶段成果的综合性评价体系。它不仅反映企业目前在国际市场上取得的成绩，而且与企业的短期、中期和长期国际化战略目标密切相关，形成一种动态循环，用于检验企业是否按照既定战略路径逐步推进和达成各阶段的目标。第二维度是企业国际化运营能力，这一能力的评估关乎企业有效地配置和利用资源去实现其国际化目标。无论是短期目标如开展出口业务，还是中长期的海外拓展和本土化运营，都需要考察企业在人力资源方面的准备情况，比如是否有足够的具备国际视野和专业技能的人才来支持出口业务的运作。同时，还要审视企业在产品层面的竞争优势，即产品是否具备在国际市场上的竞争力，能否满足不同目标国家和地区消费者的需求偏好及适应当地的技术标准、法规要求。若现有产品尚不能完全符合这些条件，那么企业还需要评估自身是否具备快速学习、研发升级和技术改进的能力，以确保在国际竞争中占据有利地位。这些因素都是判断企业是否能开展跨国经营的重要依据（王友南，2021）。

企业开展跨国经营，不仅要具备良好的运营服务水平、在产业链上下游具有清晰的定位，还要明确比较优势、制定差异化竞争战略才能在国际市场立足（Xu et al.，2021）。特别是一些新兴经济体国家的企业，在国际化经营中会遇到非常大的软性阻力，即发达国家的抵触和发展中国家的不信任，这需要企业在国际化的发展中，制订明确的发展规划、发挥自身优势，这样才能在对外经营中获得机遇（张旭和郭义盟，2021）。企业国际化战略的考量要素如表2-1所示。

表 2-1　企业国际化战略的考量要素

国际化愿景	对目的国的了解程度	国际经营准备度评估
短期目标	政治与经济特点	运营服务情况
中期规划	市场需求与机会	自身能力
长期愿景	社会与意识形态	比较优势
制定战略路径	市场与行业特点	产业链定位
明确资源投入	供应链与劳动力情况	国际化业绩指标 （海外收入、利润与市场占有率）

（四）国际化的分类

总体来看，企业国际化的核心特征在于企业积极参与国际分工，而参与国际分工的方向分为内向国际化与外向国际化两个方面。现阶段企业进行国际化的模式和途径多种多样，从实现国际化的空间方向上来看，国际化逐渐形成了一个双向的过程，即俗称的"引进来"策略与"走出去"策略。现有研究在分析企业国际化程度时，将其分为内向国际化和外向国际化（见表 2-2）两种形式（Corbin and Strauss，1990；林俐，2007；沈灏等，2009）。

表 2-2　内向国际化与外向国际化

形式	外向国际化	内向国际化
贸易形式	出口	进口
技术转让	出售专利技术与技术援助	购买专利技术
合同安排	许可贸易、特许经营、管理合同 交钥匙工程、国际分包	补偿贸易、加工装配
合资企业	国外合资	国内合资
独资企业	国外子公司或分公司	成立国外公司的国内子公司

1. 内向国际化

内向国际化即"引进来"策略，是企业进行国际化经营的初级阶段，企业内向国际化是指其通过"引进来"的方式在所在国内将自身融入国际市场竞争中，参与国际资源转换和国际经济循环，即通过引进国际市场的产品、技术、服务、资金和人才等要素或是在国内从事特许经营、贴牌生产等方式（Cantwell and Janne，2000），并在此过程中不断学习积累国际市场的经营理念与生产经验，逐步实现国内市场国际化。

企业在内向国际化的过程中，主要是在国内参与国际化竞争，市场环境相对熟悉，因而内向国际化对企业的相关业务控制能力要求比较低，风险小，相对容易成功，同时企业内向国际化的收益也比较低（Maillat，1995）。企业只进行内向国际化是远远不够的，企业仅在国内以内向国际化的方式参与国际竞争，其国际竞争力无法在根本上得到提升，因而无法从根本上实现国际化企业的目标。尽管如此，内向国际化对于那些基础薄弱、拟实现国际化战略但又缺乏经验的企业来说是非常有意义的，是其迈向国际化市场、实行国际化战略的第一步。

2. 外向国际化

外向国际化即"走出去"策略，是企业进行国际化经营的高级阶段（李朝明，2007）。企业外向国际化是指其通过"走出去"的方式向国际市场提供产品、技术、服务、资金等生产要素，进而实现国际化经营的战略过程。按照企业对外控制程度、利润以及国际化程度由低到高，企业的外向国际化可以分为出口、技术出口、海外投资、海外上市等，其中每一种类型又可以进一步细分。

企业外向国际化是其实现国际化战略目标、成长为国际化企业的核心途径，与内向国际化在国内参与国际市场环境不同，企业在外向国际化的进程中将直接面对国际市场的竞争，市场环境相对陌生，竞争程度更为激烈，尤其当企业进入发达国家的成熟市场时，面对的竞争对手多为国际上实力雄厚、竞争力强的著名跨国企业，同时还需要应对来自国际市场上的各种政策歧视和贸易壁垒（李拯非和张宏，2020）。因此，外向国际化战略对企业的各项业务控制能力要求更高，企业面临的风险更大，外向型国际化战略尤其是对外直接投资是企业真正实现国际化战略目标、成为具有国际竞争力企业的根本途径。

内向国际化和外向国际化是息息相关、紧密相连的，在企业国际化发展的道路上两者相辅相成、缺一不可。内向国际化是外向国际化的基础和条件，外向国际化影响内向国际化的深度和广度，是内向国际化发展的必然趋势和结果。企业的国际化战略初期大多从内向国际化出发，不断提高企业竞争力与国际化经验，逐渐进入成熟期后积极开展外向国际化，大力发展海外投资，促进企业走上国际化跨国公司的发展道路。

（五）国际化的特点

1. 经营空间广泛

相比于仅在本土开展生产经营活动，企业国际化经营是在更广阔的市场开展业务，即在获取资源、产品生产、销售、研发等方面的经营活动扩大到世界范围。原磊和邱霞（2009）指出，借助企业国际化扬帆出海，越来越多的中国本土企业将产品、品牌推向市场，全面提升了中国对外开放的水平。Zou 和 Cavusgil（2002）则认为，从内向国际化角度来看，国际化发展能够吸引更多海外企业到他国生产投资，继而带动本国产业、出口的升级，在一定程度上带动了本土企业经营空间的扩大。

2. 经营环境复杂

企业进行海外经营时，在享受获得满足全球市场对本企业产品或服务日益增长需求的机会、扩大本企业产品的销售范围、获得更多利润的同时，也面临着国际环境因素的多样性、不可控性和不确定性，其影响因素远比本国环境复杂（Yip et al.，2000；陈坚，2020）。此外，对于企业产品或服务的新需求，国际市场需求的周期性变化也会令国际化经营的环境更加复杂，特别是结合政治、经济、汇率与公共卫生方面的形势变化也对经营环境的稳定性产生巨大影响。因此，企业国际化发展的主要特点之一便是容易受内外部复杂环境的影响。

3. 竞争更加激烈

随着企业经营范围的不断扩大，其面向的市场将从单一本土市场逐步扩展到周边、主要贸易伙伴以及全球市场。Aybar 和 Ficici（2009）认为，企业参与国际竞争的目的是寻求更大的市场、更好的资源、获取更多的利润，但与此同时，面临的竞争对手将逐渐增多，企业的竞争力也将会在激烈的竞争中不断提升。梁云（2004）在分析我国民营企业"走出去"战略的推进效果后指出，由于开展国际化经营的企业面向的是国际市场，各国商品销售者之间的竞争十分激烈。

4. 信息管理难度大

企业开展海外经营由于经营空间距离较大，信息的传递和交流不如本土方便，自然会成为制约国际化经营成果的主要因素之一。程旖婕和刘云（2018）针对国际化的知识流动模式的研究特别指出，语言与文字的差异、商业习惯的不同，以及不同国家政府的政治倾向等，使企业进行市场调查，获得经营信息的困难比国内要大得多，所花的费用也高得多。Johanson 和 Wiedersheim（1975）在对四个瑞典企业国际化发展的案例分析中同样提出，信息壁垒、信息不对称是影响企业跨国经营不可忽视的重要因素，也是决定企业海外发展可持续的关键要素。

5. 计划组织需周密

Tage 等（2003）以新兴跨国企业为对象，通过分析其经营范围、环境等多方面情况后指出，面对全球经济与社会环境的深刻变革，经营空间的广泛性、经营环境的复杂性和信息管理难度较大对国际化企业的经营活动的计划和组织提出了更高的要求，包括原料供应、产品生产、销售、运输等方面。因此，对开展国际化经营的企业来说，在原料供应、产品生产、销售、运输过程的计划和组织上要比在国内经营的企业投入更多的经营力量，对管理工作要求更高（达捷和董春，2020）。特别是如何解决并购过程中产生的知识、管理、理念与文化方面的诸多不和谐问题，更加需要组织全面统筹协调，细致周密解决矛盾点。

二、理论基础

（一）国际化理论发展脉络梳理

自 20 世纪 60 年代开始，跨国公司与国际投资的迅速发展引起了人们的普遍关注，各国学者从不同的视角对企业国际化、跨国公司与国际投资进行了大量的研究，包括国际贸易、比较优势、产品生命周期、垄断理论、技术创新等方面，提出了众多基于不同时期、发展背景、发展阶段的理论观点。总体而言，企业国际化理论研究基本上是随着企业，特别是一些跨国公司的实践而逐步发展起来的。

目前，针对典型意义上的国际化企业、跨国公司的发展，美国学者海默和金德尔伯格提出的垄断优势理论、美国哈佛大学教授雷蒙德·弗农提出的产品生命周期理论、尼克博克的寡占反应理论以及英国约翰·邓宁的国际生产折衷理论等，这些经典理论对指导企业开展国际化均起到了重要作用，但是随着以中国企业为代表的新兴市场参与者的发展壮大,将国际化理论的发展引入小规模、技术集中、创新发展等新的层面。按照国际化理论的发展进程,以及研究角度的不断深入,可提炼出本书的理论研究脉络,如图2-1所示。

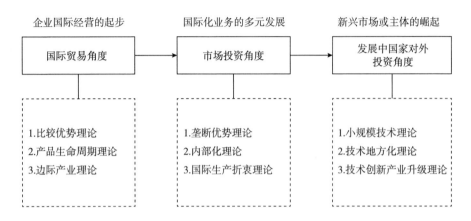

图 2-1　企业国际化理论的研究脉络

(二) 基于贸易角度的国际化理论

一般来说,企业的国际化经营活动从国际贸易起步,通过参与国际贸易,进入国际市场竞争环境中,由发展初期"引进来"的内向国际化战略渐渐向"走出去"的外向国际化战略过渡,逐步实现国际化战略目标。西方发达国家作为最早开展企业国际化的主体,其学者在国际化理论层面的研究较为深入,先后提出了比较优势理论、产品生命周期理论、边际产业理论。

1. 比较优势理论

比较优势理论源于亚当·斯密的绝对优势理论,由大卫·李嘉图在其代表作《政治经济学及赋税原理》中提出。Aybar 和 Ficici (2009) 指出,基于国际贸易模型,具有各自优势的两国,通过交易,将会产生更大的社会价值。各个国家基于社会分工不同,生产出具有各自比较优势的产品或提供具有自身特色的服务,借由国际贸易活动,将具有比较优势的产品(服务)与另一国家进行交换,最后双方均实现利益最大化。这种贸易活动的盛行,继而产生了跨国并购。因此,Rhodes 等 (2008) 提出了跨国并购领域比较优势理论,企业在收购过程中,大企业并购小企业,而后者往往具有技术等独特的比较优势,通过并购双方的优势得到互补,小企业管理水平提升,大企业获得技术突破。比较优势理论的提出以技术获取为目的,为并购带来最优决策选择。Slangen (2006) 指出,比较优势将并购双方的重点突出，能够更加直接地在交易过程中辨识差异化优势，进而减少交易时间，缩短交易成本。

2. 产品生命周期理论

产品生命周期（Product Life Cycle，PLC）理论自 1966 年由美国哈佛大学教授雷蒙德·弗农提出至今，已成为企业任何一个产品乃至企业生存发展均需经历的"引入、成长、成熟和衰退"四个重要阶段（张天顶和姜依晗，2017）。产品生命周期理论是企业进入被收购国市场（往往是西方发达国家）的重要参考。基于 PLC 理论的外延，康晓剑和刘思峰（2007）指出，发达国家由于其较大的市场规模与较优的创新能力往往在产品的引入、成长与成熟阶段具有绝对优势，这为中国企业进入西方市场了解产品需求与创新发展趋势提供了绝佳机遇，同时也为企业寻找创新方向提供了参考，降低了技术不确定风险。同时，格佛海等（2013）认为技术差异影响了跨国投资的方向，形成了投资的基础，技术创新也成为推动革命性变化的主要因素。产品生命周期理论明确指出，直接投资的动因既来自企业的垄断优势，又与东道国的经济区位优势密切相关，产品生命周期理论将两者结合起来重新定义国际生产格局变化的影响。

3. 边际产业理论

边际产业理论是由日本学者 Kiyoshi Kojima 提出的，主要用于解释日本战后初期的对外直接投资。Kojima（1978）通过分析 1950~1970 年日本跨国企业的对外直接投资，将对外直接投资与国际贸易理论联系起来，形成边际产业扩张理论。他提出一国的对外直接投资应该优先选择本国具有比较劣势的产业，这样在保护本国具有比较优势的产业的同时推动了本国具有比较劣势产业的升级，进而实现共赢。与当时美国的对外投资的"贸易替代型"特点相比，边际产业扩张理论是一种主张"贸易创造型"的理论，即将自身具有比较劣势的产业转移出去（周新生，2009）。产品生命周期理论较好地解释了"美国型"跨国企业的投资行为，边际产业理论更好地解释了"日本型"跨国企业的行为。

边际产业理论将对外直接投资分为四类：自然资源导向型对外直接投资、低劳动成本导向型对外直接投资、寻求市场导向型对外直接投资、生产和销售国际导向型对外直接投资（Humphrey and Schmitz，2002）。其中，寻求市场导向型对外直接投资又可以分为贸易导向型的对外直接投资和寡头垄断行业的对外直接投资。边际产业理论也存在一些缺陷，该理论反映的是特定时期日本经济发展水平和产业结构决定的投资现象，具有一定的局限性，但结合我国企业国际化发展所处的"发展中"阶段与资源开发型所占比重的特点来看，边际产业理论对我国企业的国际化发展仍具有一定的借鉴意义。

（三）基于投资角度的国际化理论

最早的国际化理论从西方国家起步，随着企业国际化水平的不断提升，对于企业国际化的研究涵盖了多个领域，涉及经济学理论中多个分支体系。西方经济学家和学者们从不同角度对企业国际化问题展开了广泛而深入的研究，并从投资角度，对国际化理论进行了深入挖掘。

1. 垄断优势理论

垄断优势理论最早是由经济学家 Hymer（1976）提出，后来经其导师金德尔伯格完善发展，成为最早研究对外直接投资的理论，故该理论又被称为"海默—金德尔伯格传统"（H-K Tradition）。垄断优势理论认为，将对外直接投资作为国际化战略的企业需要具备至少一种其他企业不具备的能够带来收益的资源或能力，也被称为企业的垄断优势，企业在进行国际化经营时，为了获取更多的经营利润，企业会极力保持其在技术方面的垄断优势。

市场的不完全性和企业的垄断优势是企业发展对外投资的重要影响因素，市场的不完全性导致企业垄断优势的形成（Fernhaber et al.，2007）。企业的垄断优势来源通常有四种：一是在不完全市场上形成的垄断优势，如产品差异性、营销策略等；二是在不完全市场的要素市场上获得的垄断优势，如专利技术、资金等；三是由于规模经济带来的垄断优势；四是由于政府干预行为带来的垄断优势。当企业具备这些垄断优势时，在国际竞争市场上才能够获得更高的利润。

垄断优势理论认为当企业面临两种情况时应采取国际化战略：一是企业在国际市场上所获得的利润要高于国内市场，这将直接刺激企业利用其垄断优势进入国际市场，获得更高的垄断利润；二是当在国际市场上的回报高于国内同产业竞争者在国外所获得的利润时，企业进入国际市场将得到国内竞争者和国际市场都难以模仿的垄断优势，进而取得垄断利益（张立华，2007）。

2. 内部化理论

内部化理论起源于"科斯定理"。科斯认为生产、采购、研发和营销等都要与市场发生交易，交易是有成本的，企业的产生可以使交易内部化，进而节约交易成本。Buckley 和 Casson（1976）在科斯定理和垄断优势理论的基础上提出了内部化理论，并逐渐发展成研究跨国公司的重要理论。该理论认为企业在进行国际贸易时需要交易中间产品，而这些产品由于市场不完全性很难进行定价，从而提高了交易成本；为了降低成本，企业会选择将中间产品内部化，这样可以最大化经营利润，从而推动企业的国际化进程（吴振振，2023）。

在不完全市场中，各种资源的交易都会产生成本，企业通过市场交易获得必要的生产要素需要付出一定的成本，进而影响企业利润最大化。当企业建立自己的内部市场，实现资源配置内部化，便可以有效降低交易成本提高利润，对外直接投资是企业建立内部市场的有效措施（Buckley et al.，2018）。对外直接投资不单单是资本的转移，实质上是企业管理权和控制权向国际市场的转移，企业的管理机制代替了市场机制来进行资源的有效配置。当对外直接投资的利益大于内部化的成本时，企业便可以凭借其内部化优势在国际竞争中获得内部化收益。

内部化理论是对外直接投资研究的关键点，该理论开创了与垄断优势理论不同的研究框架，同时内部化理论是科斯理论的具体化，带有一定的主观性，其最大的局限是忽略了客观的国际经济环境。

3. 国际生产折衷理论

国际生产折衷理论（The Eclectic Theory of International Production）由英国约翰·邓宁于1977年提出，该理论应用范围广泛，又被称为国际生产综合理论。国际生产折衷理论认为企业进行跨国经营和对外直接投资的三个决定性因素分别是所有权优势（Ownership）、区位优势（Location）、市场内部化优势（Internalization），又被称为OLI模式。所有权优势是指企业在有形资产、无形资产、生产管理等方面的优势。区位优势是指技术引进国外所拥有的要素禀赋、政策及市场环境优势。Dunning（1993）指出，市场内部化优势主要是指企业在使用稀缺资源进行生产销售时，将优势内部化，避免外部市场机制不完善带来的成本冲击。

国际生产折衷理论不仅能帮助判断企业是否具备进行国际化竞争的优势，同时还能帮助企业选择国际化经营的方式，但该理论强调企业必须同时具备三种优势才可以进行跨国投资，使其具备一定的局限性，因为这难以解释当今一些发展中国家的跨国企业在并没有同时具备三种优势的情况下仍然在国际市场上取得很大的成就。该理论加入投资发展周期的概念后可以更好应用于发展中国家企业的国际化经营，一个国家的对外资本流动与该国的经济发展水平紧密相关，国家国际化经营是企业国际化经营的前提，企业同样会经历由引进外资到对外投资的不同阶段。总的来说，国际生产折衷理论具有高度的概括性、广泛的涵盖性、较强的适用性，使其成为较有影响力的企业国际化经营微观理论。

（四）发展中国家对外投资理论

现有对国际投资理论的研究多以发达国家跨国企业为研究对象，但这些理论在发展中国家应用具备一定局限性，与发达国家企业相比，发展中国家企业无论在面临的发展环境还是自身的条件上都有很大的特殊性，主要表现在发展中国家企业投资规模小、技术水平相对较低、以劳动密集型产业为主等方面。因此，许多学者基于发展中国家企业国际化经营过程中出现的新特征，提出了小规模技术理论、技术地方化理论、技术创新产业升级理论。

1. 小规模技术理论

小规模技术理论是西方经济学界针对发展中国家企业如何成功实施数字化时代之前国际化战略的一个早期标志性理论框架。美国经济学家刘易斯·威尔斯于1977年在《发展中国家企业的国家化》一文中指出，即使不具备先进技术或大规模生产能力的发展中国家企业，依然存在强烈的经济驱动力和广阔的机会去参与国际直接投资活动。据此，威尔斯提出了小规模技术优势的概念，主张尽管发展中国家企业的技术水平或许并不领先，生产规模也可能不大，但它们仍能凭借一些独特优势在国际竞争中占有一席之地。这些优势主要包括三个方面：①适应本地市场的劳动密集型生产技术，发展中国家企业往往擅长运用劳动密集型的小规模生产技术，这些技术尤其适合服务于本国或其他类似经济发展水平国家的较小市场规模和特定需求；②利用本土资源与特色产品，企业能够在本土市场获取原材料和其他资源，利用本土资源优势开发和生产具有地方特色的产品，这些产品有可能在国际市场上找到独特的细分市场；③采取低价营销策略，相较于发达国家企业倾向于依赖大型规模生产带来的经济效益和强大的品牌效应，发展中国家企业更可能选择采用低成本的营销手段，通过维持较低的价格水平来吸引消费者，进而打入国际市场并获取市场份额（杨林，2010）。

该理论将发展中国家企业实行国际化经营的竞争优势同自身市场特征条件相结合，能够有效分析发展中国家的企业如何利用自身优势在国际市场中占据一席之地。该理论存在一定的局限性，其中发展中国家在技术上的创新仅局限于对现有技术的改造，发展中国家企业在国际竞争中将始终处于落后状态，这无法解释一些发展中国家企业不仅在小规模市场上，在规模市场上也能与发达国家进行国际竞争的现实。

2. 技术地方化理论

随着技术成为企业开展国际化经营的关键词，越来越多的企业以技术优势获取进军国际市场的资本，也有越来越多的传统跨国企业通过技术并购、优势互补的方式提升国际竞争实力。特别是在一些发展中国家，技术引进、吸收、创新成为国际化理论的新发展方向。

英国经济学家Lall（1983）发现，发展中国家的企业并不是全部采用"小规模技术"。为了解释发展中国家企业国际化经营行为，他从技术变动的角度出发，提出了技术地方化理论。该理论认为发展中国家企业的竞争优势在于其能够结合自身企业环境、要素条件和经济条件，对发达国家技术的消化、改进和发展，形成自己的特定优势（Proprietary Advantage），提升自身的国际竞争力（尹响和杨继瑞，2016）。发展中国家对发达国家的技术引进不是被动地模仿和复制，而是一个积极吸收、主动创新的过程。

发展中国家企业在构建和提升竞争优势时，表现出了多方面的特色和优势：首先，这类企业能够通过对引进技术的适应性改造和创新应用，使产品更加贴合目标市场的实际需求和消费特点，从而提升产品的市场竞争力；其次，发展中国家企业在小规模生产情境下，能够发掘并创造出具有较高经济效益的新技术和生产方式，这类技术创新在有限的资源条件下，能够展现出良好的效能和盈利能力；再次，发展中国家企业通过不断创新，有能力推出与传统知名品牌区别开来的产品，特别是在不同市场之间存在显著的消费需求和购买力差异时，即便面临来自发达国家企业的强有力竞争，也能凭借差异化产品策略赢得市场份额；最后，由于受到所在国政府政策扶持、自然资源禀赋以及本土文化差异等因素的影响，发展中国家企业的竞争优势还体现在能够更好地服务于相同或相似发展阶段的其他国家市场，这些优势可以通过国际合作和资源整合得到进一步巩固和放大。

3. 技术创新产业升级理论

在20世纪90年代中后期，发展中国家对外直接投资的步伐显著加快，特别是新兴工业化经济体对发达经济体的投资活动呈现出明显的增加趋势。在此宏观经济背景下，Cantwell 和 Tolentino（1990）共同提出了技术创新产业升级理论。这一理论综合考虑了发展中国家技术进步的内在积累机制，以及国际产品生命周期的动态演变规律，以解释发展中国家对外直接投资行为的主要特征：首先，随着发展中国家产业结构逐渐向更高附加值领域转型升级，企业内部的技术创新能力也在同步增强，这种技术能力的提升不是一蹴而就的，而是通过长期积累和研发投入逐步形成的。其次，技术能力水平在很大程度上决定了发展中国家企业对外直接投资的战略选择和扩张速度。换而言之，企业技术水平的高低成为其能否成功进行国际化拓展的核心要素之一。最后，随着时间的推移，发展中国家对外直接投资所涉及的产业类型及其地理分布将发生变化，这种变化具有一定的规律性和预见性，即随着技术进步和产业升级，发展中国家对外直接投资将更多地投向更具有技术含量和高附加值的产业，并且投资目的地的选择也会因技术、市场等因素的变化而出现调整。

在发达国家和发展中国家之中，技术积累对于推动国家经济发展的重要性并无本质区别，都是国家经济增长的关键引擎。然而，发达国家与发展中国家在技术创新的方式和起点上有所不同。发达国家通常拥有较强的研发能力和原创技术产出，而发展中国家则更多地通过"模仿创新"和"学习吸收"发达国家已有的技术，经过适应性改造和再创新，逐步建立起自己的技术体系。这一过程随着生产实践的积累和管理效率的提升而不断得到强化（张莉芳，2018）。发展中国家的企业技术积累是以特殊的"学习路径"为基础的,它们通过消化吸收外部技术,逐步积累起自身的技术实力。在对外直接投资方面,发展中国家企业表现出特定的产业和地域特征。在产业层面,初期投资活动常常围绕着对自然资源的开发利用,随后逐渐过渡到以实现进口替代和出口导向为目的的横向一体化产业扩展。在地理分布上,投资轨迹一般遵循由近及远的原则,首先集中在邻近国家,其次逐渐延伸至其他发展中国家,最后触及发达国家,形成"周边国家—发展中国家—发达国家"的梯次递进模式。随着工业化进程的深入,发展中国家的技术创新能力显著提升,导致产业结构发生了结构性转型。对外直接投资的领域也随之拓宽,从原先集中于传统的制造业和资源开发业,逐渐扩展到高科技产业和技术密集型的生产和经营活动,反映出发展中国家在全球价值链中不断提升的地位和技术追赶的成效。

三、相关文献综述

由于西方跨国企业开展国际化经营的周期较长,对于国际化理论的探索较深入、研究的切入点较广泛,使西方学者在该方向的研究主要集中于国际化理论、企业国际化进程、企业国际化与绩效相关性、企业国际化经营战略选择与动因分析等方面。与西方学者相比,我国学者对于企业国际化的研究起步较晚,因此对于理论、经营动因以及战略统筹方面的研究成果较少。

中国加入 WTO 已满二十年、"一带一路"倡议加快推进、RCEP 协议的签订、"双循环"新发展格局的形成,都使国内外环境发生了重大变化,越来越多的中国企业走出国门,也吸引了越来越多的外资企业在华投资设厂,我国企业国际化研究因此具备了内向与外向国际化的双向实践积累。我国学者对于国际化领域的研究虽较少涉及理论基础或战略层面,但却更多地关注了对国际化水平的评价(测度)、国际化发展路径、国际化发展与企业绩效关系等实践层面,形成对国际化领域研究的补充与支撑,特别是在中国国情下,企业在特定区域开展国际化经营取得的经验,国内学者给予了着重分析。

(一)国外文献综述

从 20 世纪 80 年代开始,西方学者关注企业国际化问题,从不同角度对企业国际化进行了研究,形成了丰富的理论与实践成果,对企业国际化演进分支形成了强有力的支撑。主要研究成果涉及以下几个方面:

1. 基于国际化理论探讨研究

随着全球经济一体化进程不断深入发展，各国学者对于企业国际化的探讨络绎不绝，研究者结合自身所在国企业国际化情况，不断探索完善国际化发展理论。在早期研究中，学者就经典的国际化理论对企业国际化发展的影响进行了一系列探讨。Vernon（1966）最早提出的产品生命周期理论将企业生产的产品分为开发、成熟和衰退三个阶段，企业开展国际化活动与其产品所处的生命周期阶段密切相关。随着研究的不断深入，国际化理论得到进一步发展，由 Buckley 和 Casson（1976）共同提出的内部化理论认为市场交易需要付出交易成本，企业通过建立内部交易市场可以将市场交易转化为企业内部交易，进而降低成本，企业在内部化的过程中突破国界交易，形成跨国公司。在内部化理论的基础上，Dunning（1977）提出了国际生产折衷理论，该理论认为企业需同时满足所有权特定优势、市场内部化优势以及区位特定优势三个条件才能进行对外直接投资。日本学者通过研究本国企业国际化发展情况提出了"雁型发展模式""边际产业扩张论"等理论解释企业国际化规律。

此外，研究者多关注企业国际化发展的影响因素。Benner 和 Tushman（2003）、Klossek 等（2010）研究发现，在企业国际化发展进程中，企业的组织结构、专利数量、管理人员能力等因素对企业国际化具有正向影响，而企业的研发强度对国际化具有负向影响。另有一些学者认为社会资本结构、相关性、认知程度以及社会资本的运用情况会影响企业国际化发展程度（Gooderham et al.，2011；Lee and Malerba，2016）。

2. 对企业国际化进程的研究

企业国际化进程论概念最早是由美国经济学家莱维于 1985 年 Theodore Levitt（1983）提出。Miller（1993）进一步将国际化进程分为十个阶段，分别是企业的评估、企业的分析、业务、国际机场和竞争的评估、选择国外合作伙伴、设立国外市场机构等。Johanson 和 Vahlne（1977）在对四家瑞典企业的国际化经营进行比较研究时，进一步完善了企业国际化进程并形成了企业国际化阶段论，又被称为"乌普萨拉国际化模型"。

随着研究的深入发展，基于要素和资源的国际化观点在以 Riehard 和 Robinson（1990）为代表的研究中提出来。Forsgren（2012）认为中小企业实施国际化战略的能力直接与其资源储备情况相关，当企业具有不可替代的宝贵资源时，更容易在国际市场上取得成功。Zou 和 Cavusgil（2002）在对 34 个小型科技企业的国际化问题进行研究时发现，中小企业在国际市场上的竞争力与其资源和能力密切相关，资源和能力不足是限制其国际竞争力的主要因素。

3. 国际化经营战略选择研究

企业国际化经营战略选择是指在进行国际化过程中，企业根据外部环境特点与自身条件选择相应的战略达到既定的国际化经营目的。现有研究中多关注企业在国际化经营中所选择的发展路径与经营策略。

Graves 和 Thomas（2006）在产品生命周期理论的基础上发展完善形成了产品创新、接近市场以及竞争带来的低成本三位一体的跨国经营模式。随后，Humphrey 和 Schmitz（2002）提出了渐进式的国际化经营模式，在该模式中企业的国际化是一个渐进的过程，从企业进入国际市场的模式上来看，由资源投入低向资源投入高的方向过渡，通常采取从无规律的出口贸易的国际化经营方式逐渐转变为建立海外销售网络，再到最后在海外建立生产基地的渐进式进入模式。从企业目标市场的选择来看，一般首先从邻近国家或地区开始，其次发展到政治、经济文化差异小的国家或地区，最后扩张到差异化大的国家或地区。

对于新兴市场，Bonaglia（2007）以白色家电行业为例，研究新兴市场跨国公司如何通过加速国际化以及战略和组织创新来追求全球增长。Brenes 等（2019）、Deng 等（2018）认为，母国的相关监管机构和特征，而不是自身规模，可能会影响公司国际化进程。Micheli 和 Carrillo（2016）指出在发展中国家进行国际化时，企业同时也发展自己，通过创新、降低成本、加快交付速度以及对客户的紧密承诺来赢得客户的信任，进而加快国际化进程。Petrou 等（2020）认为时机是由驱动因素的复杂组合决定的，战略性国际化企业通常根据经济原理选择市场和进入方式，从而成为跨国企业。

4. 国际化与企业绩效相关性

对于传统意义上的跨国企业，实施国际化战略的主要目的在于提升企业的整体业绩。在国际商业研究领域中，众多学者已经深入探讨了企业国际化程度与其绩效之间的相互联系。例如，Dash 和 Ranjan（2019）在针对印度企业的研究中指出，更高的国际化程度通过增强企业的吸收能力，可以间接提升其创新绩效。然而，经典对外直接投资（FDI）理论中提及的新进入者劣势和外来者劣势观点暗示，过度的国际化行为可能会对企业绩效产生抑制作用，表现为国际化程度与企业创新绩效之间的关系可能是倒"U"形曲线（Ciravegnal et al.，2019）。另外，Andrade 和 Galina（2013）选取了 100 家来自发展中经济体并且国际化程度极高的跨国公司作为样本进行了研究，结果显示国际化程度与这些发展中经济体跨国公司的绩效呈负相关关系，即随着国际化程度的提升，企业的财务或经营绩效反而可能下滑。此外，Odlin（2019）研究了企业国际多元化程度对海外子公司存活率和运营效果的影响，经实证分析确认，企业国际多元化程度越高，其海外子公司的生存绩效往往会表现得更为糟糕。

5. 企业国际化经营动因研究

对于国际化理论的研究最早从企业国际化经营动因开始，国外对于企业国际化动因的研究理论相对成熟，根据研究对象的不同，研究大体可以分为以发达国家企业为研究对象和以发展中国家企业为研究对象的企业国际化理论。

随着 20 世纪跨国企业在国际市场上的兴起，发达国家企业的国际化经营动因问题备受关注。Vemon（1966）在产品周期性理论提出，企业在何地生产产品取决于产品处在生命周期的哪个阶段。Kojima（1978）把企业国际化经营的动因分为市场导向型、资源导向型和生产要素导向型三种类型。Hymer（1976）认为企业对外直接投资是因为其具有垄断优势，而 Kobrin 等（1977）认为企业对外直接投资是因为跨国经营可以将市场交易转变为企业内部交易，进而减少在不完全市场上的交易费用，降低成本，也就是内部化理论。Dunning（1997）在前人研究的理论基础上，提出了国际生产折衷理论，即区位优势、市场内部优势、所有权优势是企业进行对外直接投资的决定性因素，企业只有同时满足上述三种优势，才可以进行对外直接投资，这并不能解释当前一些发展中国家企业在没有同时满足这三个条件的情况下依然能够在国际市场占据一席之地。

随着发展中国家企业在国际市场上崭露头角，将发展中国家企业作为研究对象的国际化理论也逐渐丰富起来。Rybadze 和 Reger（1999）提出发展中国家企业出于学习先进技术、保护出口市场、突破本土市场限制、降低资产风险等原因开始进行对外直接投资。Chibba（2013）通过研究印度尼西亚企业的国际化行为，发现发展中国家企业进行国际化主要有两种原因：一是拓展经营范围，二是通过参与国际化市场获取现金的技术与管理经营经验。Charles（2003）将新兴市场企业进行跨国经营尤其是进入发达国家的动因分为资产获取型和资产利用型，新兴工业化国家企业在国际市场上主要通过跨国并购的方式获取技术知识、品牌寻求等战略性资源，以增强自身的国际竞争力，实现国际化战略目标。

（二）国内文献综述

自改革开放以来，我国企业国际化发展不断深入，从积极吸引外资到逐步开展外向型国际化战略，涉猎范围更广，涉及领域更新，国内企业国际化朝着更深更广的方向发展。随着国内企业逐渐走向国际舞台，企业国际化发展相关内容也逐渐成为研究者关注的热点，国内对企业国际化发展问题研究逐渐丰富起来。主要的研究成果集中在：企业国际化程度测度与评价、企业国际化发展的路径选择、国际化与企业绩效相关性分析、区域企业国际化发展现状研究、特殊背景下国际化发展研究。

1. 企业国际化程度测度与评价

早期国内学者对我国企业国际化的程度关注较多,从不同角度提出一系列企业国际化程度的测度方法与指标体系。鲁桐(2007)从国际化阶段角度出发,利用蛛网模型对企业国际化阶段进行测量,该模型中将企业国际化表现分为跨国经营方式、营销、组织架构、跨国化指数、人事管理和财务管理六个方面,从这六个方面出发对企业国际化所处阶段进行测量。

随着研究的不断深入,刘怡民(2005)对国际化发展测评指标进行了完善,并以海尔集团为案例,从组织结构、国际化战略、财务管理、人事管理、市场营销、生产(服务)管理、当地化、经济指标、研究开发等方面对企业的国际化程度进行检验,有效帮助企业认识到国际化发展的现状。21 世纪初期,我国民营企业国际化水平总体较低,这受制于市场、制度等外部环境和资金、技术创新、信息获取等企业内部因素的影响(张文赛,2008)。我国中小企业要实现真正地"走出去",提高国际化水平,就要大力推动对外直接投资,以技术为支撑,出口与对外投资相互补充,最终实现企业的国际化发展战略目标(郑小碧,2019)。

2. 企业国际化发展的路径选择

随着企业国际化发展逐渐深入,研究者开始关注企业国际化路径问题。董伟统(2012)在对温州民营企业国际化的研究中发现,我国中小企业的国际化发展遵循渐进的模式,出口是当时企业国际化发展的主要方式,并在研究中提出企业国际化的追赶模式。民营企业的国际化发展一度被看好,民营企业将有望成为我国企业国际化发展的中坚力量(杨婵和贺小刚,2020)。

民营企业国际化路径问题受到研究者的关注。罗华(2011)通过对浙江民营企业的国际化发展的研究,提出了企业国际化路径的三个选择:一是增强自主创新能力;二是加强知识产权建设,努力建立自主创新平台,加大技术创新;三是加强品牌建设。林俐(2007)以温州为案例,提出企业国际化发展新思路。从全面提升国际化意识开始,以传统产业的国际化发展为导向,以完善政府各项配套服务为保障,加大引进外部力量发展本土经济,逐步实现企业国际化发展目标。石丽静和洪俊杰(2019)指出跨国经营不足是制约我国企业国际化经营的重要阻碍,应采取渐进的国际化进入模式,以熟悉的周边国家或地区为起点,设立营销网络,采用合资、并购的方式,逐渐成熟后采用独资方式进行海外投资。

3. 国际化与企业绩效相关性分析

近年来,随着研究的不断深入,国际化对企业绩效的影响进入到研究者思考的问题范畴。企业国际化程度与企业绩效之间到底存在何种关系,国内学者从不同角度进行了阐释。鲁慧玲(2008)利用单方差分析方法对 104 家上市公司绩效与国际化程度进行研究，研究结果表明企业国际化程度与企业绩效之间并不存在显著关系，同时，她提出当企业参与国际化过程中，以股权参与的方式对企业的绩效是有帮助的。宋国卿（2011）指出，国际化深度和广度对企业绩效的提升力度不同，企业国际化深度对企业绩效影响并不显著，但企业国际化广度对企业绩效影响显著。张莉芳（2018）利用面板数据对国际化绩效的影响因素进行研究，提出市场营销、技术能力在企业国际化和绩效的关系中起调节作用，也就是说企业的营销能力和技术能力越强，国际化程度越高，企业的绩效越高。同时，在对制度因素进行考量时发现，制度因素对国际化是否成功的影响不趋于一致，有正向影响也有负向影响。

4. 区域企业国际化发展现状研究

在关注企业国际化发展问题时，国内学者多以企业案例为研究对象对相关问题进行分析，研究对象分布具有一定的区域性。早期，国内经济起步较晚，国内学者多依托国外经典案例，如欧盟、美国、日本的企业案例进行分析，研究国外优秀企业的成功发展模式，总结发展经验，对我国企业的国际化发展具有一定的借鉴作用。李林玥（2018）总结了欧盟企业发展中具备多种形式、独特发展区、价值链为主等特点，提出了企业的国际化发展要拓宽融资渠道、加大技术支持力度以及整合价值链等发展策略。原磊和邱霞（2009）通过对美国企业与日本企业的对比分析中发现，美国多采用贸易代理和国际直接投资并驾齐驱的国际化发展方式，而日本多采用大企业依托和小企业联合的方式，不同国家企业国际化发展方式的不同是由所处环境和本国国情决定的。

从国内范围来看，浙江民营企业经济的发展在国内处于领跑位置，有关企业国际化方面的研究也多以浙江企业为案例进行分析。赵优珍（2005）以小规模技术理论为依托，对浙江民营企业在进行国际化战略的过程中所体现的独特竞争优势进行了分析，她认为浙江民营企业在"走出去"的优势主要来源于小规模生产技术优势、产业集聚优势、低管理成本和低价营销优势等方面，相对应地，应该采取以发展中国家和地区为主要投资对象，以合资、合作为主要投资方式，聚焦劳动密集型产业，采用低成本价格策略进行国际市场营销的对外直接投资策略。梁琦（2009）对浙江民营企业的国际化进行了全面系统的研究，回顾了浙江企业国际化的发展历程，分析了浙江民营企业跨国发展的优势和不足，并提供了相应的对策。季华和刘海波（2019）以温州的民营企业为案例分析，对企业进行国际化的动机、国际化参与模式、国际化渗透载体以及国际化学习机制等方面对温州经验进行分析总结。温州企业理性地选择"走出去"模式，巧妙地将"引进来"和"走出去"结合起来，表现出特有的理性与成熟（程旖婕、刘云，2018）。区域企业国际化发展的经验对其他地区发展具有重要的指导意义。

5. 特殊背景下国际化发展研究

随着我国对外开放进程的不断加快，基于特殊时代背景、外部环境的影响下，中国企业国际化经营呈现出新的特点与发展方向。随着时代的变迁，中国学者对企业国际化发展现状分析与路径研究逐步具有中国特色。李季鹏等（2018）、江苏省工商联课题组（2019）分别探讨了在"一带一路"背景下，新疆企业、江苏民营企业国际化的现状、问题、影响因素与对策研究。杜立科（2023）、李从从（2021）、王玉华和陈奕（2021）分别就"一带一路"、RCEP 等背景下，中国企业的国际化经营路径，国有企业国际化经营激励机制，中小企业国际化发展机遇与对策进行了详细分析。丁昆和丁贵桥（2021）就中美贸易摩擦对企业国际化战略的影响进行研究，葛欣昀（2023）研究了我国企业国际化发展面临的机遇和挑战。

此外，有部分就外部形势带来的变化，开展了企业国际化发展的外延研究。例如，陈凤兰和张鹏飞（2023）分析了新发展格局下产业链延伸与企业国际化相关性。赵瑜和刘善仕（2022）就经济政策的不确定性，探讨了政府关系与企业国际化的内在联动机制。张英和张倩肖（2021）探讨了在创新驱动背景下，技术双元、交互吸收能力与企业国际化进入模式选择。刘健和刘春林（2021）就"一带一路"倡议下，跨境电商对区域经济均衡发展进行了研究。总体来看，中国学者对新时代、新环境下企业国际化研究进入到新阶段。

四、文献综述评述

通过梳理中国知网 2010～2023 年国际化相关研究，共形成 8237 篇期刊文献，其中有 1179 篇研究主要关注"企业国际化发展过程中存在的问题及对策"，223 项成果集中在"企业国际化的动因及路径研究"，而有近 200 项研究集中在对企业国际化理论的深入探索。研究方向主要集中在"企业国际化战略"（1689篇）、"国际化测度与评价"（398 篇）、"不同行业国际化发展研究"（567篇）与"国际化影响因素分析"（1611 篇）。然而，对于省域层面国际化发展情况的分析研究成果不足 50 篇。在研究方法层面，有 64 篇文章采取传统的层次分析法展开国际化水平测度，且研究成果年代较远，在近三年的研究成果中，越来越多的文献开始采用国际化蛛网模型进行综合评价，总数超 60 篇。有近 260 篇文章重点关注"一带一路"、RCEP 协议签订、新发展格局背景下，企业国际化发展现状分析与路径研究。在研究对象方面，部分学者对浙江省、广东省、安徽省、河北省企业国际化发展水平进行分析，但针对中部地区企业国际化发展的研究成果较少。

通过对企业国际化相关研究进行梳理总结，可以发现：

国外学者针对企业国际化的研究多从以下方面展开分析研究：国际化的概念、理论演变进程、战略选择，企业海外经营存在的问题、问题产生原因，企业国际化发展与经营绩效相关性等。特别是对国际化战略选择的探讨，呈现出多类型、多渠道细分成果。国外的相关研究多从国家或某一行业层面探讨企业国际化，较少关注某一区域企业国际化的整体情况，也并未形成针对某个地区国际化发展的研究成果。因此，国外文献对于企业国际化分析更倾向于从理论层面寻找解决现实问题的途径。

相较之下，我国学者针对企业国际化也进行了大量探讨，主要集中在对国际化程度的测量、企业国际化对企业绩效的影响，以及企业国际化现象的研究。这些研究成果多是片面地评述企业国际化程度如何测量，或是我国企业特别是中小企业如何实现国际化发展，或探讨国际化与企业绩效的关系，采取问卷调查、案例分析等方法，获得评价结果与解决途径。我国学者针对企业如何实现"走出去"战略进行大量深入研究，但并未系统分析内向国际化与外向国际化在我国的发展情况。

现有成果存在以下不足之处：第一，缺少对于企业国际化全过程的解析。虽然部分学者进行了企业国际化相关探讨，但成果都是通过对企业国际化经营的某个因素或某个问题，或从完整研究链条中截取一部分进行评述，难以全面反映某个地区国际化发展轨迹、成就、存在的问题、产生的原因，解决问题的发展路径与建议。第二，缺乏国家、地区间国际化发展情况的比较。现有研究基本是以一个国家或行业为样本，缺乏对不同国家或地区之间的比较，缺乏在不同发展基础、制度下的纵向比较，因而造成对策或路径缺乏成功经验做支撑。第三，并未基于国内国际新形势展开系统性研究。虽然近三年我国部分学者探索外部环境或国家战略对企业国际化经营的影响，但此类研究均未基于国内国际宏观经济、政治格局、产业发展、科技革命，以及"黑天鹅""灰犀牛"事件等多重因素，探讨新变化对企业国际化发展产生的综合影响，特别缺少叠加区域发展格局对某一地区企业开展国际化经营的路径探索研究。因此，基于现有研究会产生研究结果不准确或较片面的结果，继而在应用层面缺少可借鉴意义。

第三章　河南企业国际化面临的新形势

企业发展不是孤立的，而是处在由国际、国家和区域所围绕的圈层式环境之中，内外部复杂环境对企业战略、企业行为有着深远影响，尤其对企业国际化这种跨地区、跨国界的经营活动更是意义重大。因此，河南企业在推进国际化发展的过程中，势必要厘清国际、国内以及区域发展的社会、政治、经济以及技术革命等内外部宏观环境中潜在的机遇和挑战，才能合理应对危机与挑战，制定出符合当下新形势、新机遇的国际化发展策略与路径。

一、企业面临的百年未有之大变局

当今世界正经历百年未有之大变局，全球经济流通受阻，全球经济一体化在艰难中前行，国际力量对比深刻调整，国际环境越发复杂多变，但同时面临新一轮科技革命和产业变革深入发展带来的新机遇。这些新的国际局势不断通过国际产业链发展、经贸合作和人文交流等推进传导至国内，给河南企业国际化发展塑造新了机遇和挑战。从国际宏观环境来看，既具有不利因素，又包含有利因素支撑。

（一）国际环境中的不利因素

1. 世界经济流通依然不畅

自 2020 年以来，全球贸易出现明显萎缩，根据世贸组织发布全球货物贸易数据显示，2020 年全球货物贸易量萎缩 5.3%，2023 年全球货物贸易量下降 1.2%，全球物流依然不畅。受新冠疫情的影响，全球通胀压力持续上升，能源、粮食、产业链供应链等各种危机接踵而至。全球性问题加剧，世界进入新的动荡变革期。各种不稳定、不确定因素显著增多，"黑天鹅""灰犀牛"类事件随时可能发生。

这些因素无疑给各国企业国际化发展带来不利影响，主要体现在以下几个方面：一是既有国际业务循环持续受阻，给企业国际经营带来压力，包括企业国际生产、国际联合研发以及产品在国际的流通遭遇前所未有的冲击；二是国际化经营拓展承压明显，短期内企业几乎很难在某些地区和国家开展新的国际业务；三是国际化模式受限，三年全球经济恢复动力不足，致使对外贸易疲软，消费需求减弱，使河南企业在对外经营活动中发展动力不足，难以保障持续有效的对外往来。

2. 贸易摩擦持续阻碍全球经济一体化发展

随着全球化的日益深化，世界之变、时代之变、历史之变加速演进，国际力量对比深刻调整。新冠疫情影响深远，逆全球化思潮抬头，单边主义、保护主义明显上升，经济全球化遭遇波折，多边主义和自由贸易体制受到冲击。

贸易保护主义和单边主义给世界经济带来明显的影响，尤其对发展中经济体而言，保护主义和单边主义深度破坏其过去赖以发展的自由贸易以及世界经济环境。对河南企业而言，国际贸易保护主义也是国际化过程中一个极为不利的因素，它至少将从两个方面阻碍企业国际化发展。一方面，最直接的就是阻碍企业产品的国际贸易。在贸易保护主义下一些国家提升他国企业产品关税，导致他国产品进入这些国家面临更大的成本，在价格竞争中丧失优势。对河南企业而言，这种阻碍也是无法绕过的。另一方面，企业进入有贸易保护主义倾向国家市场的难度不断增大。当前，除了通过将产品推向国际实现国际化，更多企业选择国际化经营，即通过在他国设立分支机构实现将企业边界拓展至国际。贸易保护主义的本质是保护各国自身企业利益，出于利益考虑，这些国家势必通过各种手段阻碍具有竞争力的他国企业进入本国。

3. 全球产业与产业链安全重视程度提高

自20世纪90年代以来，跨国公司在利润最大化的驱动下，以构建最优价值链为战略导向加快全球布局，推动全球产业链供应链向纵深发展，以东亚、北美和欧洲三大生产网络为中心，形成相互依存、联系日益紧密的国际生产、服务、贸易和投资格局。新兴经济体快速成长，并在全球价值链中的参与度不断提高，中间品贸易逐渐成为国际贸易的主要部分。然而，2020年新冠疫情给全球各国供应链带来前所未有的冲击，充分暴露了全球产业链的脆弱性。由于全球产业链、供应链密切相连，各国生产关系错综复杂，即使单个国家疫情出现缓解，其生产活动仍可能从供需两端都受到疫情影响尚未缓解国家的冲击。新冠疫情引发一些国家和跨国公司供应链单一化带来的风险，产业链配置由以前主要考虑生产效率转向兼顾效率和产业安全的逻辑上来。目前，世界各国更加注重从保障经济安全需求出发，采取多种措施，确保自身关键行业产业链供应的稳定，包括鼓励战略物资生产向本地集中，鼓励企业将关键产业链布局在周边地区。

这种情形也使包括河南企业在内的多数发展中经济体的企业，在推进企业国际化过程中面临更多阻碍，因为这意味着一个企业产品将可能出现不因技术进步或创新性更强被他国接受，换而言之，一个具有先进设计和更超前技术产品的企业也有可能被一国出于产业链安全考虑而不被接受。同时也意味着，一国企业在通过产业链供应实现全球化发展过程中将面临更多的竞争。对企业国际化而言，产业链加速重构的趋势几乎无法避免，但如何从产业链重构中寻找新的建立竞争优势的逻辑，从而化危为机，进而加速全球化，将是一个重要的发展议题。

（二）国际环境中的有利因素

从国际环境来看，俄乌冲突、巴以冲突等地缘矛盾加剧；通胀、贸易摩擦、美联储加息、产供链风险等因素叠加，同样考验着各国经济韧性与复苏动力。尽管企业国际化过程中会面临一定的困难阻碍，但也应看到不断向前发展是世界永恒的方向，国际环境危机中也蕴藏着巨大的机遇。对河南企业而言，除了积极应对来自世界大环境的各种挑战，更重要的是把握当今世界格局下的大机遇，积累实力、乘势而上，在国际经济舞台上扮演着更重要、更靓丽的角色。

1. 世界经济增长的中长期趋势向好

尽管世界经济发展面临诸多困难和挑战，但和平与发展仍然是时代主题，世界经济具备实现中长期增长的基础。一方面，各国建设开放型世界经济的热忱没有消退，亚太、欧洲、非洲等区域、跨区域自贸安排有序进展，《区域全面经济伙伴关系协定》（RCEP）15 个成员国结束全部文本谈判为世界经济注入新动能。国际货币基金组织（IMF）预计 2025 年世界经济增长率为 3.2%，经济韧性超乎预期，全球经济增长保持上涨态势，未来五年全球经济增速将保持在约 3%（见表 3-1）。在新冠疫情长期影响尚存、国际局势复杂变化、多国面临高通胀的大环境下，全球经济饱经挫折仍保持温和增长。

表 3-1　IMF 发布 2025 年全球经济增速展望　　　　　单位：%

年份	2020	2021	2022	2023	2024	2025
世界产出	2.9	−3.0	3.5	3.2	3.2	3.2
发达经济体	1.7	−6.1	2.6	1.6	1.7	1.8
美国	2.3	−5.9	2.1	2.5	2.7	1.9
欧元区	1.2	−7.5	3.3	0.4	0.8	1.5
德国	0.6	−7.0	1.8	−0.3	0.2	1.3

续表

年份	2020	2021	2022	2023	2024	2025
法国	1.3	-7.2	2.5	0.9	0.7	1.4
意大利	0.3	-9.1	3.7	0.9	0.7	0.7
西班牙	2.0	-8.0	5.8	2.5	1.9	2.1
日本	0.7	-5.2	1.0	1.9	0.9	1.0
英国	1.4	-6.5	4.1	0.1	0.5	1.5
加拿大	1.6	-6.2	3.4	1.1	1.2	2.3
其他发达经济体	1.7	-4.6	2.6	1.8	2.0	2.4
新兴市场和发展中经济体	3.7	-1.0	4.1	4.3	4.2	4.2
亚洲新兴市场和发展中经济体	5.5	1.0	4.5	5.6	5.2	4.9
中国	6.1	1.2	3.0	5.2	4.6	4.1
印度	4.2	1.9	7.2	7.8	6.8	6.5
东盟五国	3.8	-0.6	0.8	4.1	4.5	4.6

资料来源：IMF。

另一方面，得益于新技术和新产业的不断涌现和发展，从长期来看，世界经济增长的基础依然坚实。在新兴科技全面赋能工业化的基础上，发达国家工业化的新产业、新业态和新模式进一步显现，产业发展的科技含量进一步提高。同时，随着世界经济结构的调整与转换，要素的跨国流动程度和国际经济相互依赖程度日益加深，市场机制作用将有望发挥得更好。根据 IHS Markit 的预测数据，全球经济增长 2020~2035 年平均速度可以达到 2.6% 左右。尽管发达经济体的增长速度将可能进一步放缓，整体增长速度在 1.7% 左右，但发展中国家年均增长速度依然可以达到 4.9% 左右。

自 2021 年以来，全球经济加快复苏，大多数国家的经济逐步恢复。尽管2024 年世界经济很可能"不温不火"，但多家国际机构却上调对中国经济增长的预期，认定中国仍是全球经济复苏主动力。中国经济向好发展，势必给中国企业对外经营带来稳定的发展基础，中国经济的持续拓展毫无疑问将给世界经济带来更多发展机会。对河南企业而言，全球经济保持向好发展的大趋势，无疑将给企业发展带来更多的空间，使企业国际化有了扎实的土壤。

2. 全球治理体系在博弈中调整重塑

过去 30 多年，全球治理体系经历了错综复杂的变革。在欧、日等发达经济体的挑战下，苏联解体后形成的美国"单极化"格局逐步被削弱。近年来，单边主义逆流涌动，治理赤字、信任赤字、和平赤字、发展赤字日益突出，引发全球范围的重视与思考，西方国家奉行的民粹主义和逆全球化受到越来越多国家的质疑。然而，随着全球新兴市场、发展中国家呈现比较快速的群体性梯次崛起态势，影响力和发言权不断增强，国际力量格局和全球治理体系发生重大转变。新兴经济体和发展中国家崛起的势头不可逆转，世界多极化、经济全球化、社会信息化、文化多样化深入发展，全球治理体系和国际秩序变革加速推进，国际力量对比也持续向"东升西降"的方向发展，新兴国家在全球治理中发挥着越来越重要的作用，不可逆的国际治理体系也带来了新的变革。

随着全球治理体系和国际秩序变革的加快推进，加强全球治理、完善治理体系是大势所趋，也是各国面临的共同任务。自 2012 年以来，党的十八大倡导"人类命运共同体"，2013 年我国提出"一带一路"倡议，共同打造政治互信、经济融合、文化包容的利益共同体、命运共同体和责任共同体。2017 年党的十九大报告提出"建设持久和平、普遍安全、共同繁荣、开放包容、清洁美丽的世界"。构建人类命运共同体受到国际社会的高度评价与热烈响应，已被多次写入联合国文件，国际影响广泛而深远。共建"一带一路"倡议，正在深刻影响世界经济发展的重要战略。因此，面对全球治理体系的深刻变革，中国正在引领世界政治体系朝着"合作共赢、区域共享"的健康、可持续方向发展。

3. 世界贸易格局迎来均衡发展新契机

虽然进入 2021 年经济下滑趋势有所缓解，但过去三年全球经济发展就像是"翻越了一座又一座险峰，却发现前方还有更多的崇山峻岭"。地缘政治冲突引发经济分割和供应链重组影响仍然存在；中东地区和北非地区的动荡局面所造成的油价上涨、美国巨大的财政赤字都会增加全球经济及金融市场前景的不确定性。但是在如此复杂多变的背景下，美、日、欧的全球贸易指数却依然保持在全球领先位置。2023 年，美国经济展现出超预期的增长态势，技术、创新和劳动力市场为其实现增长提供了重要驱动。更重要的是，发达国家通过区域贸易合作和控制多边贸易体制来影响国际贸易秩序，并在国际交换中获得了大部分贸易利益。

然而，随着全球一体化与区域协调发展进程的加快，发展中国家在国际贸易中的份额不断提高，地位持续攀升。根据 IMF 与 WTO 统计，自 2008 年以来，发展中国家在全球货物贸易出口中所占比重达 38%，创历史最高纪录。其中，中国仅次于德国，成为世界第二大出口国。根据德国联邦统计局公布的最新数据，2009 年中国货物贸易出口已跃居世界第一。自金融危机爆发以来，以"金砖四国"为代表的新兴工业化国家在世界经济中的地位和作用更加突出，已成为国际经济和贸易秩序改革不可或缺的重要力量。国际贸易重心也从单一的"欧美重心"过渡到了"多重重心"并存的状态，并正在形成以亚太为重心的新的单一重心格局，特别是以东盟"10+1"合作机制（东盟加中国）为第一外围，以东盟"10+3"（东盟加中日韩）合作机制为第二外围，以东亚峰会为代表的"10+6"合作机制为第三外围的"同心圆"战略，不断加快新兴经济体之间的联系。

特别是随着 2020 年 11 月《区域全面经济伙伴关系协定》的签订，当前世界上人口最多、经贸规模最大、最具发展潜力的自由贸易区正式启航。中国与日本、韩国、澳大利亚、新西兰等共 15 个亚太国家将共同维护以世界贸易组织（WTO）为核心的多边贸易体制，支持 WTO 进行必要改革，持续扩大亚太地区国家在全球交易中的话语权、维护 RCEP 的核心利益。更为我国企业在共建"一带一路"背景下参与国际经贸合作提供一个便利的平台，也为全球企业的经贸合作提供了平台。

4. 新一轮科技革命与产业变革深入推进

全球新一轮科技革命孕育兴起，加速带动全球产业变革。自 18 世纪 60 年代以来，世界曾发生四次科技革命，每一次科技革命与产业变革都深刻影响着世界发展格局，改变人类生产生活方式。创新是科技革命和全球变革的大趋势。5G、大数据、人工智能、区块链等技术应用在新的技术革新和产业变革中起着重要作用。新一轮科技革命将促使那些抓住科技革命机遇的国家科技升级、经济增长、相对实力地位提高，从而深刻影响世界各国特别是大国之间的实力对比，并引发未来世界经济政治格局的变化和调整。

当前，全球已迈入供应链交织融合的新时代，一个国家与世界相连通的能力成为衡量其竞争力的关键指标。未来全球经济脉络将趋向于形成更加紧密、相互依存的链条关系，这包括虚拟形态下的产业链、供应链、服务链及价值链的交织，它们将以更高的黏合度和相互依赖性定义新的经济互动模式。产业链的高端部分将逐渐聚集于创新能力强劲的区域，而中低端部分则倾向于落户资源丰富的地带，产品的装配或集成步骤往往在邻近目标市场进行，以贴近消费需求。未来，全球供应链的发展路径清晰指向智能化与数字化。在数字技术、人工智能技术快速进步及新兴市场需求扩大的共同驱动下，产业链布局不再单纯追求低成本而进行长距离延伸，转而强调生产活动的本地化，国际贸易的强度相对减弱，供应链结构变得更加精简。这一演变催生了以消费者为中心、数据为关键驱动的数字化供应链模式，它通过将供应商、分销商、物流服务商、各类服务商、零售商乃至金融机构紧密而垂直地整合在一起，构建了一个既可视化又高度透明的供应链生态系统，极大地提升了供应链的整体运作效率和响应速度。

随着全球化的深入发展，企业需要不断拓展国际市场，提高国际化经营水平。新一轮科技革命将为企业提供更广阔的发展空间和机遇，推动企业加快国际化步伐。企业可以利用新技术手段，如电子商务、社交媒体等，拓展国际市场，开展跨国经营。同时，企业可以通过跨国并购、合资合作等方式，实现技术、品牌、渠道等资源的整合，提高国际化经营水平。提高产品和服务的质量和附加值，增强品牌影响力和市场竞争力。同时，企业可以通过技术创新和研发，掌握核心技术和知识产权，提高自主创新能力和竞争优势。面向未来，河南企业面临大量发展机遇，通过强化科技创新能力提升，打造新产业、新动能、新技术，用更具有颠覆性突破性的技术创新、更合理完善的产业布局、提升企业实力，为企业面向全球、走向世界打下坚实基础。

（三）中国经济展现强大韧性

1. 中国经济实现稳步复苏

面对外部环境复杂性、严峻性、不确定性明显上升，地缘政治冲突频发，世界经济复苏乏力等外部国际形势，中国经济顶住了外部压力，克服了内部困难，总体上呈现增速较高、就业平稳、物价较低、国际收支平衡的态势。从国际比较来看，中国经济增速明显高于发达经济体。根据 2024 年 9 月 IMF 预测，美国全年经济增长率为 2.7%，欧元区为 0.8%，日本为 0.9%，在新兴市场中，中国经济增速仅次于印度，大幅高于巴西、俄罗斯、南非等经济体。2022 年，印度 GDP 为 3.38 万亿美元，中国为 18.1 万亿美元。根据世界银行、国家统计局公布数据，2023 年印度经济增长 7.6%，增量达到 1964 亿美元，中国经济增长 5.2%，增量近 7980 亿美元。

2. 对外出口增速有望回正

自 2022 年 9 月起，全球制造业 PMI 已连续一年以上处于荣枯线以下，表明外需持续走弱，进入 2023 年第四季度以来，世界经济复苏乏力。其中，英国、德国制造业 PMI 持续低迷，分别在 7 月和 8 月达到最低值，PMI 指数分别为 43.0 和 38.8，美国和韩国制造业 PMI 数月来总体呈边际改善趋势，保障短期内中国出口不会下滑太大。除此之外，我国制造业 PMI 指数出现大幅波动，但在自 2023 年 6 月以来，基本保持在 48~50 小幅变化。总体来看，我国制造业正在逐步走出疫情产生的影响，重回稳态。随着后疫情时代我国经济的起转回稳，制造出口供给能力将持续回升（见图 3-1）。

2024 年，预计我国出口规模增长速度可能会受到外需持续疲弱影响而继续放缓，但净出口对经济拉动作用将比较强劲，美国经济韧性可能将在短期内为中国出口增长带来新机遇，同时中国与共建"一带一路"国家和地区，特别是对俄罗斯联邦、东盟及非洲地区的出口增速稳定向好，将成为拉动出口的新增长点，推动中国出口边际不断改善，以维持对外贸易顺差对经济的正向贡献。

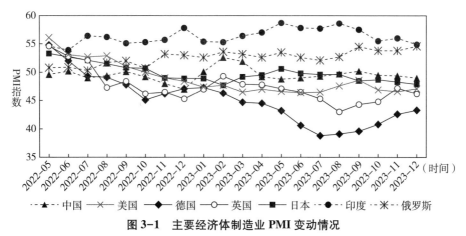

图 3-1　主要经济体制造业 PMI 变动情况

资料来源：根据各国统计局官方统计数据整理。

3. 中国贸易结构进一步优化

2023 年，我国对外出口额同比 2022 年下降，但从贸易结构来看，我国出口商品结构有显著优化。以 HS 分类标准第六类、第七类、第十七类和第十八类产品作为科技含量水平相对较高的产品，可以发现，自 2023 年以来车辆、航空器、船舶及运输设备出口保持较快增长，9 月同比增加 4.7%，4 月出口同比增速高达 65.4%，内部贸易结构优化（见图 3-2）。

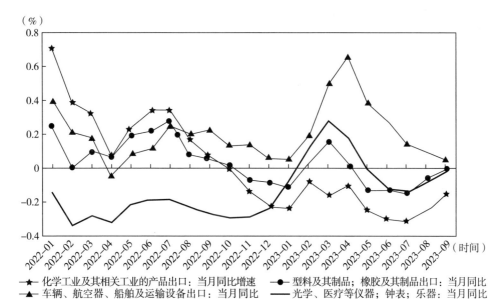

图 3-2　2022 年 1 月至 2023 年 9 月我国部分产品出口变化情况

资料来源：中华人民共和国海关总署统计月报。

从贸易方式来看，2023 年我国一般贸易出口额、来料加工装配贸易出口额和进料加工贸易出口额同比增长率均呈现第一季度回升、第二季度回落和第三季度逐渐恢复的特征，且三者均在 3 月达到增长峰值。其中，一般贸易出口基本保持正向增长，第一、二、三季度同比增速分别为 31.2%、−3.2% 和 −5.7%。加工贸易始终呈负增长，表明其规模同往年不断收缩，而一般贸易出口同比增长水平始终大于加工贸易出口，一般贸易所占比重不断扩大，中国贸易结构持续优化，产业不断向全球价值链中高端迈进（见图 3-3）。

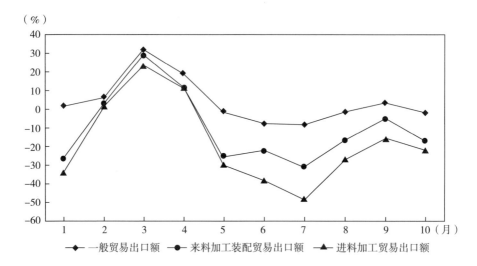

图 3-3　2023 年我国一般贸易出口额与加工贸易出口额逐月同比增速

资料来源：中华人民共和国海关总署统计月报。

4. 消费成为稳增长的主要动力

自 2023 年以来，国家从战略全局出发，高度重视在稳增长中着力扩大国内需求，把恢复和扩大消费摆在优先位置，打出了一系列促消费的政策组合拳，通过多渠道增加居民收入、改善消费环境，降低税费成本、提振消费信心。2023 年消费持续恢复向好，特别是自进入第三季度以来，消费增速逐月提高，最终消费支出对经济增长的贡献率达到 94.8%，拉动 GDP 增长 4.6 个百分点，消费成为稳增长和高质量发展的重要支撑。特别是餐饮、住宿、文化、体育及旅游等服务消费加快释放，引领消费市场加快复苏。

商务部发布的数据显示，2023 年前三季度，全国网上零售额为 10.8 万亿元，同比增长 11.6%，高于社会消费品零售总额增速 4.8 个百分点，实物商品网上零售额为 9.04 万亿元，增长 8.9%，占社会消费品零售总额比重达到 26.4%，直播电商、即时零售等新创新消费活动强劲，带动作用更为明显。随着就业形势总体平稳、失业率稳中有降，全国居民人均可支配收入实际增长 5.9%，比上半年增长 0.1%，收入水平稳步增长，助力消费能力稳步提升。特别是 2023 年，国际旅游加快恢复，带动我国市场的国际消费呈现供需两旺，加速回暖的态势。

二、中国对外开放迈向新征程

根据党的十九届五中全会精神，2021 年起我国进入新发展阶段，这是在全面建成小康社会、实现第一个百年奋斗目标之后，全面建设社会主义现代化国家、向第二个百年奋斗目标进军的发展阶段。从更大的时空范围来看，这个新发展阶段是我国社会主义初级阶段整个历史进程中一个不同寻常的发展阶段。习近平总书记指出，国内外环境发生深刻复杂变化，在当前保护主义上升、世界经济低迷、全球市场萎缩的外部环境下，我们必须集中力量办好自己的事，充分发挥国内超大规模市场优势，逐步形成以国内大循环为主体、国内国际双循环相互促进的新发展格局。我们要紧扣战略机遇期新内涵，变压力为推动高质量发展的动力，根据发展阶段、环境、条件变化，立足于国家区域发展战略，促进区域协调发展，全面提高对外开放水平，重塑我国国际合作和竞争新优势。未来一段时间我国社会经济的发展将重点关注以下几方面。

（一）高质量发展引领新动能集聚

根据世界银行、亚洲开发银行、国务院发展研究中心等研究预测，2030 年我国 GDP 总量在 24.8 万亿~33.1 万亿美元。普华永道认为，按购买力平价计算，预计中国在全球 GDP 中所占份额将从 2014 年的 16.5% 增加至 2030 年的约 20% 峰值。随着经济规模的扩大，我国占全球经济总量的比例逐步上升，在全球经济秩序中的影响力逐步加大。我国正处于转变发展方式、优化经济结构、转换增长动力的攻关期，人民美好生活的需要将成为经济社会发展的动力。随着中国特色社会主义进入新时代，人们的物质性需要不断得到满足，其开始更多追求社会性需要和心理性需要，期盼更好的教育、更可靠的社会保障、更高水平的医疗卫生服务、更舒适的居住条件、更优美的环境、更丰富的精神文化生活，我国经济也因此转向高质量发展阶段。

高质量发展意味着经济增长正日益转向更多地依靠消费、服务业和国内需求，更多地依靠劳动者素质提高、技术进步。推动质量变革、效率变革、动力变革，提高全要素生产率，推动供给侧结构性改革。高质量发展也标定了我国经济发展的新方位，即实现发展路径由"数量追赶"向"质量追赶"转变，发展模式由"要素驱动"向"创新驱动"转变。这不仅要求社会经济的发展在解决总量问题的同时，还要更加关注结构性问题，通过更加均衡、更加优质的发展，满足人民日益增长的美好生活需要。

党的十二大推动高质量发展迈上新台阶，产业升级引领经济新模式、新业态、新产业蓬勃发展，新动能不断涌现。未来 5~10 年，将是我国全面实现高质量发展转型的关键阶段。我国将加速推动制造业向数字化、网络化、智能化发展，逐渐迈向全球价值链的中高端，实现国民经济增长方式和路径的本质性转变。另外，通过实现体制改革和机制转换，构建起与高质量发展相适应的、相配套的体制机制，实现"五位一体"统筹协调，以不断满足人民日益增长的美好生活需要为目标，通过高质量发展创造更加巨大的创新红利、人才红利、市场红利、区域协调发展红利，成为中国企业长远发展的强大动力和支撑力。

（二）积极构建"双循环"新发展格局

近年来，我国经济结构持续优化升级，突出表现在国内大循环活力日益强劲，经济增长已经逐步转向更多依靠内需拉动。自 2008 年国际金融危机以来，我国经常项目顺差与国内生产总值比重由 2007 年的 9.9% 降至不足 2022 年的 1%，国内需求对经济增长的贡献率有 7 年超过 100%，最终消费支出对经济增长的贡献率稳定在 60% 左右。这一趋势主要是受外部环境和国内要素禀赋变化影响，具有一定的客观必然性，未来一段时间，市场和资源两头在外的国际大循环发展动能依然不足，国际国内大循环还将继续此消彼长。加之，自 2020 年以来新冠疫情也对国内国际经济增长、全球产业链供应链格局、我国经济社会发展带来巨大挑战，更加需要充分发挥我国超大规模市场优势和内需潜力。

自党的十八大以来，我国坚持实施扩大内需战略，使发展更多依靠内需特别是消费需求拉动，对外贸易依存度从 2012 年的 47.3% 下降到 2020 年的 31.7%，延续 2006 年达到峰值后持续下降的趋势；过去 9 年中有 4 个年份内需对经济增长的贡献率超过 100%，国内大循环活力日益强劲。近年来，经济全球化遭遇逆流，一些主要国家政策内顾倾向上升，国际经济循环格局发生深度调整，市场和资源两头在外的国际大循环动能明显减弱，伴随着我国决胜全面建成小康社会取得决定性成就，并向第二个百年奋斗目标进军，国内需求结构、产业结构、技术体系和经济增长动能等都在发生深刻变化。

随着党中央确立了以打造国内大循环为主体、国内国际双循环相互促进的新发展格局，也提出了今后一个时期做好国内经济社会发展工作的重要遵循。通过国内国际双循环，推进开放战略升级，探索建立相互促进的新体制，推进贸易高质量发展，加快构建相适应贸易新格局，积极有效利用外资，充分发挥外资企业的重要作用，主动参与国际经贸治理，努力营造良好国际环境。构建新发展格局需要把握内需为主、技术创新、市场体系、相互促进、积极开放五个关键维度，立足于国内大循环，发挥比较优势，协同推进强大国内市场和贸易强国建设，以国内大循环吸引全球资源要素，充分利用国内国际两个市场、两种资源，积极促进内需和外需、进口和出口、引进外资和对外投资协调发展，促进国际收支基本平衡。在"双循环"新发展格局下，企业并非要放弃国际市场，而应更注重高效、高能利用国际市场。

（三）"一带一路"倡议深入推进

截至2023年6月底，中国与150多个国家、30多个国际组织签署了200多份共建"一带一路"合作文件，形成3000多个合作项目。共建"一带一路"倡议的提出，以政策沟通、设施联通、贸易畅通、资金融通、民心相通为主要内容，全方位推进与沿线国家合作，构建利益共同体、命运共同体和责任共同体，深化与沿线国家多层次经贸合作，带动我国沿边、内陆地区发展。共建"一带一路"倡议不仅增强了共建国家政府层面的交流与合作，它所建立的平台也是企业走出国门，实现国际化发展的重要机遇。在共建"一带一路"倡议提出来以后，河南主动与之对接，努力打造服务于"一带一路"建设的现代综合交通枢纽，建设了自贸试验区、航空港、郑欧班列等，建立了"一带一路"重大项目库，不断增强内陆腹地"一带一路"的支撑作用。事实上，共建"一带一路"国家和地区拥有丰富的资源、劳动力和巨大的发展潜力，从而给参与国家企业创造巨大的贸易投资机会，因此对河南企业而言，共建"一带一路"是企业在全球内优化资源配置、实现持续发展的重要契机，是河南企业国际化的绝佳跳板。

（四）推进更高水平的对外开放

对外开放是我国经济持续快速发展的重要动力。自党的十八大以来，我国进入新发展阶段，通过设立自贸试验区、海南自由贸易港和上海新片区等，对标国际最高水平的对外开放。全面推进改革开放，构建新发展格局，必须构建高水平社会主义市场经济体制，实行高水平对外开放，推动改革和开放相互促进。对照新任务，新时代我国将着力推动形成全面开放新格局，发展更高层次的开放型经济，将进一步促进中国与世界市场相通、产业相融、创新相促、规则相连，也将会使市场在相通中共享更多发展机遇。随着构建新发展格局的深入推进，巨大的消费潜力将进一步释放，加快实现激活内需，带动国内经济循环。然而，畅通内循环还要求破解难点、打通堵点、补上断点，在全面建设社会主义现代化国家新征程中，抢抓新一轮科技革命和产业变革的重大机遇，构建发展新格局、塑造发展新优势，更加需要创新的力量，充分发挥科技创新在百年未有之大变局中的关键变量作用、在中华民族伟大复兴战略全局中的支撑引领作用。

加速我国对外开放释放出我们坚持扩大开放的坚定意志与自信，并表明我国将继续致力于高层次的对外开放道路，通过吸引高规格自由贸易区的加入，来深化国内的改革进程，从而创建一个改革与开放互相推动、互利共赢的良好发展模式。2024 年的中央经济工作会议，强调了要加速培养外贸的新动力，比如扩展中间商品贸易、服务贸易、数字贸易、跨境电商出口等领域。为了吸引更多外国投资，会议提议降低电信、医疗服务等行业市场的准入门槛，同时认真应对跨国数据流动、公平参与政府采购等问题，持续优化一个市场化、法治化且国际化的顶级营商环境。此外，还致力于消除外籍人士来华进行商务、教育旅行的障碍，期盼逐步撤销户籍、学籍、医疗登记等方面的限制，以促进人才的自由流动。会议还提到，要规划新的一轮财税体系改革，确保金融体制改革的落地，期望通过一系列广泛而深刻的改革开放措施，来驱动经济向更高质量发展迈进。

（五）形成区域协调发展新局面

促进不同地区之间的和谐发展是构建现代经济体系、驱动经济向更高质量迈进的关键任务。区域经济的壮大不仅关乎国家经济的总体规模，还影响着经济结构的优化；它既作用于整体经济的运行效率，也与社会公平正义紧密相关；其影响力跨越经济与社会领域，触及人与自然的和谐共生。在实现全面建设小康社会的目标中，区域协调发展担当着不可忽视的角色。自党的十八大以来，各地依据自身特色和优势，主动融入新的国家发展布局，推动经济总量持续增长，发展均衡性获得提升，民众生活明显改善，一个各区域分工明确、优势互补、共同发展的新局面正在形成。在过去的五年间，中国确立了一系列重大的国家级区域发展战略，如京津冀协同发展、粤港澳大湾区建设、长江经济带发展、长三角一体化以及成渝双城经济圈等，这些战略共同搭建起支撑国家经济社会发展的空间架构，形成了人口密集、高效连接的城市群和产业集群，为中国经济的飞跃式发展铺设了道路，也成为提升中国在全球竞争中地缘优势的重要因素。

按照区域发展客观经济规律调整完善区域政策体系，发挥各地区比较优势，促进各类要素合理流动和高效集聚，进一步增强创新发展。推进京津冀协同发展、长江经济带发展、粤港澳大湾区建设、长三角一体化发展，打造创新平台和新增长极，带动全国各大区域统筹发展。我国将继续以四大区域发展战略为基础，以重大区域发展战略为引领，更好地发挥中心城市和城市群作用，通过推进区域协调发展，将着力形成全面开放新格局，扩大中心城市和城市群等区域经济发展优势。建立更加有效的区域协调发展新机制，推动形成优势互补、高质量发展的区域经济布局，扎实推动区域协调发展战略向更加均衡、更高层次、更高质量方向迈进。

（六）坚持创新发展的核心地位

当今中国已成为科技领域中举足轻重的大国，科技创新对驱动经济社会前行的支撑作用和引领效应日益显著。然而，我国创新能力与高质量发展的要求尚存差距，关键领域的核心技术仍面临外部制约，这一根本状况尚未改观。为了达成高质量发展目标，我们必须坚持新发展理念不动摇，全力推进科教兴国、人才强国以及创新驱动发展三大战略，更加依赖科技的进步和全面创新，充分利用科技作为首要生产力的潜能，优化国家创新体系，加速向科技强国转变的步伐。在迈向全面建设社会主义现代化国家的新征程上，面对新一轮科技革命和产业变革的重大历史契机，构建新发展格局、塑造竞争优势，科技创新的作用比以往任何时候都更为关键。我们必须牢牢把握这一机遇，让科技创新在当今世界前所未有的大变局中发挥决定性作用，同时为实现中华民族伟大复兴的宏伟蓝图提供坚强的科技支撑和引领。

未来，我国将强化国家战略科技力量，将加速推动制造业向数字化、网络化、智能化方向发展，逐渐迈向全球价值链的中高端，实现国民经济增长方式和路径的本质性转变，实现从模仿到创新的质变飞跃。我国将通过加强基础研究和原始创新，加快突破关键核心技术，加快发展战略性、前瞻性、颠覆性技术。科技开放合作的步伐将会越迈越大，并以全球视野谋划科技创新，向世界分享更多的中国科技成果，在应对全球性挑战中，贡献更多的"中国智慧"。

三、河南发展迎来新机遇

目前，河南面临着国家构建新发展格局、促进中部地区崛起、推动黄河流域生态保护和高质量发展等多项战略机遇，多领域战略平台融合联动的叠加效应持续显现，支撑国内大市场和连接国内国际双循环的功能地位持续提升，产业体系基础、现代基础设施、开放通道枢纽等蓄积的发展后劲持续增强，河南企业应积极把握历史性机遇，以高水平国际化助力全省高质量发展。

（一）新时代中部地区实现加速崛起

中部地区具有承东启西、连南接北的区位优势和综合资源优势，产业基础较好，文化底蕴深厚，发展潜力很大。中部地区是我国新一轮工业化、城镇化、信息化和农业现代化的重点区域，是扩大内需、提升开放水平极具潜力的区域，也是支撑我国经济保持中高速增长的重要区域。推动中部地区高质量发展，对于我国区域协调发展，对于构建"双循环"新发展格局，均具有重大意义。当今世界正经历百年未有之大变局，中部地区正面临千载难逢的发展机遇。一方面，随着世界从海权时代走向空权、陆权、网权时代，随着"一带一路"建设深入推进，内陆地区同沿海一样跻身开放前沿，中部地区迎来重要的发展窗口期。一条货轮搁浅苏伊士运河便"堵船"数日，引发国际贸易"蝴蝶效应"，但即便新冠疫情肆虐全球之际，郑州—卢森堡"空中丝绸之路"和中欧班列（郑州）依然货运畅通。另一方面，全球产业梯次转移浪潮席卷而至，中西部地区正加快承接国际国内产业转移，成为我国经济发展重要增长极。

近年来，河南全力以赴谋发展，心无旁骛抓发展，积极承接国际国内产业转移，真抓实干、奋勇争先，实现了一系列具有标志性意义的突破。特别是黄河流域生态保护和高质量发展、促进中部地区崛起等重大国家战略叠加实施，"五区一群"等国家战略平台加强建设，河南在全国发展大局中的地位和优势持续提升，影响力和竞争力显著增强。"所当乘者势也，不可失者时也。"中部地区作为全国大市场的重要组成部分和空间枢纽，河南作为中部地区第一经济大省，找准定位，发挥优势，积极服务和融入新发展格局，定能在全国发展大局中做出更大贡献。

（二）黄河流域生态保护和高质量发展战略助力河南高质量发展

黄河流域生态保护和高质量发展是党中央着眼全国发展大局作出的一项重大战略部署。推进黄河流域生态保护和高质量发展，绝非仅强调保护与治理，同时也注重流域经济社会的高质量发展。2019年9月18日，在黄河流域生态保护和高质量发展座谈会上，习近平总书记指出：从实际出发，宜水则水、宜山则山、宜粮则粮、宜农则农，宜工则工、宜商则商，积极探索富有地域特色的高质量发展新路子。

黄河流域生态保护和高质量发展上升为国家战略，对包括河南在内流域省份带来了新的发展机遇。河南在黄河流域中地理位置特殊，从整个黄河流域来看，河南不但在生态安全格局中处于重要地位，在区域经济发展中也是任务重大。面对新的机遇，河南应认清形势、积极作为，加紧补齐短板，扎实推进地方高质量发展。在发展短板方面，习近平总书记在黄河流域生态保护和高质量发展座谈会上明确指出，黄河流域整体对外开放程度低，对河南而言，黄河战略的机遇和任务之一便是积极推动对外开放，而提升企业国际化水平无疑将成为重要抓手。

（三）加快构建内陆开放经济新高地

进入新时代，我国提出着力推动形成全面开放新格局，发展更高层次的开放型经济。近年来，河南也高度重视和发展开放型经济，进出口总额不断攀升，2016 年跃居中西部第一位，初步成为内陆开放高地。自 2020 年以来，以郑州航空港经济综合实验区、中国（河南）自由贸易试验区、郑洛新国家自主创新示范区、中国（郑州）跨境电子商务综合试验区、国家大数据（河南）综合试验区为载体的"五区联动"形成整体合力。结合自身优势，河南走出了一条开放发展的特色之路，初步成为内陆开放高地。特别是在国家推动共建"一带一路"倡议以后，河南发挥综合性交通枢纽的优势，与陆、空、网、海对接，形成陆上、空中、网上、"海铁联运"四大"丝绸之路"并举的独特格局，以枢纽经济闯出了一条开放发展新路。

此外，近些年河南省的对外开放发展也步入到新阶段。国家高度重视河南省发展，批复了粮食生产核心区、中原经济区、中原城市群、中国（河南）自由贸易试验区等战略和发展平台。国家战略和政策的密集落地，帮助河南省加快形成陆海内外联动、东西双向互济的开放新格局，实现更大范围、更宽领域、更深层次的全面开放。从国家层面来讲，河南省建设内陆开放高地，将优化我国区域开放布局，解决后疫情时代，中部地区经济发展水平较低、对外开放程度待提升的问题。通过进一步探索开放发展新举措，打造内陆开放高地，不仅是为全国大局作出更大贡献的必然要求，更是全省高质量发展的必然选择。

（四）河南自贸区的发展步入新阶段

2016 年 8 月，国务院决定设立中国（河南）自由贸易试验区，加快推进我国中部地区对外开放进程，促进中西部区域协调发展。2020 年，随着（河南）自由贸易试验区试点任务的基本完成，河南进入了高质量发展阶段，开启现代化建设新征程，到了由大到强、实现更大发展的重要关口，到了可以大有作为、为全国大局作出更大贡献的重要时期。与此同时，推动自贸试验区区域扩展，实现自贸试验区联动发展也将为河南高质量发展赋能。

对河南来说，尽管近两年的经济增速一直高于全国平均水平，但结构性问题依然突出，高新技术产业占比低、传统支柱产业转型升级压力大、去产能任务重等问题迫在眉睫，河南自贸区的建设将为我省经济发展注入新的活力。在未来一段时间内，随着大量出口加工型企业和世界500强企业入驻，河南出口实现了飞速增长，对经济增长形成强劲的拉动力，也将使河南产生强大的产业吸引力。中国（河南）自由贸易试验区的发展也将立足自贸试验区制度创新，将形成更高水平开放型经济新体制，极大提升省域企业国际化水平。通过与多项国家战略的深度融合，大幅提升了融入共建"一带一路"的水平，助力河南确立国内大循环重要支点和国内国际双循环战略连接地位，以及强调与黄河流域生态保护和高质量发展战略的融合衔接。

建立河南自由贸易区不仅对河南省自身具有重要意义，也承载着对全国发展的特殊价值。当前，我国经济仍面临较大的下行压力，维持增长稳定与结构调整的任务十分紧迫。在全球经济复苏动力不足、国际金融环境复杂多变的背景下，河南自贸区的建设不仅是为了应对经济增长的挑战，更是一项深具战略意义的举措，旨在通过改革创新和扩大开放，有效缓解当前经济矛盾，加速推进全面深化改革，并有力支持"长江经济带"国家战略、共建"一带一路"倡议的实施。河南自贸区的建设与发展，还意味着加快与国际高标准规则体系的对接，以此为契机提升产品质量，促进产业结构的优化升级，推动经济向更高质量发展。同时，自贸区作为吸引国内外投资的高地，能显著增强投资吸引力，而这不仅能直接创造就业机会，提升居民收入水平，还能通过带动相关产业和服务业的发展，间接创造出更多的就业机会，从而在多维度上促进经济社会的繁荣与进步。

（五）"一带一路"货运枢纽初具规模

郑州国际航空货运枢纽，作为我国第一个上升到国家层面的货运国际枢纽，以"空中丝绸之路"为核心，打造通达全球主要货运枢纽和经济体的运输通道，构筑辐射全球的货运航线网络体系。以打造全球卓越效率机场为核心，提升专业能力、优化口岸服务、建设国际快（邮）件分拨中心、跨境电商分拨中心、国际冷链物流中心和全球供应链管理中心等，形成国际航空物流中心。

2022年11月8日，河南省人民政府新闻办公室召开郑州—卢森堡"空中丝绸之路"国际合作论坛新闻发布会，会上重点介绍五年来公司稳定发展采取的举措。截至2022年，郑州机场货运规模已经进入全球40强，开通全货机航线43条，与全球货运排名前20位的大型货运枢纽中的17个有着紧密联系，与前50位机场中的28个通航，连通共建"一带一路"国家和地区17个。"一带一路"货量渐渐成为河南航空口岸的"压舱石"：进出共建"一带一路"国家和地区的货邮吞吐量已经占到郑州机场总货邮量的六成，货物种类由过去单一的普通货物发展到目前的冷链、快件、电商等20多类中高端物品。

2022 年 11 月 19 日,河南省政府新闻办召开新闻发布会,重点介绍郑州—卢森堡"空中丝绸之路"国际合作论坛取得的最新成果,近年来,航空港区集中力量发展六大核心产业,即航空物流、电子信息、生物医药、新能源汽车、航空航天和现代服务业。其中,电子信息产业表现突出,2021 年全区电子信息产业产值完成 4110 亿元,占全省该产业总产值的 79%,显示了其在全省乃至更广泛区域内的领先地位。跨境电子商务业务在航空港区持续呈现爆发式增长态势,连续五年实现了倍增,2021 年交易量达到 1.3 亿单,稳坐中西部地区头把交椅,成功践行了"全球购、全球销"的战略目标。借助于郑州—卢森堡"空中丝绸之路"这一国际合作论坛所提供的国际化舞台,航空港区成功吸引了多个高质量项目入驻,包括高铁多式联运现代化智慧物流园区、国际航空保税物流基地、航材共享服务中心、航空模拟器的研发与制造,以及飞机租赁项目等,这些项目的签约进一步推动了区域经济的多元化和国际化发展。

郑州国际航空货运枢纽,也将提高河南省航空货运物流服务效率,将有利于培育经济发展新动能,塑造产业竞争新优势,促进河南省加快建设先进制造业强省、高成长服务业强省和网络经济强省。建设郑州国际航空货运枢纽,优化航空货运的生产力布局,将进一步强化郑州的综合交通枢纽地位,促进河南省形成大枢纽带动大物流、大物流带动大产业、大产业带动城市群、城市群带动中原崛起的新局面,开启新时代河南全面建设社会主义现代化新征程,朝着建设富强、民主、文明、和谐、美丽的社会主义现代化强省迈进,奋力谱写中原更加出彩新篇章。

(六) 郑州都市圈建设取得阶段性成果

随着 2023 年 10 月《郑州都市圈发展规划》正式获国家发展改革委复函,其成为全国第 10 个获得复函的都市圈规划,标志着推动郑州都市圈建设取得重要阶段性成果。通过打造郑州都市圈将有利于进一步强化河南省城市之间的合作基础和诉求,降低合作协调成本,提高区域经济的整体性和协同性。通过构建科学合理的城镇化体系,强化产业分工合作,密切城市经济往来,促进城乡融合发展,形成更加有效的区域协调发展机制。以郑州都市圈为单元深度融合、发酵裂变,将推动产业结构、社会结构、文化结构的不断升级,在中部地区形成一个创业创新高地和经济发展高地。

郑州都市圈建设有利于释放促进区域协调发展的新动能,对于支撑现代化河南建设具有重大意义,对于郑州及其周边城市的发展具有重要的推动作用。通过发挥综合区位交通枢纽优势,强化连南贯北承东启西的桥梁功能和纽带作用,郑州都市圈将缩小东西南北差距,为促进全国区域协调发展提供强大支撑。同时,这也将为河南省以及中国的对外开放提供新的动力和平台,为进一步优化区域发展格局，提升地区整体竞争力，推动经济高质量发展奠定扎实的基础。

四、企业国际化进入高质量发展新阶段

自改革开放以来，中国企业在"走出去"政策的号召下，纷纷开辟国际市场、实施国际化发展战略，国际化水平不断提升。当前，中国正深化对外开放，更全面地与世界接轨，中国企业的"走出去"也进入全新阶段。中国企业国际化发展正从数量规模扩张逐渐转变为注重质量和效益，不断提升全球价值链地位，形成更为成熟的国际化经营策略和模式。

（一）从产能输出转向创新输出

自改革开放以来，中国的经济发展取得了举世瞩目的成就，这在很大程度上得益于庞大的劳动力资源和工业化进程中形成的"人口红利"。中国凭借丰富的劳动力供给和相对较低的成本优势，吸引了大量的外商直接投资和技术转移，实现了快速工业化和制造业的规模化生产。在这个过程中，中国逐步成为全球重要的生产基地，尤其是劳动密集型产品的出口大国，为世界各国提供了大量物美价廉的商品，有力地推进了自身的国际化进程。

然而，随着经济社会发展水平的提升，人力成本上涨以及环境压力增大，单纯依赖低成本劳动力和大规模生产的增长模式已经难以维系。此外，随着全球经济竞争格局的变化和技术进步的加速，中国意识到必须从依赖外部技术引进转向自主创新能力的提升，才能在国际竞争中占据更有利的地位。因此，近年来，特别是进入新时代以来，中国企业发展战略发生了重大转型，并迈向高质量发展阶段。具体体现在以下四个方面：一是加大研发投入，中国企业日益重视研发创新，不断增加科研经费投入，建设世界级的研发团队和设施，特别是在关键核心技术领域，力求突破"卡脖子"技术难题，实现关键技术自主可控。二是全球资源整合，通过跨国并购、建立海外研发中心等方式，中国企业积极寻求与全球领先的技术企业和研究机构合作，吸收引进国外先进的科技成果和知识产权，以迅速提升自身的技术水平和产品附加值。三是产业结构升级，中国正着力推动制造业转型升级，大力发展高端制造业和战略性新兴产业，培育世界级先进制造业集群，促进产业从中低端向中高端迈进。四是品牌建设与服务升级，除了产品本身的品质提升，中国企业还致力于打造国际知名品牌，提供高品质服务，通过品牌效应提升国际市场份额，并逐步树立良好的国际形象。

（二）从单点尝试转向多元布局

在自改革开放以来的历程中，中国企业面临了诸多挑战和障碍，包括缺乏足够的国际化经验以及各类贸易壁垒的存在。因此，中国企业往往选择从某个国家或地区开始国际化经营，逐步探索市场，甚至长期只在某个国家或地区开展国际业务。近年来，中国企业的国际化路径出现了显著的变化。

当前中国企业国际化的趋势呈现出利用自由贸易协定和区域合作机制、拓宽海外市场、全球范围内的战略性产业链布局以及技术创新和品牌建设等特点。这些变化不仅体现了中国企业适应全球化发展的需要，也为其在国际市场上取得更大的发展空间和竞争优势打下了坚实基础。一是利用自由贸易协定和区域合作机制。中国企业正积极利用国际自由贸易协定和区域合作机制，如《跨太平洋伙伴关系全面与进步协定》（CPTPP）、东盟市场等。这些协定和机制为中国企业提供了更为便利的贸易和投资环境，降低了进入新市场的门槛，激发了它们的国际化动力。二是拓宽海外市场，实现市场多元化。中国企业正在积极拓展海外市场，实现市场多元化。以东盟市场为例，中国企业通过加强与东盟国家的合作和投资，扩大了在东盟市场的份额，实现了对东盟市场的深度渗透。三是全球范围内的战略性产业链布局。中国企业不再局限于在单一国家或地区开展国际业务，而是开始在全球范围内进行战略性的产业链布局。这种布局可以使企业更好地利用全球资源，降低生产成本，提高竞争力。例如，一些中国企业在全球范围内建立生产基地、研发中心和销售网络，形成了全球化的价值链。四是技术创新和品牌建设。中国企业通过技术创新和品牌建设提升国际竞争力。随着中国企业不断加大在研发和创新领域的投入，其技术水平和产品质量不断提升，有力支撑了企业在国际市场上的竞争地位。同时，通过品牌建设，中国企业在国际市场上树立了良好的形象，提升了消费者对其产品的认可度和信任度。

（三）从人才引入转向自主培养

在改革开放初期，中国经济开始融入全球经济体系，但由于长期封闭状态下的积累不足，无论是企业还是政府部门对于国际市场运作的规则、商业环境、技术标准等认知较为有限，而彼时国内精通国际商务、具备跨文化管理经验的专业人才储备也不够丰富。因此，为了尽快缩短与发达国家企业在技术和管理上的差距，实现跨越式发展，中国采取了一系列措施大力引进国际人才，包括聘请外国专家担任顾问或实际管理职务，引入国外先进的管理理念和技术经验，这对于提升中国企业技术水平、完善管理制度和拓展国际视野起到了重要作用。这一阶段，国家层面制定了多项优惠政策和法规，如简化外籍人才来华工作手续、提供优厚待遇和良好工作生活环境,通过实施外国专家引进计划等一系列人才引进项目,有效吸引了一批国际顶尖专家和高级管理人员来到中国,他们在中国的国有企业改革、技术革新、产业发展等多个领域发挥了重要作用。

随着时间的推移,尤其是进入21世纪后,自党的十八大以来,中国经济实力显著增强,高等教育和职业教育体系不断完善,人才培养能力大幅提升。在此背景下,中国企业逐渐意识到,虽然引进国际人才很重要,但构建一支能够自主成长、具有国际竞争力的人才队伍更为长远和根本。于是,越来越多的企业开始注重自主培养国际化人才,通过内训、校企合作、设立海外研修基地、参与国际认证课程等多种方式,全面提升员工的国际化素质和业务能力。与此同时,企业也开始在全球范围内布局研发和营销网络,设立海外分公司和办事处,使本土人才能够在实际的国际业务环境中得到实战锻炼和成长,这也极大地促进了企业人才队伍的国际化进程。这一系列举措标志着中国企业国际化战略的转型,即从过去的单纯依赖外部引进人才过渡到了内外结合、自主培养和持续创新相结合的新型发展模式,从而为企业在全球市场的竞争力奠定了坚实的人才基础。

(四) 从遵守规则转向共制规则

在改革开放初期,中国企业开始尝试走向国际市场,参与国际竞争与合作。这一阶段,中国企业国际化的主要特点表现为适应并遵循既定的国际经贸规则和标准框架来开展经营活动。由于长期处于相对封闭的状态,中国企业对于国际市场规则、WTO规则、国际质量标准(如ISO系列标准)、行业技术标准以及其他各国的投资贸易法规等并不熟悉。因此,企业需要花费大量时间和精力去研究、理解和遵循这些规则,以确保产品符合国际市场准入要求,避免因规则冲突或违规而导致的贸易摩擦或法律风险。同时,企业在海外投资、出口贸易、技术引进等方面,严格遵守东道国法律法规及国际公约,通过签订国际合同、尊重知识产权、履行环保义务等方式,力求达到国际通行的商业行为准则,提升自身在国际市场上的合规性和竞争力。许多中国企业通过与跨国公司合作、引进外国先进技术、参与国际产业链等方式,逐步嵌入全球价值链,这同样要求企业必须按照国际经贸规则进行运作,以实现自身的国际化发展目标。

随着中国经济实力的增强和技术进步,越来越多的中国企业已经不仅仅满足于被动适应国际经贸规则和既定标准,而是开始主动参与甚至引领行业技术标准、产品标准的制定,并在国际经贸规则制定中发挥作用。一方面,通过积极参与国际标准化组织(ISO)、行业协会和标准化组织的活动,中国企业能够了解并参与到国际标准的制定过程中,推动自身技术和产品标准被国际认可和采纳。另一方面,中国企业也在引领行业技术标准和产品标准的制定。一些中国企业已经开始在其所在行业中发挥领导作用，推动行业技术标准和产品标准的制定和更新。通过技术创新、标准化工作及与国际标准化组织的合作，中国企业不仅提升了自身在全球产业链中的地位和影响力，还成功地推动了一些行业标准的更新和制定。

五、新形势下河南企业SWOT分析

自改革开放以来，中国一直坚定不移地遵循"引进来，走出去"的双轮驱动战略，以期快速融入全球经济体系并提升本国经济的国际竞争力。这一政策导向鼓励外资企业进入中国市场，同时也支持本土企业拓展海外市场，双向互动加速了中国经济与国际经济规则的对接和融合。随着经济全球化进程的不断加深以及信息技术革命的突飞猛进，世界各国企业的市场竞争日趋激烈，中国企业在这样的环境下，必须主动迎接挑战，顺应潮流，走上国际化经营的道路，才能在全球市场中站稳脚跟并寻求更大的发展空间。过去四十多年的改革开放历程见证了大量外资企业和跨国公司进入中国进行直接投资和经营活动，它们带来了先进的生产技术、管理经验和广阔的市场视野，尤其是在河南省工业化进程尚处在转型阶段、企业尤其是中小企业在体制机制上存在较多约束的地区，外资企业的涌入带来了巨大的外部压力，同时也激发了内在改革的动力。

这些外资企业在中国市场的成功运作，一方面加剧了本地企业的市场竞争环境，促使河南等地的企业不得不加快技术创新、改善管理体系以应对挑战。另一方面，也为当地企业提供了学习先进模式、提升自身素质的机会，通过借鉴与合作，一些河南企业得以借此契机实现自身的转型升级，增强在全球价值链中的地位和竞争优势。在这一过程中，河南企业既承受了全球竞争的压力，也获得了自我成长和国际化的宝贵机遇。身处机遇与挑战并存的外部发展环境之中，河南企业的国际化发展亟须厘清自身的优势劣势，以及面临的机遇与挑战。

（一）发展的优势

1. 地理区位突出

区位选择是任何经济活动的开始，由于地处国家地理中心，位于中国中东部、黄河中下游，东接安徽、山东，北界河北、山西，西连陕西，南临湖北，河南形成了以省会郑州为中心，北距京津冀城市群，南下成渝经济带，西入关中平原，东至长三角城市群的特殊地理优势。此外，河南省交通便利，是我国中部地区的重要交通枢纽。郑州是我国重要的铁路运输枢纽，郑州东站是全国最大的高铁中转站。陇海、京广、京九铁路在郑州交会，形成了"三纵四横"的现代铁路网。河南省发达的公路网，通过连霍、京珠、阿深、二广等高速公路，将河南与其他省市连接在一起。郑州、洛阳、南阳三个民用运输机场，通往国内 56 个大中城市及港澳地区，形成了初具规模的航线网络。便捷的交通网络与地理区位特征为全省经济发展、产业转型、企业国际化等奠定了良好的基础。此外，借助河南省特殊的地理区位优势，通过建设贯通南北、连接东西的现代立体交通体系和现代物流体系，建设服务于"一带一路"倡议的现代综合交通枢纽，将有利于增强我国辐射欧洲、联通世界的能力。

十多年来，"陆上丝绸之路"的发展显著加速，尤其体现在中欧班列郑州集结中心的建设与优化上。中欧班列（中豫号）作为其中的佼佼者，已经成为连接欧洲、中亚、东盟的关键物流通道，构建起了一个以欧洲方向为主导，同时覆盖中亚与东盟的国际物流网络。这个网络通过 21 个境外直达站点和 8 个出入境口岸，辐射到了欧亚大陆上 40 个国家的 140 多个城市，极大地拓宽了国际贸易的地理边界。为了提升服务品质和专业性，中欧班列（中豫号）还创新推出了多种特色服务品牌，比如"数字班列"提高了运输效率与透明度，"恒温班列"满足了特定货物对温度控制的需求，以及"运贸一体化"模式优化了货物从运输到贸易的全链条服务。此外，它还积极探索多样化的运营模式，比如"班列+园区"促进了物流与产业园区的融合发展，"班列+电商"适应了跨境电商快速崛起的趋势，"班列+大宗物资"则为能源、矿产等大宗货物的国际流通提供了便利。值得注意的是，中欧班列（中豫号）还针对特定行业和商品推出了定制化专列，如跨境电商专列、国际邮件专列、煤机设备专列、新能源汽车专列、信阳茶叶专列及水果冷链专列等，这些特色服务不仅满足了市场的细分需求，也进一步增强了班列的市场竞争力和行业带动作用。目前，中欧班列（中豫号）累计开行量已经达超过 10000 列。这一连串的数据不仅展示了"陆上丝绸之路"快速发展的成果，也预示着中欧班列（中豫号）作为"一带一路"建设的重要载体，正持续为沿线国家的经贸合作与互联互通注入强劲动力。

2. 产业基础雄厚

河南省地处中原，土地肥沃，矿藏丰富，自改革开放以来，服务业发展迅猛，工业化快速崛起，经济实力迅速增强，经济结构不断优化，特别是农业、制造业、食品加工等领域具有较好的产业基础，为企业提供了稳定的生产和供应链支持。

（1）河南省具有良好的农业基础。

河南是中国第一农业大省、第一粮食生产大省和第一粮食转化加工大省。根据河南省统计局公布的数据，河南省以占全国 1/16 的耕地，生产了 1/10 的粮食、超过 1/4 的小麦，不仅解决了本省 1 亿人口的粮食消费，而且是全国仅有的五个粮食净调出省份之一，每年调出约 400 亿斤的原粮及其加工制成品，为国家粮食安全作出了突出贡献。根据国家统计局发布 2022 年粮食产量数据，2022 年河南省粮食总产量为 6789.4 万吨，仅次于黑龙江，居全国第二位。近年来，河南省农业发展由追求高产向优质高效迈进，推进农业供给侧结构性改革，加快现代农业强省的建设步伐。

（2）河南省具有较好的工业基础。

河南省拥有全国性的重要工业基地，包括洛阳石化、平顶山能源重化工基地、重型机械工业基地、郑州有色冶金工业基地、河南油田等，良好的工业基础为企业的发展奠定了基础。根据比较优势理论，河南省便捷的交通和地理区位优势、相对较低的劳动力和土地价格、丰富的自然资源可以有效降低企业成本，在承接国际国内劳动密集型和技术密集型产业转移中具有相当的吸引力。

3. 比较优势突出

河南作为我国人口第一大省，有着大量的人力资源可以参与到对外劳务输出、劳动密集型产业的发展中。加之，生活成本低带来的生产成本低，也为企业开展海外经营降低了国内市场的经营成本，从而令企业有更多资源投入海外市场。河南省也是我国农业大省、一产资源丰富，农副食品加工业、家具制造等产业在全国具有一定比较优势。此外，在"中部崛起"战略的引领下，河南的地理区位特征将成为其相对于内陆以及偏远地区的重大比较优势。借助铁路客运与民航货运枢纽的便捷运输，更多企业将产品出口到全球市场，河南省相对较低的劳动力和土地价格、丰富的自然资源可以有效降低企业成本，在承接国际国内劳动密集型和技术密集型产业转移中具有相当的吸引力。更多的产品和服务将借助河南省较低的劳动成本以及集约化生产流程，低成本、高质量走向世界。

4. 后发优势较强

河南省地处内陆，相对于沿海发达地区，经济水平相对落后，企业的国际化水平不高。但随着改革开放步伐的加快，自 2000 年之后，全省的对外经贸发展取得长足进步。全省的外资结构不断优化，对外出口增长迅速。贸易顺差的加大、进出口总额与利用外资水平的稳步上升，也反映出河南省加快参与全球经济的发展，越来越多的河南企业选择走出国门。2022 年河南全省新设外商投资企业 329 家，实际使用外资 17.79 亿美元，同比上年增长 118.24%。其中，全省制造业领域共新设外资企业 63 家，增长 31.3%；实际使用外资 3.3 亿美元，增长 218.6%，占全省总额的 18.5%。① 面对复杂严峻的国际形势，河南省不断扩大外

---

① 资料来源：河南省人民政府网，https：//m. henan. gov. cn/2023/01-30/2680963. html。

资来源地，推动外资工作打开新局面。2022 年，全省使用外资涉及 36 个国家或地区。除了香港地区、台湾地区等共建"一带一路"国家和地区中的 14 个国家实际到位资金 9.8 亿美元；RCEP 成员国实际使用外资 8668 万美元。此外，河南省庞大的工业技术与相对完备的工业体系，为省内企业对外发展提供了坚实的物质基础。

（二）存在的劣势

1. 企业管理能力不足

虽然随着河南省对外开放程度不断提高，越来越多的本地企业走向国际市场，参与全球竞争，但河南许多企业采取家族式的管理模式，由于成长历史的局限，企业存在着所有权、经营权以及决策权不清晰划分，大量企业的管理水平停留在经验基础与企业家个体决策层面，造成了人才、管理水平、技术研发难以具备前瞻性与科学性。加之，河南地区人民思想较为保守，在面对新机遇、新形势时，很难具备长远、可持续的发展眼光。

此外，部分国际化发展取得一定成果的本地企业，依旧存在管理体制不健全、管理权责不明晰等一系列问题。河南企业家的管理理念也正处于探索提升阶段，企业的发展也经历着从由依靠经验到依靠科学管理的转变，但仍与国际一流企业在管理意识、管理水平、现代管理制度方面的相去甚远。虽然当前随着国内高等教育的普及，一大批高素质人才流向民营企业，但由于中国企业与国外企业的成熟跨国企业相比，从事海外经营的时间较短，因此难以在短时间内培养出高层次的国际化精英型管理者。

2. 创新研发能力较弱

自主研发能力薄弱是我国大多数企业在国际市场上缺乏核心竞争力的主要原因，即便是企业利用成本与价格优势，实现产品的大规模出口，但由于缺乏核心竞争力，使其难以进入高端市场。河南省有大批技术含量不高、附加值较低的劳动密集型产业，即便是许多已经在国际上创出品牌或顺利进入国外市场的大型企业，依旧存在核心零部件或关键技术的进口依赖问题。另外，虽然近些年部分企业加大了研发与投入，但仍与全球先进技术存在一到两代的差距。在产品生产制造方面，我国制造业产品在质量上与西方国家存在较大差异，虽然河南省部分通用设备或专业设备的出口规模逐年上涨，但整体呈现"大而不强"的状态，而在科技含量方面与国外企业仍存在较大差距。虽然本省制造业产品与品牌已具有一定国际市场占有率，但在尖端科技方面的国际竞争力微弱。此外，我省大多数企业研发投入不足，企业进步缓慢，创新能力及核心技术的开发能力严重受阻。

3. 信息资源掌握不足

河南作为我国经济发展水平较低地区，参与国际竞争的机会与经验不足，特别是一些中小企业，由于获取信息渠道不通畅、信息化工作仍较为薄弱，相当多的企业仍然依靠原始的方法获取海外市场信息与数据，由于市场触角有限、信息化投资力度不足等原因，大大降低了企业利用信息技术开展国际化经营的机会。加之，当部分企业以海外设厂、合资、独资的形式开展海外经营时，缺少对当地法律政策、行业要求以及国际市场的深入了解，也将阻碍其国际化发展进程。

此外，信息是企业开展跨国并购、熟悉市场信息、把握国际市场动向的重要前提条件，相比于经济发达地区，河南省企业缺乏对国际市场全面、动态地了解，严重制约了企业走出国门开展国际经营，更不利于在国际市场上与其他国际企业进行竞争。随着越来越多的中国企业走出国门，它们的经验表明：信息获取渠道、获取手段以及获取信息的方式，均是关系到国际化经营效果的关键要素，而河南省对外信息获取能力仍处于较低水平，其也成为制约河南省企业国际化发展的重要因素。

（三）面临的机遇

1. 国际变革带来机遇

随着全球一体化的不断深入，使经济活动领域不再囿于一国或邻国的范围内。企业间的竞争范围日益扩大，世界市场正趋向一体化。全球投资和经营环境整体向良好态势发展，资源、资产和人员的流动相对更加自由。发达经济体的实体产业的低价格为中国企业海外经营提供了难得的机遇。自 2001 年加入 WTO 以来，我国享受与成员国一致的最惠国待遇，中国企业也在对外发展中受到普惠制等优惠待遇。在河南省特别是一些劳动密集型产业在国际市场上比较优势明显，而加入 WTO 为企业参与到更广阔的市场提供了支撑，更加有利于河南其他企业参与国际资源的配置。在产业发展方面，随着全球产业转型升级，一大批具有技术优势与自主知识产权的企业同样具备了海外经营的重大机遇。改革开放政策的推进，也使河南一批高新技术企业已经形成了有相对优势的产品或服务，具备了参与国际竞争的规模和实力。面对国际变革产生的可能性，河南企业国际化发展迎来了新的可能。

2. 外部政策环境利好

2021 年，中国加入 WTO 满二十年。加入 WTO 之后，全球市场不仅向中国敞开怀抱，各成员国也对中国开放了市场，在全球一体化快速发展的二十年，我国许多企业相继走出国门，不断融入国际市场，实现在国际竞争中的后发追赶，实现经济社会以及对外开放的高质量发展。2022 年《区域全面经济伙伴关系协定》生效，其作为东亚经济一体化新的重大进展，也将有力拉动地区贸易投资增长，对促进我国经济复苏产生积极影响。协议签订后，将为本地区带来新的贸易增量，有效降低成员国产品获得享惠资格的门槛，区域内90%以上的货物将逐步实现零关税，有助于区域内形成更加紧密的产业链和供应链。

从河南省域层面来看，鼓励更多企业走向国际市场成为河南省实现可持续发展的重要手段。近年来，随着全省对外开放程度的不断提升，相继出台了一系列鼓励与支持企业外向国际化发展的重要政策，加大对外投资扶持力度，提高出口退税等手段均给予企业优惠。"一带一路"倡议、中原城市群发展、河南自贸区建设也为河南企业加快国际化进程创造发展环境与政策支撑。河南企业需要高水平利用开发开放政策驱动技术变革，以改革红利促进产业升级，全面实现河南对外经济的高质量发展。

3. 区域发展战略叠加

河南作为我国中部地区重要的省份，是我国促进中部地区崛起的中坚力量，也是中央确定推进区域协调发展总体布局的重要组成部分。国家中心城市、郑州都市圈、中原城市群发展、中原经济区构建、中国（河南）自由贸易试验区、郑州航空港经济综合实验区、郑洛新国家自主创新示范区、中国（郑州）跨境电子商务综合试验区和国家大数据（河南）综合试验区的建设等一系列区域发展战略的出台，对于加快促进中部地区崛起、推进新型城镇化建设、拓展我国经济发展新空间具有重要战略意义。

通过郑州都市圈建设，河南省将谋划构建"主副协同、区域统筹、圈层一体"的区域发展新格局，全面推进都市圈基础设施互联互通、科技创新聚势赋能、产业体系分工协作、对外开放协同共兴。借助中国（河南）自由贸易试验区、郑州航空港经济综合实验区的引领，河南省在开放型经济发展上取得了重大突破。面对区域发展政策的叠加，河南企业需要以国际化发展实现更大规模、更高水平的发展。从另一个层面来看，面对全球经济贸易增长乏力，不稳定、不确定因素增多，河南省以区域发展战略为依托，通过认清关键要素、找准自身优势、明确制约因素，也将在促进中部地区崛起中发挥更大作用。

4. 跨国经营实力增强

河南在多年"引进来"政策的影响下，省内企业的技术研发能力、国际竞争力大幅提升，并逐渐成为带动中部地区发展的主要力量。目前，我国正处在从"引进来"的内向型国际化向"走出去"的外向型国际化转变的重要时期，越来越多河南企业走出国门，使全省企业国际化水平不断提高。在40多年的对外开放进程中，河南省抓住机遇，实现自身实力的稳步提升，企业国际化经营从无到有、从小到大的发展，传统产业的升级、劳动密集型产业效率不断提升、技术研发能力不断增强，越来越多的河南企业具备了开展对外贸易、参与国际市场竞争的机会与实力。

此外，我国大力提倡智能化制造、加快产业升级。河南省有许多制造业通过不断开展具有战略意义的出口和对外直接投资，积极向高端产业链部分转移，实现了创新能力与技术水平双提升，也成为国际市场的受青睐对象。面对海外巨大的发展机遇，河南企业已经做好了准备，它们有基础也有能力抓住国际市场的商机。面对全球一体化发展的新形势，河南企业需要抓住这一历史机遇，发挥主观能动性，充分结合自身发展优势，积极参与国际合作，创造出具有全球影响力的河南品牌。

（四）存在的挑战

1. 高精尖科技快速发展

跨国企业的运营策略和全球产业链布局受到了前所未有的冲击。在这样的背景下，跨国企业调整战略，不再单一追求成本最小化和效率最大化，而是将产业安全和供应链的自主可控性置于更加重要的位置。这种转变反映出企业在面对全球性危机时，对供应链韧性和抗风险能力的高度重视。全球产业链因此出现了从原先的全球分散布局向更加注重区域化、近岸化或国内化的趋势发展，以减少对长距离供应链的依赖，降低未来不确定因素的影响。这种变化促进了垂直一体化的产业链模式复苏，即企业倾向于控制从原材料到成品的整个生产过程，以确保供应链的稳定性和安全性。

同时，新一轮科技革命正在孕育之中，高新技术产业成为全球竞争的新焦点。各国纷纷加大对人工智能、量子计算、生物科技等前沿科技的投资与研发，力求在未来的产业链中占据主导权，特别是在数字经济领域，竞争尤为激烈，各国政府和企业都认识到掌握核心技术的重要性，这直接关系到国家的战略安全和经济竞争力。对于中国而言，面对以美国为首的发达国家在科技领域设置的壁垒和限制，中国更加坚定地推行创新驱动发展战略，致力于突破关键技术瓶颈，发展完全自主可控的技术体系。这不仅仅是为了应对外部压力，更是为了把握住新科技革命的机遇，推动经济结构的优化升级，确保国家的长远发展和国际竞争力。因此，中国正积极推进科技创新体系的建设，鼓励自主研发，加强国际合作的同时，减少对外部技术的依赖，走上了独立自主、自立自强的创新发展道路。

为加快我国对外开放步伐，企业走出国门面临的最大挑战就是来自全球技术革新与产业数智化发展带来的挑战，中国企业在部分技术领域与国外企业存在10～30年的差距。然而，全球技术的顶峰依然在增高，我国企业与国外企业在技术领域的差距，在短期内难以实现追赶超越。从河南省来看，企业的高精尖技术相对缺乏，对于部分核心技术只停留在"有"的层面，与国外企业的研发水平与技术实力相比，河南企业在产品质量、功能、服务及工艺制造等多方面仍与世界领先水平相去甚远，特别是在科技创新与人才培养方面，更是面临较大挑战。

虽然河南部分企业在进出口规模、科技创新投入方面成绩突出，但是面对全球科技、数字化浪潮，整体表现出"大而不强，竞争力不足"的问题。

2. 国内竞争存在压力

河南省深处内陆地区，在开放程度、国际化水平等方面与沿海地区相比存在不小差距。对外开放战略对河南来讲，既是机遇也是挑战。若中原地区紧迫感、危机感与竞争意识较弱，势必会处于落后、被动地位。与沿海地区相比，河南企业的技术水平相比较弱、特别是在科技行业，国际竞争力不足。与中西部地区的比较中，河南省在资源获取、海外经营活动方面与陕西、山西等省份相比，也不具备突出优势。由于河南省产业结构与产业发展的特征，使其在国内市场依旧面临科技、资源与资本的竞争压力。

此外，截至 2023 年，超过 300 家世界 500 强企业在中国设立了地区总部或办事处，全球 500 强企业已有超过 450 家进入我国市场，而国内企业也正面临着外部资本的竞争压力。在全球经济增长动力不足，对外贸易经营受阻的情况下，国外企业则会将更多精力投向中国市场，势必会加剧中国市场的竞争程度，进而挤压本土企业的生产空间。在无法保障本土市场良好发展势头的情况下，企业将难以具有更多资源与能力投向海外市场，继而影响企业国际化发展。河南省作为全国中部地区人口第一大省，势必会成为国外企业重点关注的焦点，在新形势下河南企业国际化依旧面临较大的国内市场竞争压力。

3. 国际市场潜在危机

当前全球化处于近代以来极为特殊的发展时期，经济增长持续放缓，世界经济格局深刻演变。国际环境动荡不定，国际安全挑战错综复杂；世界多极化加速推进，大国关系深入调整，都将对全球发展产生深远影响。在部分行业，如制造业，我国提出中国制造业的相关战略，国外一些地区则相继提出了应对战略，如美国的"再工业化"、德国的"工业 4.0"、英国的"工业 2050"，都将无疑会成为未来国际制造领域强大的对手，对中国企业进军国际市场造成较大的挑战。此外，受新冠疫情的影响，全球贸易大幅萎缩，部分国家由于生产停滞，造成了全球部分零部件及原材料价格上涨，在一定程度上增加了企业海外经营的成本，并带来了供应端的风险。

4. 跨国经营不确定性

河南企业国际化经营采取跨国经营将存在许多的不确定性，主要体现在技术标准方面，由于我国企业多属于技术后发国，因此不具备制定行业技术标准的实力，也会在国际市场进入过程中受到标准的制约，造成无法涉足某领域、生产某种产品的可能。例如，在安全性能、环保标准、生产工艺等方面，企业加大研发投入，也势必会增加海外经营成本，造成企业经营压力，若选择加大研发投入，也势必拉长产品投产盈利时间，降低企业的市场竞争力。

在环境稳定方面，国外政局不稳定、社会问题甚嚣尘上，企业在外经营的安全问题、人员的生活问题也势必成为企业跨国经营的潜在风险。加之海外贸易保护主义的加剧，中国企业在外投资会面临更多的不平等待遇，采取非常手段、违背公平竞争准则的经营现象，也会成为河南企业国际化发展中的不稳定因素。在金融风险方面，新冠疫情造成的全球经济下滑，汇率波动、美元贬值的一系列连带影响，使国外金融机构陷入危机之中，企业国际化经营的财务风险会随之加大，若完全依靠国内市场，并不持久，反而会影响企业发展国内业务，在此情况下，如何平衡国内国际两个市场，成为企业海外经营面临的一大挑战。

六、本章小结

本部分主要基于对国内外宏观环境的分析，全面剖析河南企业国际化经营面临不利因素与有力支撑，特别对我国当前经济社会发展情况的解读，将为制定河南企业国际化路径起到重要的指导作用。此外，本章还重点分析了河南现在所处的发展阶段，总结归纳出河南企业国际化经营面临的新形势、新特征，并通过分析本省企业国际化发展在新形势下面临的优势、劣势、机遇与挑战（SWOT 分析），对提升河南企业国际化水平，制定国际化路径提供重要参考（见图3-4）。

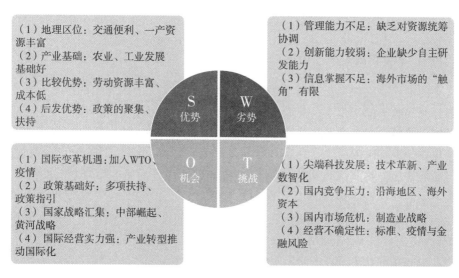

图 3-4 河南企业国际化发展的 SWOT 分析

第四章　河南企业国际化发展现状分析

一、河南企业国际化阶段划分

面对经济全球一体化浪潮，国际化成为一个国家、地区、企业实现全面可持续发展的必要选择。对于我国这类发展中国家而言，河南省已经从国际化初期"引进来"的模仿学习逐渐过渡到参与全球竞争的"走出去"阶段。借由多样式的内向国际化，实现了省域企业竞争力的不断提升，参与国际竞争的能力不断增强，而随着行业竞争日趋激烈，省内资源限制以及企业自身发展需求，外向国际化也就成为河南企业即内向国际化发展之后的必然选择。河南企业国际化轨迹，实际上也是本省外向经济与企业发展的共同成长史。从 20 世纪 80 年代开始，河南企业国际化经历了以下五个阶段：

（一）孕育积累阶段（1978～1990 年）

党的十三届三中全会召开正式拉开了我国社会主义改革开放的序幕。在一系列对外开放政策的指引下，河南企业的发展"由小到大，由弱到强"，主要集中在种植、养殖、资源开采、商业贸易等行业。随着 1979 年 6 月河南省革命委员会进出口领导小组的成立，1980 年 3 月，经国家批准，河南省获得自营进口经营权，政府层面已将国际化视为推进河南经济对外开放的重要事项。1983 年，河南第一家中外合资企业（洛艺彩印中心）的成立，也标志着省属企业踏出了国际化经营的第一步。河南企业国际化的初步发展时期，全省经济对外依存度虽不足 2%，进出口总额不足 5000 万元，但已经呈现出缓慢上升势头。

在内向国际化方面，《河南省鼓励外商投资优惠办法》《河南省企业境外投资管理实施办法》等一系列政策、意见的出台，鼓励吸引了更多外商到河南投资发展，带动了区域经济的增长。在"引进来"的同时，河南企业"走出去"的步伐正在加快。1989 年 2 月，中共河南省委工作会议提出，要"加快对外开放步伐，广泛开展横向联合"。1989 年 3 月，中共河南省委办公厅、省政府办公厅联合发出关于《深入开展生产力标准和沿海地区经济发展战略大讨论》的通知，要求努力实现"两个打出去，两个一起上"，即优质产品推向国际及沿海地区，增加出口创汇，加快企业技术改造。这一时期基本上也是河南企业对外开放的初步发展期。

（二）快速发展阶段（1991~2000 年）

1992 年邓小平"南方谈话"以后，中国人民开始解放思想，企业特别是民营企业放开手脚快速推进对外发展。河南省紧跟国家改革开放战略，在经济的快速发展期，在不同时期有着不同的侧重点，采取了形式多样、内容丰富的国际化发展经营活动。在改革开放的 40 多年，河南省侧重内向国际化，企业内向国际化发展空间不断扩大，双汇、许继等企业通过海外研发合作、战略联盟、技术国际化、产权国际化等多种方式，实现国际资源的高效利用、技术水平的全面提升、国际竞争力的快速增强。通过着力引进国外资金、技术与设备等关键要素，加快了河南省现代化改造升级。

另外，在大力推进"走出去"战略背景下，河南企业也加快了海外经营的步伐，通过内容丰富、形式多样的国际化发展，全面提升了河南省对外开放水平。虽然在此阶段，省属企业依旧面临着资源战略性短缺、国际贸易受限等多重因素的影响，但是仍有许多企业选择海外投资，在其他国家设厂或者并购国外企业，此时的国际化发展也呈现出劳务承包合作、对外直接投资的发展特征与趋势，有效化解了河南深处内陆、经济水平落后、企业国际化水平较低的劣势。因此，该阶段属于河南省内向国际化持续推进、外向国际化崭露头角的快速发展阶段。

（三）稳步推进阶段（2001~2010 年）

自 2001 年之后，全国民营企业、私营企业地位显著提升，这对调动社会各方的积极性、提升生产力发展，特别是提升企业向外发展的主观能动性起到了重要的推动作用。面临新的发展形势，河南省对外贸易与利用外资情况均出现上升趋势，特别是对外出口增长迅速，贸易顺差不断增大，实际利用外资不断上涨，创造出自对外开放以来最好的经济与贸易发展成就。同时，河南省也大力实施"走出去"战略，鼓励企业开展对外投资和跨国经营。近 10 年，河南企业已在全球近 30 个国家设立超过百家境外分支机构，全年对外承包工程、劳务合作和设计咨询业务新签合同额实现较快的增长。该阶段迎来了河南企业"走出去"的快速推进期。

在国家与河南省政府的大力扶持下，河南全面推进外向国际化。自 2010 年以来，河南省已有近 500 家企业选择开展海外经营，借助"一带一路"、区域开发开放的外部机遇，涌现出一大批富有创新精神、敢于突破、懂经营、善管理的企业家。进入新时代、面临新形势，河南企业外向国际化发展全面推进，虽然与部分国家以及我国东部沿海地区存在差距，国际化水平仍处于较低水平，但该阶段是河南企业国际化稳定、快速、健康发展的关键期。

（四）路径转变阶段（2011~2019 年）

自 2011 年以后，河南企业国际化发展方向在全球一体化趋势的影响下，呈现出新的发展方向与特征。由于我国是发展中国家，企业国际化发展在初期主要呈现出"引进来"的模仿性学习，以内向国际化促进本土企业竞争力的不断增强。同时，随着国际化经营水平的提升，企业外向化发展也就成了其国际化发展的必然结果。在过去近 10 年间，河南省对外经济的发展也从"引进来"逐渐转向为"走出去"，《河南商务发展报告（2020）》统计数据显示，截至 2019 年，河南企业已在全球近 100 个国家设立超过 500 家境外分支机构，中方协议资金超过 5 亿美元，实际投资额高达 3 亿元，对外承包工程与劳务合作超过 80 亿美元。

在新的发展阶段，企业经营的侧重点也从内向国际化转为了外向国际化。通过国际研发合作、国际战略联盟、产权国际化、技术国际化等多种模型，河南企业加强了对国外资源、技术的利用与吸收，逐渐提升了自身经营实力和研发水平，具备了走出国门到海外直接设厂、合资经营以及海外并购的实力。因此，在本阶段河南企业国际化进入到由内向化向外向化发展的转变期。

（五）有序调整阶段（2020 年至今）

自 2020 年以来，河南企业的海外业务受到了较大的冲击，订单减少、运输不畅等问题给企业带来较大挑战。受全球经济形势影响，河南企业面临着供应链中断、市场需求萎缩、融资环境恶化等困境，对外承包工程的一些企业面临着现金流紧张、债务到期等困难。

河南企业国际化发展进入到调整阶段。经过多年海外经营，河南企业已构筑起坚实的发展基础，从技术研发、设备制造、基础设施建设到相关服务，已逐渐形成完备的产业链发展和保障能力。因此，在"走出去"的过程中，全省迎难而上稳外贸、稳外资、扩消费，招商引资扩量提质，消费品市场总体恢复，对外投资合作稳步发展，商务运行稳中有进，河南企业通过深入调整重新定位发展目标，根据外部环境变化制定业务战略，建立良好的客户关系，重新踏上国际化发展之路，寻找更大的发展空间。

二、河南企业国际化发展方向

目前，中国企业的国际化进程正逐步从国际贸易向国际投资、从南南合作向南北合作、从仅对单一国家投资到逐渐对多个国家进行投资的跨国和全球化方向发展。企业国际化经营方式也涵盖了进出口贸易、特许经营、合资企业、并购、战略联盟等多种形式。针对河南省的企业重点朝着多样化、集团化、专业化、高效化四个方向发展，并形成了特色国际化发展特征。

（一）多样化发展

随着越来越多的河南企业"走出去"，目前已经涉及传统制造业、能源业、快消品以及信息科技产业。在面临国际化竞争与发展，河南企业表现出较为务实与清醒的战略方向，通过结合自身发展实际与优劣势，绝大多数省域企业都以适合自己的国际化方式，开展海外经营，不仅如此，更有如中药制药、药用包装、汽车配件等五大产业呈现出多样化的国际趋势。特别是一些民营企业更是采取多种方式进入国际市场，如贴牌生产或代工（OEM）、国际贸易、直接对外投资、跨国并购等不同的国际化模式。一些省内民营企业已经从单纯的出口创业模式，转换为投资带动模式，逐渐形成了对外投资与出口贸易相互促进、相互融合的新路径。

（二）集团化成长

随着河南企业进入国际市场的方式多元化、生产多样化，生产产品或提供服务的企业通过自由组合或资源联合，逐渐形成企业集团，并逐步建立贸易代理，以控股的方式在海外设立子公司，帮助其集团内成员公司开展国际化经营。例如，河南省最大的药品生产企业——天方医药集团，有三家企业参股共同组件，业务范围涵盖了医药生产、流通及研发等主要环节，特别在生产环节，通过整合国内几家具有一定规模的企业，快速形成了自己的产品核心优势。此外，河南省企业海外发展呈现集团化，大量中小企业以大型企业为贸易核心，如生产产品的零部件，供应原料进行纵向联合形成协作，充分利用集团渠道获取信息、信贷、服务等便利条件进入国际市场。此类企业更以其特色的产品或服务，帮助集团实现国际化快速成长。

(三) 专业化经营

目前，河南省属企业拓展海外业务主要以进出口与加工贸易为主，对象主要为获得进出口经营权的民营企业，其国际化途径主要为直接出口贸易，对于部分没有取得出口自营权的企业，更多是依靠部分专门从事进出口贸易的外贸公司来开展业务，河南省有近70%的企业通过此种方式开展加工贸易业务，且出口规模逐年扩大，许多民营企业因此加入了国际化发展的浪潮，依靠"小商品做大"的业务成长模式，实现了快速发展，也由此造就了河南省专业化经营的国际化模式。此外，在资金不充足、技术基础差的发展初期，企业通过细致的市场调查、预测与分析，将获得充分的市场信息，继而挖掘出在国际市场中适合企业经营、技术要求不高、利润水平合理并存在经营发展空间的产品，将其做精、做专、做新。

(四) 高效化运作

随着众多河南企业"走出去"投资办厂，将钢铁、火电、纺织等行业的机器设备（闲置或半闲置状态）转移到国外，带动成套设备、生产线的出口。例如，成套设备在越南设厂带动国内钢铁的合并出口收益为5000万美元，中机新能源在南美签订4.5亿美元电厂项目，带动河南省机电设备出口5亿美元收益，安装集团在东欧、俄罗斯等国的多个浮法玻璃工程项目，河南建材设计院在东南亚、北非等国设计承担十多个水泥厂项目，均实现设备出口收益1.5亿美元以上。这些闲置设备或生产线若依旧留在国内，最终也将被当成废旧器材拆除变卖，造成极大的浪费，而通过国际化运作，其为河南省创造了丰厚的外汇收入，也为全省带来可观的社会经济效益。

三、河南省对外贸易发展的亮点

(一) 对外贸易保持强劲增长趋势

(1) 对外贸易规模不断扩大。

随着河南省加快深化改革步伐，将对外开放工作摆在更加突出位置，2010~2022年，全省实现了货物进出口贸易规模的跨越式增长。以美元价值来看，截至 2022 年，实现进出口总额 1271.1 亿美元，同比增长 1.2%，占全国的 2.23%。其中，出口 778.8 亿美元，占全年进出口总量的 61.3%。进口贸易方面，2015~2019 年，进口总值有所下降，年均增幅仅为 1.2%，但 2022 年进口总额达 492.3 亿美元，同比增长 14.6%（见图 4-1）。全年贸易顺差 296.3 亿元，提高 3.9%。2022 年，河南省进出口规模居全国第九位，连续 11 年稳居中部六省第一位，总值和排位均创历史最好成绩。

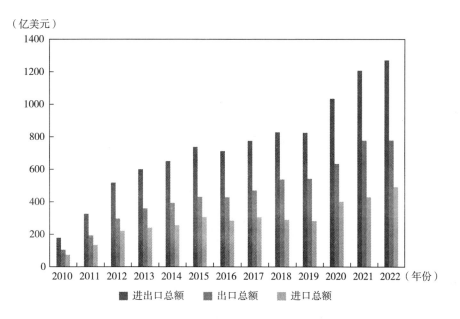

图 4-1　2010~2022 年河南省对外贸易情况

资料来源：2010~2022 年《河南省国民经济和社会发展统计公报》。

（2）对外贸易结构持续优化。

随着河南企业加快"走出去"，全省的对外贸易呈现出多元化发展。2022 年，河南省进出口总额为 8524.1 亿元，同比增长 4.4%。继 2021 年河南省进出口总额首次突破 8000 亿元之后，2022 年首次突破 8500 亿元大关，进出口规模居全国第九位，中部地区居第一位，进出口总额和进出口规模排名均再创历史新高。其中，以保税物流方式进出口规模达到 358.2 亿元，同比增长 14.9%，占全省进出口总量的 4.2%。2022 年，全省加工贸易出口达 5113.3 亿元，约占总量的 60.0%，加工贸易成为全省主要的出口贸易来源。此外，全省一般货物贸易出口总额达到 2994 亿元，同比增长 10.2%，占全省出口总额的 35.1%，但对河南省外贸贡献率超过 70%（见表 4-1）。

表 4-1　2022 年河南省货物进出口总额及增速情况

货物进出口总额	绝对数（亿元）	比上年增长（%）
进出口总额	8524.1	4.4
其中，一般贸易	2994	10.2
加工贸易	5113.3	0.7
其他贸易	416.8	12.6
保税物流	358.2	14.9
进口额值	3277.1	3.2
出口额值	5247	5.2

资料来源：河南省商务厅。

（3）贸易新业态蓬勃发展。

2023 年 9 月 25 日，河南省人民政府新闻办公室召开新闻发布会，对河南省参与"一带一路"建设十年来的主要成就答记者问，发布会上河南省商务厅二级巡视员张新亮在回答央广网记者提问时指出，2022 年，全省跨境电商进出口额为 2209.2 亿元，是 2016 年的 2.9 倍，年均增长 33.8%。郑州联钢实业有限公司、宇通客车股份有限公司等 21 家企业在 32 个共建"一带一路"国家和地区设有 66 个海外仓，面积为 27 万平方米，包括 3 个公共海外仓、22 个自用海外仓、41 个租用海外仓，成为巩固跨境电商优势、服务"一带一路"建设的新载体。2022 年，河南省市场采购贸易方式出口 5.8 亿美元、增长 84.1%，其中对 30 多个共建国家出口 2.09 亿美元，增长 117.7%。跨境电商、电子商务等新兴业态业务规模呈现快速增长。

（二）对外直接投资规模逐年增大

（1）对外直接投资规模稳步增长。

从对外投资规模来看，2010~2022 年，河南省对外直接投资（Overseas Direct Investment，ODI）中方协议额呈现快速增长，从 3.5 亿美元增至 13.8 亿美元，规模居全国第 15 位。对共建"一带一路"国家和地区实际投资 2.1 亿美元，增长 795.2%。特别是在 2016 年出现了投资高峰，达到 43.4 亿美元，十年间，实现对 ODI 总额的 4~12 倍的增长（见图 4-2）。虽然近些年全省 ODI 总值有所下滑，但投资动机趋于合理，市场趋于平稳。截至 2022 年，核准 ODI 项目超过 140 个，总成交金额超过 30 亿美元。其中，5000 万美元以上的项目有 6 个，3000 万美元以上项目有 7 个。

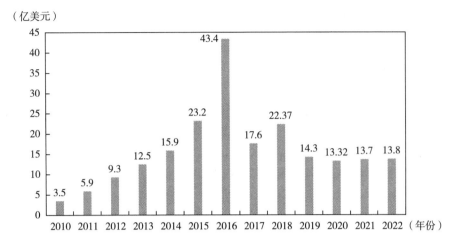

（亿美元）

图 4-2　2010~2022 年河南省对外直接投资总额变化情况

资料来源：河南省商务厅。

（2）ODI 项目总量与服务范围持续扩大。

目前，河南省 ODI 项目广泛涉及教育、文化、医药、建筑、农业等产业，ODI 范围已从以原有的贸易为主，逐渐发展到资源开发、工程承包、劳务输出以及旅游餐饮、咨询服务等领域，河南省劳务输出遍及全球 180 多个国家，在制造、海运、农业、餐饮等行业，均活跃着河南劳务人员的身影。随着河南省政府支持省内企业"走出去"的各项扶持政策的出台，一大批新设立的海外开发项目，将成为提升全省外向国际化的新增长点。

（三）对外贸易市场进一步拓宽

（1）外贸市场覆盖范围不断拓宽。

考虑到新冠疫情的影响，2020~2022 年河南企业对外贸易出口情况会存在失真，因此本书以 2019 年为基期进行分析。数据显示，除了与美国、欧盟、东盟、中国台湾等传统贸易伙伴保持稳定合作关系外，2019 年河南省进出口商品总额达到 887.8 亿美元，其中对共建"一带一路"国家和地区进出口总额达到 211.7 亿美元，同比增长 14.6%。共建"一带一路"的深入推进，河南省与共建"一带一路"国家和地区的经贸合作潜力持续释放，也逐渐成为拉动全省对外贸易增长的新动能。在主要贸易伙伴商品进出口贸易方面，2019 年实现商品进出口总额 166.4 亿美元，占比为 18.7%（见表 4-2）。拉美、非洲等新兴市场分别实现进出口 61.1 亿美元、32.7 亿美元。随着河南对投外贸市场规模的不断扩大，海外市场不断拓宽，多元化国际化战略效果显著。

表 4-2   2019 年河南企业主要外贸伙伴及进出口规模变化

贸易伙伴	进出口总额 （亿美元）	出口总额 （亿美元）	出口增速 （%）	进口总额 （亿美元）	进口增速 （%）	贸易顺差 （亿美元）
美国	29.8	25.5	-7.0%	4.4	-20.7	21.1
香港	19	18.9	-9.5	0.04	172.8	18.9
澳大利亚	17.7	3.6	-4.3	4.8	18.1	(1.2)
韩国	13	8.2	-3.4	6.9	21.5	1.3
日本	12.4	5.44	-9.8	1.0	17.7	(4.44)
马来西亚	9.9	8.9	81.5	1.01	402.1	7.89
越南	9.3	8.6	-27.5	0.7	26.2	7.9
巴西	9.1	3.9	43.8	5.1	-39.9	(1.2)
印度尼西亚	8.9	3.9	-7.2	5.02	112.8	(1.12)
印度	8.5	8.0	-2.9	0.47	-14.5	7.53
俄罗斯	7.5	5.0	13.9	2.5	1.4	2.5
德国	7.3	4.2	-4.9	3.1	-38.6	1.1
智利	7.1	1.5	-3.9	5.7	88.1	(4.2)
秘鲁	6.9	0.8	10.9	6.1	39.7	(5.3)

资料来源：郑州海关。

（2）ODI 市场拓展效果明显。

目前，河南省对外直接投资主要以发展中国家为主，贸易伙伴遍及东南亚、中亚、东欧等。省内中小企业跨国经营范围更为集中，主要在亚洲，其次在非洲，以上地区凭借其临近中国的地理区位优势与投资环境、低廉的生产用工成本与优质自然资源，吸引了河南省大量一般规模的民营企业，其中全省近 80% 的民企投资都位于亚洲。随着全省企业海外经营范围的逐步扩大，一些传统的发达国家逐渐成为 ODI 的热点地区。例如，2019 年河南省企业开始在荷兰、澳大利亚、非洲等国设立境外公司，全省 ODI 市场拓展范围持续扩大。

（四）国际贸易活跃度稳步提升

（1）贸易新业态蓬勃发展。

自 2016 年起，河南省在跨境电商领域取得了显著进展，成功获批建立了 5 个综合试验区，其在监管模式创新、产业生态构建及平台载体发展等方面均达到了国内先进水平，业务范围遍及全球 40 多个国家。据央广网郑州 2023 年 9 月 25 日消息，2022 年，全省跨境电商进出口交易额达到了 2209.2 亿元，年均增长率保持在 33.8%，显示出强劲的增长势头。在海外仓布局方面，河南省企业如郑州联钢实业有限公司和宇通客车股份有限公司等 21 家企业，在共建"一带一路"国家和地区中的 32 个国家建立了 66 个海外仓库，总面积达到 27 万平方米。这些海外仓中包含 3 个公共性质的海外仓、22 个企业自用海外仓以及 41 个租赁海外仓，为跨境电商的物流与服务提供了坚实的海外支点。如今，跨境电商作为一种新兴业态，不仅巩固了河南省在该领域的既有优势，还成为服务共建"一带一路"倡议、促进国际贸易合作的新桥梁和重要载体。

（2）国际经贸往来越来越频繁。

2022 年，河南省与共建"一带一路"国家和地区的贸易往来显著增强，推动全省外贸总额在过去十年中连续实现了跨越式的增长，相继突破 4000 亿元、5000 亿元、6000 亿元、7000 亿元、8000 亿元的整数关口，成功跻身全国外贸发展的前列梯队，并在 2022 年跃升至全国第九名。这一年，河南省积极响应《区域全面经济伙伴关系协定》的经贸规则，对东盟国家的进出口贸易额实现了 24.6% 的强劲增长，使东盟跃居为河南省的第二大贸易伙伴。在对外开放合作方面，河南取得了新进展，"引进来"与"走出去"战略取得显著成效。目前，已有 198 家世界 500 强企业和 178 家中国 500 强企业在河南落户。同时，约 600 多家河南企业已经将业务拓展至全球超过 100 个国家和地区，展现了河南企业走向世界的蓬勃活力和开放合作的新局面。

（3）"网上丝绸之路"越来越便捷。

2022 年，河南省在跨境电商这一新兴领域取得了显著的成就，展现出强大的创新力和前瞻性。河南省成功推广的"网购保税 1210"监管模式，不仅在国内引发了广泛影响，还在国际上赢得了认可，这标志着其在跨境电商监管创新方面走在了前列。尤其是，河南省开创性地设立了全国首个跨境电商零售进口药品试点，这一举措不仅填补了行业空白，还为跨境电商的多元化发展开辟了新路径，同时探索实施了"网购保税+线下自提"、退货中心仓等创新业务模式，极大提升了消费者的购物体验和便利性。此外，河南省加速布局跨境电商基础设施，全力推进郑州、洛阳、南阳、焦作、许昌五大跨境电商综合试验区的建设，以及郑州、洛阳两大国家电子商务示范城市的打造，这些举措为跨境电商企业提供了肥沃的发展土壤。全省范围内，超过 4.6 万家跨境电商企业完成备案，标志着参与跨境电商的企业群体迅速壮大，形成了蓬勃的发展态势。在物流仓储方面，河南省的海外仓布局遍地开花，覆盖全球 47 个国家和地区，总数达到 206 个，这一广泛的网络布局不仅缩短了商品交付时间，还降低了物流成本，提升了国际竞争力。其贸易网络的"触角"延伸至超过 200 个国家和地区，构建了一张几乎遍及全球的"云上贸易网"，这张网不仅紧密连接了全球主要经济体，还为中国商品走向世界、世界商品进入中国市场搭建了高效、便捷的桥梁。这一系列成就不仅彰显了河南省在全球电商版图中的重要地位，也为其他地区跨境电商的发展提供了宝贵经验和示范。据央视网消息，2014~2022 年，河南省跨境电商进出口额实现了从 2014 年不足 1 亿元到 2022 年 2209.2 亿元的飞跃式增长，年均增长率超过了 160%，表明河南省跨境电商行业正处于高速发展阶段，取得了显著的成就。

（五）引进外资的质量显著提高

外商投资产业布局更加优化。2022 年，河南省在服务业领域吸引外资方面取得了稳固的进步。全省新设立的服务业外资企业总数达到了 254 家，占新设外资企业总数的 77.2%，这些新企业主要活跃在科技研发、批发零售和租赁服务等行业内。与此同时，高新技术产业的外资利用实现了迅猛增长，全年共有 96 家新的高新技术产业外资企业成立，实际吸收外资额达到了 10.3 亿美元，相比 2021 年增长了 527.3%。制造业领域也同样呈现出积极的发展态势，全年新设立外资企业 63 家，增长率达到 31.3%，实际利用外资金额为 3.3 亿美元，增幅高达 218.6%，占全省外资总额的 18.5%①。这些数据显示，河南省在制造业领域的外资利用不仅数量增长，质量也同步提升，吸引了一大批先进的制造项目落地生根。综上所述，无论是服务业还是制造业，河南省在吸引外资方面都展现出了强劲的吸引力和良好的增长趋势，外资来源国际市场更加多元。

面对国际环境的复杂挑战，河南省持续拓宽吸引外资的地域范围。在 2022 年，全省外资来源拓展至 36 个国家和地区，其中包括共建"一带一路"国家和地区中的 14 个国家。这些国家如新加坡、马来西亚、越南、俄罗斯、阿联酋等，在河南省新设立了 31 家外资企业，实际投资金额达到了 9.8 亿美元。同时，《区域全面经济伙伴关系协定》成员国在河南新设了 37 家企业，实际利用外资额为 8668 万美元。② 河南省与共建"一带一路"国家和地区的合作不断深化，显著体现在东盟国家与河南的贸易关系上。自 2019 年起，东盟连续四年稳居河南第二大贸易伙伴位置。据海关统计，2022 年，河南省与东盟的进出口贸易额达到了 1143.4 亿元，超出全省贸易增速 5.2 个百分点，且在全省贸易总额中的占比从 8.7% 提升至 13.3%，显示出双方合作的持续加强和贸易往来的显著增长。

聚焦优势产业招商成效明显。2022 年，河南省在制造业吸引外资方面取得了显著成效，不仅引进外资的质量有所提升，数量也实现了显著增长。根据河南省商务厅数据，2023 年，河南省在高端制造业领域取得了显著的进展，吸引了

---

①② 资料来源：河南省人民政府网，https：//m. henan. gov. cn/2023/01-30/2680963. html。

多个重量级投资项目落地。其中，中国盛道清洁新能源电动汽车制造有限公司的大手笔投资尤为引人注目，该公司斥资 3.8 亿美元，在鹤壁市成立了乔海新能源产业有限公司，这家新企业专注于新能源汽车的核心部件生产，涵盖原动机设备、电池以及汽车零部件，对于推动河南省新能源汽车产业的高端化发展具有重要意义。与此同时，外资企业的积极参与也为河南省制造业的转型升级增添了新的活力。香港皇庭有限公司投资 1.1 亿美元，在河南省建立了河南圣姆斯医疗器械有限公司，专注于医用包装材料和产业用纺织品的制造，这不仅丰富了当地的产业结构，也增强了医疗健康产业的供应链能力。据统计数据显示，2022 年河南省新注册成立的外资背景制造企业数量达到了 63 家，相比之前年度增长了31.3%，这一增长幅度显示了外资对河南制造业发展前景的强烈信心。更令人瞩目的是，这些外资制造企业实际投入的外资金额总计 3.3 亿美元，实现了218.6%的年增长率，占全省全年实际利用外资总额的 18.5%。① 这一系列数据充分反映了河南省在吸引外资，特别是高端制造外资方面取得的重大突破，为全省乃至全国的制造业高质量发展树立了新的标杆。这些重大外资项目的落地，不仅直接扩大了河南省的外资规模，还产生了积极的"虹吸效应"，为后续通过现有外资企业吸引新投资、围绕产业链进行招商创造了有利条件，有助于吸引更多外资企业前来河南投资，进一步推动该省的经济发展和产业升级。

四、企业国际化经营成绩

（一）企业国际化步伐不断加快

（1）国际化经营理念持续增强。

近年来，河南企业利用自身优势，积极在全球制造业领域深耕，主动寻找并吸纳先进的技术、高素质人才以及广阔的市场资源，其中中小企业正以更大的规模参与到国际化进程中。以 2022 年为例，河南省制造业企业在海外并购方面保持了强劲的增长势头，成功推进了对德国电机技术和日本电子元件制造企业的并购项目。在技术服务领域，海外并购也呈现出快速增长的态势，河南企业成功收购了美国的生物医药研发平台、爱尔兰的科技创新加速器以及日本的电子元器件研发机构等，显著增强了在高新技术领域的国际竞争力。此外，海外仓等新兴业

---

① 资料来源：河南省人民政府网，https：//m. henan. gov. cn/2023/01-30/2680963. html。

态的投资亦快速增长，众多家居、快消品等行业的企业正积极布局海外市场，通过海外仓直接面向海外消费者，以此扩大全球市场的占有率。尤为值得关注的是，一批专注于专业化、精细化、特色化、新颖化发展的中小企业正不断涌现，它们在高质量共建"一带一路"倡议中扮演着越来越重要的角色，其不仅参与度大幅提升，而且在产业链、价值链上的链接更加紧密，国际影响力日益增强。

（2）民营企业加快海外投资。

自 2013 年以来，随着越来越多的民营企业获得进出口经营权，民营企业的进出口总额始终保持两位数增长。一大批生产、服务、经营与新兴企业或集团进入海外市场，参与全球竞争，河南企业国际化呈现出了快速发展趋势。据海关统计，2022 年，民营企业进出口 1226.9 亿元、增长 14.0%，占全省总额的 45.8%。有进出口实绩的企业数量达 10740 家，其中民营企业超过 9500 余家。对共建"一带一路"国家和地区进出口 1705.1 亿元、增长 26.7%，占全省对共建国家进出口总额的 49.5%，成为"一带一路"贸易合作的"主力军"。漯河汇通、新乡华星、许昌瑞贝卡、洛阳钼业、郑州宇通等一大批民营企业，已经成为河南对外贸易的主力军，创造出河南企业国际化的出色成绩。

（二）国际化经营范围不断扩大

随着河南企业"走出去"的足迹遍布亚非拉美等 110 多个国家和地区，部分企业如瑞贝卡、河南国际集团、中原油田等企业通过参与全球竞争，已逐渐成长为世界级企业，带动全省对外投资发展向稳定、健康的方向发展。据河南省商务厅的消息，2020 年，全省新签订承包工程及劳务合作合同金额达 49.65 亿美元，增长 12.2%，增幅高于全国 14 个百分点，规模居全国第 9 位[①]；完成营业额 34.64 亿美元，与 2019 年相比增速略有下降，其中合同金额超过 5000 万美元的项目达 28 个，新签合同额为 34.42 亿美元，总额占比 74.5%。从合同涉及区域来看，2020 年共建"一带一路"国家和地区对外承包工程及劳务合作新签合同额为 22.47 亿美元、增长 65.1%，总额占比 45.3%，成为河南省外向国际化的新增长极。

河南省商务厅发布的《2022 年全省商务运行情况分析》显示，2022 年，全省外派劳务 10196 人次，规模居全国第 10 位。其中，承包工程项下派出 3095 人，劳务合作项下派出 7101 人。而《河南省企业境外投资发展报告（2021）》（仅发布此一期）数据显示，2021 年河南共有 36 家企业实施了 50 项境外投资行

---

① 2022 年，河南省商务厅、统计公报中未披露河南省对外承包工程及劳务合作合同签订额与完成额、海外劳务派遣人数相关信息，因此最新数据节点为 2021 年。

为，境外投资分布在全球 24 个国家（地区），河南省"走出去"企业 30 强共雇用当地从业人员 1.9 万余人，间接创造就业岗位超过 5 万个，并有效带动了省内关联企业产品出口增长。

（三）内向国际化发展势头良好

（1）进口以电子元器件为主。

河南省发展内向国际化的主要支撑力量就是从事手机组织加工的外资企业——富士康。2022 年，富士康总进出口贸易额占河南省总量的 40.1%，以电子元器件组装的来料加工贸易贸易额持续攀升（见图 4-3）。此外，全省机电产品进口占比不断提高，特别是集成电路更是全省最大的进出口商品来源，成为河南省国际化战略的主要支撑力量。

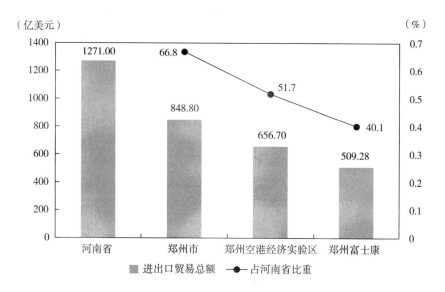

图 4-3　2022 年河南省外贸进出口主要贡献值

资料来源：郑州海关、郑州航空港实验区。

除电子元器件外，资源类、消费品类进口业务保持良好发展态势。2022 年末，铜矿砂及其精矿、农产品、原油、电话机、铁矿砂及其精矿等产品的进口总额排名前五位，出口规模为 13 亿~25 亿美元。其中，农产品及原油的同比增速分别达到 14.9% 与 123%（见图 4-4）。从全省主要进口产品种类来看，有近 30 类产品进口总额超过 2 亿美元，有 14 类产品增速与 2021 年相比增幅超过 100%，成为重要的新进口增量，全省内向国际化呈现出多元化发展趋势。

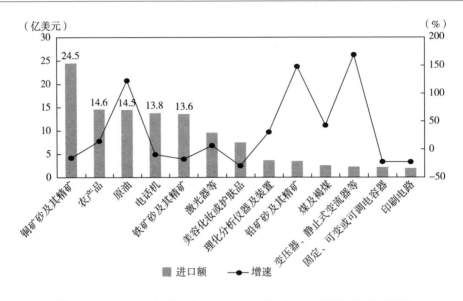

图 4-4   2022 年河南省进口主要产品类（除电子元器件）规模及增速

资料来源：郑州海关。

（2）对外出口产业涉及广泛。

从图 4-5 可以看出，在出口额排名前 10 位的门类中，未锻轧铝及铝材的出口额达到 33 亿美元，排名第一，其次是汽车（包括底盘）出口额达到 17.4 亿美元、纺织纱线、织物及其制品出口额达到 12.6 亿美元。在图 4-5 中，前十大类产品合计达到 134.2 亿美元，占全省出口总量的 12.2%。截至 2022 年 12 月，河南全省劳动密集型产业与贵金属产品出口呈现快速增长趋势。2022 年 1~12 月服装纺织、鞋帽等产业出口总额达 52.3 亿美元，同比增长 24.9%，制造类如汽车、摩托车（含配件）达 69.6 亿美元，增幅高达 236.1%。随着河南省对外开放水平的不断提高，越来越多的企业、产品、服务走出国门，走向世界。

（四）吸引外资项目数量不断提高

（1）外商投资规模持续扩大。

在 2022 年内向国际化方面，河南省在吸引外资方面取得了显著成效。根据商务部的最新数据，全省新设立了 329 家外商投资企业，相较于前一年实现了爆炸式增长，实际利用外资金额达到了 17.79 亿美元，同比增长 118.24%。① 这表明河南省在吸引外资的工作上采取了精准有效的策略，聚焦于引入规模大、影响

---

① 资料来源：河南省人民政府网，https：//m.henan.gov.cn/2023/01-30/2680963.html。

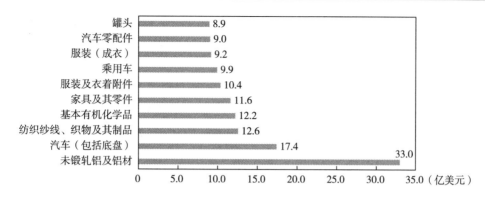

图4-5　2022年河南省企业出口主要产品类（除手机）规模

资料来源：郑州海关。

力强的项目，成功吸引了众多重大外资企业的入驻与扩张，为全省外资吸收的稳定增长奠定了坚实基础。在这些新设立的外资企业中，有近三成（27.7%）的企业投资额超过千万美元，虽然数量占比不算高，但这部分企业的投资总额却占据了当年新设外资企业总投资的95.3%，显示出河南省在吸引大额投资项目方面的突出表现，其不仅促进了资本的集中注入，也为当地经济高质量发展提供了强大的动能。从外资来源分析，河南省的外资主要来源于中国香港、中国台湾、英国、新加坡、美国、日本等8个国家和地区，这些地区的投资均超过了3亿美元，显示出河南省在全球范围内强大的吸引力和外资来源的多元化。在产业吸收外资方面，制造业与服务业成为两大亮点，两者均呈现出积极的增长态势，说明河南省在推进产业结构优化升级的同时，有效吸引了外资对这两个关键领域的投入，既巩固了制造业的基础，又促进了服务业的快速发展，为经济结构的平衡与提升做出了贡献。总的来说，河南省通过精准招商、重点吸引大项目和高质量外资，实现了外资利用的量质齐升，为全省乃至全国的外资引进工作树立了典范，有力推动了地区经济的国际化进程。

（2）实际到位资金屡创新高。

根据河南省商务厅2022年1月发布的《2021年全省商务运行情况分析》显示，2021年，全省外资企业资本金到位8.2亿美元，完成年目标的46.4%，其中香港华润电力在豫14家外商投资企业共到位超1亿美元。香港光大环保在豫6家企业投资到位超6000万美元，新加坡普洛斯在豫投资6家外资到位超2000万美元。2022年，全省新增省外资金项目6564个、增长9.8%；实际到位省外资金11076.9亿元、增长4%。具体来看，超聚变并购项目一次性到位8.9亿美元，是河南省近3年来最大的一笔外商投资；香港泳涛在豫1家企业实际到位

1.5 亿美元，香港佰利联、思念香港、中粮控股面粉（香港）在豫投资实际到位资金均超过 8000 万美元。2022 年全省 16 个国家级开发区实际到位省外资金 710.1 亿元，占全省总额的 6.4%。全省围绕优势产业育链、建链、补链、强链，不断强化与国内知名企业合作力度，吸引一大批海外企业来豫投资。

（五）对外经贸往来越来越密切

（1）积极开展各类招商活动。

近年来，河南省成功举办中国（河南）国际投资贸易洽谈会、中国（郑州）国际旅游城市市长论坛、郑州—卢森堡"空中丝绸之路"国际合作论坛、世界大河文明论坛、全球跨境电子商务大会等论坛展会为省内企业搭建起具有全球影响力的交流平台。此外，省内企业积极参加中国—东盟博览会，中国（河南）—RCEP 成员国开放共享经贸合作洽谈会，加强与 RCEP 领域全方位合作。全省企业坚持小线下、大线上、多频次招商，2022 年共举办近 600 场次招商活动，签约项目 3159 个、总投资 2.3 万亿元。

（2）加快融入全球产业链供应链。

河南省企业充分利用全球资源要素和市场空间，积极融入全球产业链供应链，境外投资保持健康有序发展，规模稳步扩大、结构不断优化、效益持续提升。自 2021 年以来，河南企业瞄准欧洲、日韩等在智能制造、电子信息等行业领先技术，通过股权并购、专利购买、绿地投资等方式，获得所在行业核心技术，进入全球产业链价值链高端。通过并购和新设等方式，在境外构建煤炭、成品油、有色金属和矿产资源等大宗商品集采平台，优化打通境外商品流通渠道。家居、快消品等企业积极拓展东南亚消费市场，在当地设立海外仓，完善当地产品分销网络，扩大全球市场份额。

五、国际化发展的特色

（一）国际航空货运具备比较优势

河南省不沿边、不靠海，国际贸易发展最重要的渠道就是通过航空运输。2018 年《郑州国际航空货运枢纽战略规划》发布，作为民航局唯一获批的国际航空货运枢纽，新郑机场以"空中丝绸之路"为核心，打造高效通达全球主要货运枢纽和经济体的运输通道，构筑辐射全球的货运航线网络体系，助力河南产业加快融入全球产业链、价值链和创新链，迈向全球价值链中高端，更加有助于河南建设国际快（邮）件分拨中心、跨境电商分拨中心、国际冷链物流中心和全球供应链管理中心。借助郑州国际航空枢纽在全国的重要区位优势与各类货运扶持政策，也将更好地发挥郑州航空港经济综合实验区和中国（河南）自贸区的对外开放平台功能，加快形成内陆开放高地，促进河南省建成更高水平的开放型经济。

（二）国际航空货运业务稳步提升

（1）国际货运业务快速增长。

自 2012 年以来，河南新郑机场国际及地区航线的货邮吞吐量实现快速增长，特别是国际航线的货邮吞吐量已由 2012 年的 2.9 万吨增至 2022 年的 48.5 万吨，年均增幅达到 32.5%，远高于全国民航 3.2% 的年均水平。在港澳台地区航线方面，2022 年货邮吞吐量为 3.61 万吨，与 2012 相比，增长了 1.12 倍（见图 4-6）。特别是在 2018 年《郑州国际航空货运枢纽战略规划》发布后，全省民航的国际航空货运业务呈现快速上涨趋势。全国货运枢纽的重要战略定位，也是河南企业加快国际化进程的重要支撑。

图 4-6　2012~2022 年郑州机场国际和地区货邮吞吐量

资料来源：历年《中国民航统计年报》。

（2）全货机航线数量位列中部第一。

民航国际及地区货运业务主要通过飞机腹舱及全货机进行货物运输，河南新郑机场作为我国唯一上升到国家层面的国际航空货运枢纽，全货机航线的航点及覆盖范围，也从一定程度上说明了河南企业国际化经营涉及的范围及区域。根据2022 年全国机场进出港分类统计数据，截至 2022 年，河南新郑国际机场已开通全货机国际及地区航线 31 条，其中直达航线 26 条，航点遍布中国香港、中国澳门、亚洲、欧洲、美国、中东等，相比于中部其他省份，河南省航空货运全货机通航点位列中部地区首位。此外，借助北京、上海、天津三地进行货运中转，将河南企业的产品运往世界更多国家或地区，不断拓宽了河南企业国际化经营的范围，以及企业品牌的全球影响力。

（3）"空中丝绸之路"越飞越广。

过去十年间，"空中丝绸之路"实现了显著的拓展与深化。得益于郑州—卢森堡"双枢纽"战略的有效推动，郑州机场的国际航空网络得到了快速发展。在客运方面，入驻的航空公司数量从 19 家大幅增长至 59 家，通航城市也从 60 个扩展到 121 个。货运方面同样表现出色，货运航空公司由原来的 14 家增加到 32 家，货运航线的覆盖点从 24 个扩展到 57 个，与全球前 20 的大货运枢纽机场中的 17 个建立了直接联系，构建了一个横跨欧洲、北美和亚洲，触及全球多数主要经济体的货运航线网络。在这期间，郑州机场的货运量实现了从 25.6 万吨到 70.5 万吨的飞跃，连续三年在全国机场中排名第六，特别是国际及地区货运量从 11.3 万吨增长到 54.5 万吨，连续六年稳居全国第五位，彰显了其在国际航空物流领域不断提升的地位和影响力。

（三）国际航空货运体系加快完善

（1）航空货运竞争力显著提升。

截至 2020 年，郑州机场汇聚了 170 余家货代企业，实施了"郑州—卢森堡"双枢纽战略，形成以卡车航班为主的国内航空货运物流配送体系，截至 2021 年底，郑州机场航空电子货运信息服务平台可为航空公司、机场货站、货代企业、卡车公司以及报关行等提供全流程一体化信息服务，在我国中部地区形成航空货运竞争优势。郑州机场已具备肉类、活牛、水果、冰鲜水产品、食用水生动物、邮件、药品七项口岸功能，形成我国内陆地区功能最全、效率最高的"1+1+7"开放体系，成为我国内陆对外开放重要的门户，也为省内企业开展对外贸易提供了强有力的支撑。

（2）航空电子货运在全国率先试点。

2020 年 5 月，民航局正式批复《郑州新郑国际机场航空电子货运试点工作实施方案》，确定在郑州机场开展航空电子货运项目试点，也是全国唯一航空电子货运试点机场。通过郑州航空电子货运信息服务平台整体功能的研发和建设，国际货运航空枢纽将更好地适应和满足新经济模式下的小批量、多批次、快节奏、高品质的运输服务新需求，对培育经济发展新动能，塑造产业竞争新优势，推动航空物流业向数字化、网络化、智能化转型，激发企业创新发展内生动力，为促进河南省加快建设先进制造业强省、高成长服务业强省和网络经济强省、对外开放强省提供重要支撑。

（四）郑州航空港建设助力对外开放

（1）跨境电商蓬勃发展。

2021年4月，全国跨境电商零售进口药品试点业务在河南保税物流中心"全球汇"平台完成首单交易，启动试点业务；随着焦作、许昌入选跨境电商综合试验区，该省的国家级跨境电商综合试验区增至5个。中国商务部"2021年跨境电子商务综合试验区评估"结果显示，河南跨境电商综试区领先中部地区，郑州综合排名处第一档，洛阳、南阳综合排名处第二档。统计数据显示，2022年，全省跨境电商进出口交易额（含快递包裹）为2209.2亿元、同比增长9.5%。服务类电子商务交易额为1.21万亿元，同比增长3.5%。其中，网上零售快速增长，零售额为3665.5亿元，同比增长13.1%。①

（2）开放载体平台越来越坚实。

2013~2022年，郑州航空港经济综合实验区的经济增长显著，其生产总值从325.6亿元升至1208亿元。外贸方面同样表现出色，2022年实验区的进出口总额达到4707.8亿元，占据了全省外贸总额的半数以上。自实验区成立以来，在改革与创新方面取得了丰硕成果，共推出了546项改革措施，其中16项被国家层面采纳并推广，尤其是在多式联运和商品期货领域的创新实践引领全国。基础设施与政策支持方面，郑州航空港已成功获批设立5个综合保税区和4个保税物流中心，新郑综合保税区更是连续11年在全国综合保税区进出口额排名中稳居前两名。此外，中国（郑州）重要国际邮件枢纽口岸的正式启动，标志着郑州成为继北京、上海、广州之后的中国第四个，也是自中华人民共和国成立以来首个新增的全国性重要国际邮件枢纽口岸，显著提升了郑州在国际物流与贸易中的地位和作用。

六、本章小结

本章首先回顾了河南企业国际化的发展历程，归纳总结出河南省企业国际化发展的方向，并通过分析得出近些年河南企业国际化发展取得成绩。此外，本书根据河南省对外贸易的特点，提炼出河南企业国际化发展的特色，为下一阶段为提升国际化水平寻找着力点与改进方向提供依据。

---

① 资料来源：中国新闻网，https://www.chinanews.com.cn/cj/2023/02-14/9953435.shtml。

第五章 河南企业国际化发展实证分析

为了更直接反映河南企业国际化发展情况，本书采取实证分析法，本章对省域及企业层面的国际化经营情况进行评价，力求以更加客观的方法，全面考察河南企业国际化发展情况。

一、国际化水平测度

（一）测度的原则

企业国际化水平的测度，关键在于建立科学全面的评价指标体系。然而在省域与企业层面，测度的角度必定存在一定差异。考虑到数据的可获取性以及指标的全面性，使要评价体系需要包含定性、定量、多阶段、多层次、多角度的指标。总体而言，河南企业国际化水平评价体系的建立，应把握以下四个原则：

1. 科学准确性

科学准确性原则是为保障评价结果的科学合理，并且数据的获取可靠、客观。以此为原则建立的评价指标体系，充分考虑到指标的合理性，以现代统计理论为基础，科学合理、准确可靠反映企业国际化水平。科学性要求：指标体系要充分反映河南省企业国际化的特征、规律以及内涵，并从多角度专业性地考虑各种因素。准确性要求：指标间不仅要可靠准确，而且需要做到相互独立，不存在内生性问题，且具有代表性。尽量避免主观臆断、定义模糊，指标间达到相互协调统一。

2. 系统完整性

由于评价体系的建立是一个繁杂全面的技术经济过程，而保持系统性、完整性能够实现对国际化的评价由宏观层面进入到微观层面，实现对多角度、动态化企业国际化水平的表达。基于系统完整性建立的评价指标体系，反映不同层面国际化程度，表现出不同行业、不同企业的差异。基于此原则设计的评价体系将尽可能简练、全面、系统地反映评价对象。因此，这些设计指标要基于国际化这个动态过程、全面考虑各种影响因素，实现不同指标间既相互联系，又相互制约。

3. 操作实用性

评价指标体系的设计需要兼顾可操作性与实用性，前者是评价的必然要求，后者则是评价的目标。从企业国际化的特征出发，分析影响国际化程度的关键因素，克服主要因素对于评价结果的影响，最大限度地提升指标的客观性与实用性。可操作性具体表现为：指标体系分析合理，切实反映企业国际化水平。指标设计力求精练、完整、重点突出。数据方面，要保证资料与统计数据的易获得性，保证评价方法的简单、利于掌握与推广。实用性则反映在数据的获取要便捷，对于需要巨大成本代价的数据，在设计时考虑可行性，尽量使用认知度高的指标。

4. 通用可比性

国际化测量体系是一个全面反映企业国际化水平的整套评价体系，因此指标的选取要考虑到省域整体及域内各企业国际化这两个层面，同时还应考虑到不同行业的差异，充分整合各个企业的共性，各指标的属性，尽量将统计口径保持一致，确保指标在不同时间、不同对象间的可比性。另外，指标体系的建立也要根据评价目的建立，符合企业的方向与目标，可以在不同行业、不同时间、不同企业间开展评价。

（二）测度的方法

目前对于企业国际化水平存在多种测度方法，一直没有形成一个明确的衡量体系。基于现有的研究成果主要的方法包括以下两种：

1. 传统的测量方法

（1）企业国际化指数模型。

对于企业国际化的测量方法最早来源于联合国贸发会议提出的年度《世界投资报告》，其中主要采取国际化指数来衡量企业的国际化程度（王亚刚等，2010）。企业国际化指数模型主要采取企业国外资产与企业总资产之比、国外销售额与企业总销售额之比、国外雇佣人数与企业总雇佣人数之比这类单一指标，难以多元化反映企业国际化水平，该方法主要在早期被使用。

（2）苏利文五模型。

该种测量方法是由美国学者苏利文设计，主要采取五种经济指标来衡量企业的国际化程度（朱春兰，2014）。ESTS＝国外销售额/总销售额，FATA＝国外资产/企业总资产，OSTS＝国外子公司/企业全部子公司，TMIE＝高管人员的海外经验，PDIO＝国外经营的心理离散程度。苏利文五模型测量的国际化水平公式为：

DOI＝ESTS＋FATA＋OSTS＋TMIE＋PDIO

虽然苏利文五模型法较仅用一两种指标的国际化指数模型有了显著的进步，但仅仅以财务指标作为衡量标准，得出的评价结果会存在较大的相似性。因此，仍不是一种较优选择。

（3）威尔什与罗斯坦瑞尼六要素模型。

由威尔什与罗斯坦瑞尼（Welch and Luostarinen，1988）设立的六要素模型则是在苏利文五模型的基础上有了进一步发展，两位学者从企业向国际市场输出或提供的产品、海外生产经营手段或方法、融资方式、目标市场选取、组织结构与员工素质这六个方面来系统考察企业国际化经营程度。该种方法主要采取定性指标进行测量，弥补了只使用财务指标带来的不确定性，但由于完全依靠主观判断来进行评价，不可避免地带有一定主观性，因此也不是一种完善的测度方法。

（4）全球营销战略（CCMS）模型。

CCMS模型是由美国学者Zou和Cavusgil（2002）提出的基于企业海外战略的国际化测量模型，该模型包含了外部影响因素、战略表现、国际化绩效三大模块，其中对企业战略表现囊括了标准化、配置与协调、整合三种观点，对影响因素的判断基础是资源基础理论与产业组织理论，基本上是战略表现受影响因素的作用，进而又对企业海外经营业绩产生影响。所以，该国际化发展水平测量模型是通过定性指标实证检验企业海外国际化战略对企业绩效的积极影响，该模型也是比较权威的关于国际化营销战略影响因素、战略表现与国际化绩效的综合模型。该模型仅依靠定性评价国际化水平，因此受主观因素影响较大。

2. 国际化蛛网模型

随着越来越多的学者开始研究企业国际化的测度方法，我国学者鲁桐（2007）在对英国企业展开详细调研后，基于国际化指数模型和CCMS模型，提出了目前被学术界广泛使用的"国际化蛛网模型"。该模型采取定性与定量指标相结合的方法，从企业财务管理、市场营销、组织结构、人事管理、跨国经营方式以及国际化指数六大方面，全面考察企业国际化程度。通过六大因素的共同集合构成一张六边形的网，因此被称作国际化蛛网模型（见图5-1）。

企业国际化蛛网模型通过六个方面的综合评价，能够全面反映企业在国际化经营的发展过程、状态，帮助研究者找到企业成功的关键要素，以及制约其发展的薄弱环节。与传统的测量方法相比，国际化蛛网模型集合定量与定性分析，涵盖企业国际化发展的多个方面，其由多因素组成的评价体系，是目前使用较为权威的国际化测量模型。此外，考虑到河南企业国际化发展正处于起步阶段，大型跨国公司的数量及经营指标数据较少，因此完全采取定性指标评价，缺乏可信度，若完全采取定量分析，受部分企业海外经营情况无法完全掌握、信息披露较少的影响，也不能全面评价企业国际化程度。因此，蛛网模型基于多角度、多类型评价指标更适合于本书的需要，也更具学术权威性与科学性、实践可操作性与稳定性。

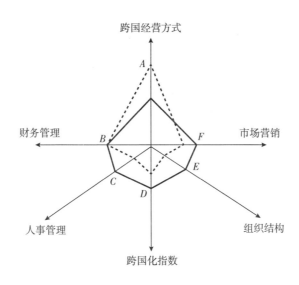

图 5-1　企业国际化蛛网模型

（三）数据获取

1. 省域层面

基于对国际化蛛网模型的创新，本书设计出适合于衡量一个地区企业国际化水平的蛛网模型，并结合河南省经济发展的现状与特点，对个别指标进行改进，综合考虑到数据资料的获取程度，分别从内向国际化与外向国际化两个层面对省域企业国际化经营总体状况进行评价与测量，数据选取近四年河南省最新对外贸易数据，来源于历年《河南统计年鉴》、郑州海关、商务厅以及政府工作报告。此外，部分进出口数据不易获取，本书借助国研网、中经网等渠道进行补充。由于河南省对外直接投资还处于起步阶段，加之缺少分行业的统计数据，因此对国际化的衡量，主要建立在进出口、海外营业收入（销售额）、海外资产等年报或公开发布的数据基础上进行测度。

2. 企业层面

由于上市企业实力较强，更具带动力、影响力，且往往聚集着一个地区的高精尖技术，是地区企业中最具活力、规模经济明显和科技实力较强的部分，是一个地区企业中最具代表性的群体，因此本书研究的重点是河南的上市公司。考虑到数据可获得性的问题，本书以沪深两市的 A 股河南企业为研究对象，将范围限定为 2022 年企业总资产规模 2 亿元人民币的企业，通过查阅历年《河南统计年鉴》、Wind、中商产业研究院上市公司数据库、国泰安 CSMAR 数据库，河南省商务厅、郑州海关获得部分定量数据，并通过查阅上市公司年报、财报与企业社会责任报告，获取部分定性评价结果。

对于部分定性数据评价，本书由三个博士深入理解这些变量的内涵后，根据变量的设计和处理方法阅读每一家样本企业的上市公司报告或是社会责任报告、企业官网、网络相关内容得来。在数据收集过程中，首先进行试收集，每个人阅读 20 份上市公司报告，再进行讨论，针对每个变量的特征和收集中存在的问题发表意见并交换意见，最后得到较为一致的处理方法。笔者根据设计的评价体系继续进行全部样本的打分与数据收集、整理工作。这样既避免了每一位参与者判断标准不一致，也避免了出现不同情况时主观处理带来的数据误差。在本书中，由官方与第三方收集的数据较为客观，而来自国泰安、Wind 等数据库的数据都是经过专业机构的审核，数据相对准确客观。

二、企业国际化水平的横向比较（省域层面）

（一）省域蛛网模型的构建

1. 指标体系

国际化蛛网模型主要是以单个企业为评价对象，多用于微观研究，因此有必要对部分指标进行修订，使其更适合于评价以区域或地区为对象的企业国际化程度。本书以王静一（2006）、董伟统（2012）的研究成果为启发，设计出适合于评价河南地区企业国际化水平的指标体系。从地区层面，河南企业国际化又分为内向国际化与外向国际化，虽然近些年越来越多的企业走出国门开展海外经营，但是河南地区的内向国际化是国际化的重要表现，也是河南经济发展、对外开放重要的助推力。因此，在地区层面的测量，需要全面统筹内向国际化、外向国际化两个层面。

根据指标设计的原则，本书设计了一个三维评价体系，如图 5-2 所示，一级指标为河南企业国际化程度。二级指标为内向国际化与外向国际化指标，双向指

标分别反映出河南省对外开放与积极开拓国际市场的特征。双向国际化指标相互
联系，不可分割，其既反映出河南企业国际化实际情况，又体现出企业国际化动
态演变过程。内向国际化是河南外向国际化的基础与前提，而外向国际化是河南
企业走向世界的桥梁与开拓国外市场的重要渠道。对双向国际化的测量也从一定
程度表现出河南企业国际化的演变过程。三级指标则包含：内向国际化指标，即
外贸进口依存度、外资出口贡献度、高新技术对外依存度以及世界 500 强进入
率；外向国际化指标，即外贸出口依存度、技术出口依存度、海外投资所处阶
段、海外扩张区域分布。

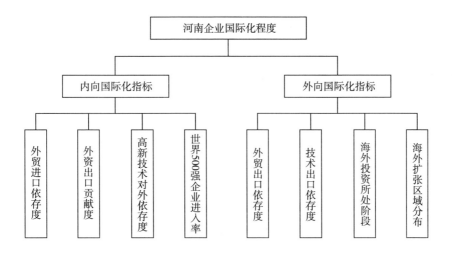

图 5-2　地区国际化测量指标体系

2. 评价标准

（1）外贸进口依存度。

为了反映河南地区经济发展对外贸进口的依赖度，同时表明该区域企业从事
进口业务的积极性、对国外市场的依赖性，本书采取外贸进口依存度，即外贸进
口额与地区 GDP 之比，来表示河南企业内向国际化的深度，为了表示国际化程
度，本书设计以下具体划分标准与评分体系（见表 5-1），采用 1~5 级分别代表
由低到高的外贸依存度值，分值越高，表示区域的国际化程度越高（鲁慧玲，
2008；鲁桐，2000）。

表 5-1　外贸进口依存度评价标准

外贸进口依存度	0~20%	21%~40%	41%~60%	61%~80%	81%~100%
分值	1	2	3	4	5

（2）外资出口贡献度。

河南企业对外资的利用情况也是内向国际化的一个主要反映，该指标表现出外国企业对本省出口额的贡献程度，更加体现了河南企业内向国际化的深度。公式为外资出口贡献度=外资企业出口额/全省出口总额。同样设置五级评分指标（见表5-2），用于标准化数据结果，构建地区国际化蛛网模型。当分值越高时，外资企业的出口贡献度越高。

表5-2　外资出口贡献度评价标准

外资出口贡献度	0~20%	21%~40%	41%~60%	61%~80%	81%~100%
分值	1	2	3	4	5

（3）高新技术对外依存度。

作为后发国家或地区，购买、引进国外先进、高科技专利技术，已经成为内向国际化的一个重要表现。因此，对于高新技术的依赖程度反映出地区内向国际化深度。在本书中，高新技术对外依存度=全省高新技术进出口额/全省高新技术总产值。评分标准如表5-3所示，分值越高，表现出地区高新技术依存度越高。

表5-3　高新技术对外依存度评价标准

高新技术对外依存度	0~20%	21%~40%	41%~60%	61%~80%	81%~100%
分值	1	2	3	4	5

（4）世界500强企业进入率。

随着河南省对外开放水平的不断提升，良好的经营环境与融资渠道，吸引越来越多世界一流企业进入本地区发展。地区企业内向化的一个重要表现为是否有越来越多的外资企业进入本省参与合作竞争，特别是世界500强企业的进入情况更直接反映出区域面临的国际竞争内向化程度。因此，本书选取世界500强企业进入率作为衡量指标，根据评价标准，分值越高，国际化内向化程度越大（见表5-4）。

表5-4　世界500强企业进入率评价标准

世界500强企业进入率	0~20%	21%~40%	41%~60%	61%~80%	81%~100%
分值	1	2	3	4	5

（5）外贸出口依存度。

在地区外向国际化方面，本书依据吕蕊（2013）、潘宏亮（2000）等学者的研究成果，并结合多种国际化评价指标选取情况，将外贸出口依存度作为河南企业外贸出口对地区经济发展的贡献，以及对国际市场的依赖程度。外贸出口依存度=外贸出口额/地区GDP。本书将该指标作为衡量地区企业外向国际化深度的指标，依据评价标准，分值越高，外贸依存度越高，国际化程度越高（见表5-5）。

表5-5　外贸出口依存度评价标准

外贸出口依存度	0~20%	21%~40%	41%~60%	61%~80%	81%~100%
分值	1	2	3	4	5

（6）技术出口依存度。

技术发展水平是一个地区在对外竞争中的关键要素，反映出企业在海外竞争中所具有的技术优势，同样也是企业以此为基础开展国际化的经营能力。因此，本书以技术出口依存度作为衡量河南企业内向国际化的重要指标，并通过以下评价标准对其进行赋值（见表5-6）。计算公式为技术出口依存度=技术出口额/地区GDP。

表5-6　技术出口依存度评价标准

技术出口依存度	0~20%	21%~40%	41%~60%	61%~80%	81%~100%
分值	1	2	3	4	5

（7）海外投资所处阶段。

一个地区国际化发展程度与投资所处阶段具有一定的联系，也反映出企业开展国际化时本地区经济发展情况，根据投资周期理论，地区人均GDP水平与国际直接投资息息相关（Dunning，1993）。此外，区域直接投资倾向不仅由区位、内部化等优势决定，而且其净对外直接投资也是该地区人均GDP的函数。因此，本书选取人均GDP水平作为衡量企业国际化的关键指标，并依据表5-7中的评价标准进行赋值。2022年我国人均GDP达到7万元以上，并且部分发达地区超过10万元，因此，按照我国的经济发展水平设计评分标准如下：

表5-7　海外投资所处阶段评价标准

地区人均GDP（元）	5万以下	5万~8万	8万~10万	10万~15万	15万以上
分值	1	2	3	4	5

（8）海外扩张区域分布。

国际化是一个地区企业经营业务、方式与空间跨度的不断扩张过程。因此，河南企业在发展外向国际化时，国际业务的分布情况即在多少国家开展海外业务，表现出了企业国际化的广度。依据企业国际化阶段理论，企业国际化渐进性体现在对于不同地区业务拓展的地理顺序，呈现出从邻近国家、发展中国家、相对发达地区、经济发达地区到覆盖全球市场的海外业务拓展轨迹。因此，本书结合国际化基础理论与河南企业海外拓展情况，对海外扩张区域分布按照如表 5-8 所示的五种依次递进程度进行打分赋值。分值越高，外向国际化程度越高。

表 5-8　海外业务地区分布情况

分值	分布地区
1	港澳台地区
2	东南亚、其他发展中国家及地区
3	相对发达的欧洲、美洲等国家及地区
4	美、日、韩、西欧的部分发达国家及地区
5	覆盖全球市场

（二）对各指标的考察

（1）外贸进口依存度。

本书根据河南省商务厅与河南省统计局数据，测算出河南省近六年的外贸进口依存度，如表 5-9 所示。2017~2022 年，河南企业外贸进口依存度保持在 3.5%~5.5%，六年平均为 4.59%，呈现波动上升趋势。总体来看，河南企业国际化发展对进口的依赖度较低，外向度高于内向度。依据上文设定的赋值标准，此项指标得分为 1。

表 5-9　2017~2022 年河南省外贸进口依存度

年份	全省 GDP（亿元）	进口总值（亿元）	进口依存度（%）
2017	44553.0	2061.0	4.63
2018	49936.0	1933.7	3.87
2019	54259.2	1957.0	3.61
2020	54997.1	2579.9	4.69
2021	58887.4	3184.0	5.40
2022	61345.1	3277.1	5.34

（2）外资出口贡献度。

本书根据郑州海关统计数据，测算出河南省近六年的外资出口贡献度，如表5-10所示。2017~2022年，河南三资（中外合资经营、中外合作经营、外商独资经营）企业外贸出口贡献度保持在60%~72%，六年平均为62.7%，虽然近些年在河南投资的外资企业逐渐增多，但贸易规模出现了下滑，外资出口贡献度逐年下降，根据评价标准，此项评分为4。

表5-10　2017~2022年河南外资出口贡献度

年份	外资企业出口额（亿元）	全省出口总额（亿元）	外资出口贡献度（%）
2017	1845.0	3171.8	71.8
2018	2093.3	3578.9	69.7
2019	2322.2	3754.6	61.9
2020	2578.2	4075.0	63.3
2021	2905.9	5024.1	57.8
2022	2720.0	5247.1	51.8

（3）高新技术对外依存度。

根据郑州海关统计数据，2022年，河南省第二产业增加值达到25465.04亿元，其中高新技术制造业产值占比达到45.0%，达到11459.3亿元。由于河南企业整体研发投入少，所以高新技术制造业整体无明确统计进口额，考虑到全省主要进口产品为机电产品（占比达2022年全省总进口规模的31.7%），并且高新技术产品属于高新技术附加值产品。因此，本书用机电产品与高新技术产品进口额之和来表示高新技术制造业进口额，根据郑州海关数据，2022年河南省机电产品进口额为2302.4亿元，高新技术产品进口额为1952.3亿元，合计高新技术制造业进口额为4254.7亿元，计算得出2022年河南企业高新技术对外依存度为37.1%，参照评分标准，该指标评分为2。

（4）世界500强企业进入率。

改革开放初期，河南省由于经济发展落后，并不重视吸引外资，加之营商环境欠佳，并未吸引众多跨国企业。随着河南加快对外开放步伐，越来越多的企业，特别是世界500强企业选择来河南投资设厂，近三年，河南省经济水平提高、国际化愿望迫切、中国（河南）自贸区的获批，均吸引了大量外资企业进入。截至2022年，全省新设外资企业达到329家，实际使用外资17.79亿美元，同比2021年增长118.24%，全省共有世界500强企业达到198家。2022年，世界 500 强进入率达到 39.6%，参照评分标准该指标评分为 2。

（5）外贸出口依存度。

根据河南省商务厅与河南省统计局数据，测算出河南省近六年的外贸出口依存度，如表 5-11 所示。2017~2022 年，河南企业外贸出口依存度保持在 6.9%~8.6%，六年平均为 7.62%，远低于全国（17.4%）、广东省（40.3%）。总体呈现下降趋势，这说明河南企业国际化发展外向化程度逐渐提升。依据设定的赋值标准，该指标评分为 1。

表 5-11 2017~2022 年河南外贸出口依存度

年份	全省 GDP（亿元）	出口总值（亿元）	出口依存度（%）
2017	3171.8	44553.0	7.12
2018	3579.0	49936.0	7.17
2019	3754.6	54259.2	6.92
2020	54997.1	4075.0	7.41
2021	58887.4	5024.1	8.53
2022	61345.1	5247.0	8.55

（6）技术出口依存度。

根据河南省商务厅与河南省统计局数据，测算出河南省近四年的技术出口依存度，如表 5-12 所示。2017~2022 年，技术出口依存度保持在 4%~5%，六年平均为 4.59%。由于河南企业整体研发投入与研发实力处于全国排名较低位次，主要的技术产出也是依靠手机代工出口，并且在全省外贸出口中的份额超过了59%，然而自主研发的产品出口规模较小。依据评价标准，此处将技术出口依存度赋值为 1。

表 5-12 2017~2022 年河南企业技术出口依存度

年份	技术出口额（亿元）	全省 GDP（亿元）	技术出口依存度（%）
2017	2070.0	44553.0	4.65
2018	2277.4	49936.0	4.56
2019	2333.7	54259.2	4.30
2020	2551.8	54997.2	4.64
2021	2895.7	58887.4	4.92
2022	2750.6	61345.1	4.48

（7）海外投资所处阶段。

根据《河南统计年鉴》，2022 年河南人均 GDP 首次突破 6 万元，达到 6.21 万元（见表 5-13），根据投资周期理论，河南省处在对外直接投资的第二阶段，整体处于对外直接投资较薄弱阶段（樊尊，2009）。也同样说明，海外业务仍有较大提升空间。根据评价标准，在此海外投资所处阶段评分为 2。

表 5-13　2017~2022 年河南省人均 GDP

年份	2017	2018	2019	2020	2021	2022
人均 GDP（万元）	4.46	4.81	5.43	5.85	5.86	6.21

（8）海外扩张区域分布。

据河南省商务厅与郑州海关统计数据，截至 2022 年，河南全年开展进出口业务的外贸企业共 10740 家，在海外经营的企业或机构已经超过 800 家。一般贸易伙伴为美国、澳大利亚、欧盟、共建"一带一路"国家和地区以及 RCEP 协议国，合计达到 195 个国家和地区。外承包工程业务涵盖了世界五大洲的近 100 个国家。在全球 195 个国家和地区中，河南企业在美国、欧盟等国家和地区开展跨国经营，海外经营范围占 39.5%，按照评价标准，该指标评分为 4。

（三）测量结果

1. 河南省国际化水平

通过对以上八个指标的定量与定性分析，综合得出河南企业国际化蛛网模型结果，各指标项目的综合得分如表 5-14 所示。综合来看，内向国际化与外向国际化两方面，除外资出口贡献度与海外扩张区域分布这两项指标得分较高之外（4 分），其余均处于较低水平。相比之下，内向国际化的程度要稍好于外向国际化。世界 500 强企业进入率、海外投资所处阶段、高新技术对外依存度得分均为 2 分，技术出口依存度、外贸出口依存度、外贸进口依存度这三项指标得分均为 1 分。

表 5-14　河南企业国际化评价指标得分

评价指标（内向国际化）	得分	评价指标（外向国际化）	得分
外贸进口依存度（N1）	1	外贸出口依存度（W1）	1
外资出口贡献度（N2）	4	技术出口依存度（W2）	1
高新技术对外依存度（N3）	2	海外投资所处阶段（W3）	2
世界 500 强企业进入率（N4）	2	海外扩张区域分布（W4）	4

地区企业蛛网模型测量结果充分说明，基于地区宏观视角，河南企业国际化仍处于较低水平，八项指标平均得分仅有 2.12 分，无论是内向国际化还是外向国际化发展程度仍处于较低水平（见图 5-3）。外资企业带动地区经济发展的模式仍是目前全省经济外向化程度提升的主要动力来源，而河南企业对外投资规模、涉及范围有限，外向国际化程度有待提升。

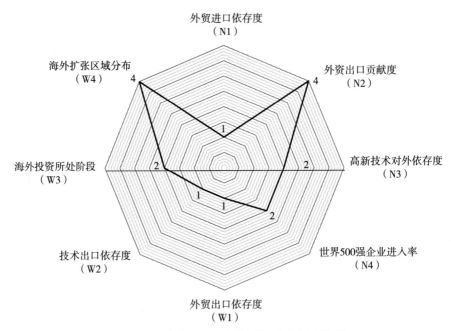

图 5-3　河南企业国际化蛛网模型（省域层面）

2. 省域国际化水平比较

采取同样的评价方法与评价过程，本书对我国国际化发展水平较高的广东、与河南同属中原地区的安徽省分别进行了蛛网模型测算，结果得出：

广东无论在外贸进出口依存度、海外投资所处阶段、世界 500 强进入率等八个方面全部领先于河南省份，在八项指标中有三项得到了最高 5 分，特别是评价国际化的指标：外贸进口与出口依存度方面，广东的国际化程度远远高于河南。相比之下，河南在外资出口贡献度、海外投资所处阶段以及海外扩张分布区域三项指标中，与广东的差距只有 1 分，反映出河南省对外贸易在国民经济中具有较高的价值及贡献度，越来越多的海外企业进入到广阔的全球市场，河南企业的覆盖范围以及影响力正在逐渐地扩大。

在与安徽省的对比中，两地分别在高新技术对外依存度、世界 500 强企业进入率、海外投资所处阶段、海外扩张区域分布四项指标上得分相同，也反映出同属中部内陆地区，安徽省企业国际化所处的发展阶段、企业的海外经营范围、外资企业的吸引力等几个方面与河南省具备相同水平。虽然安徽省外贸进口依存度、外贸出口依存度、技术出口依存度三个方面的得分均超过了河南，但是在外贸出口贡献度方面，河南省的表现优于安徽省（见图5-4）。

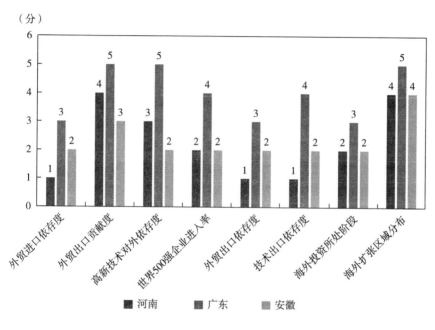

图5-4　企业国际化蛛网模型比较

三、企业国际化水平的纵向比较（企业层面）

（一）创新模型的构建

虽然鲁桐（2007）建立了六维的国际化蛛网模型，对于不同阶段、不同投资动机的国际化经营活动都可以衡量，从国际化经营方式、组织机构、市场营销等六个方面评价企业国际化程度具有广泛的适用性，但是对于企业所处的国际化阶段以及国际化产出缺少评价指标，因此本书在此基础上，建立了 n 维蛛网模型，特别加入了无形资产与国际化经营阶段两项衡量指标，通过计算蛛网模型围成的曲线面积，补充了现有蛛网模型数学方面的不足之处，提供了更为全面的国际化测度指标体系。n 维蛛网模型的评价指标及评价标准如下所示：

1. 国际化经营方式

企业国际化经营方式的选择代表了企业可以根据自身实力以出口代理、特许经营、管理合同以及合资、独资的形式开展海外业务。对企业而言，采取哪种方式实现出口，是否进行海外生产、销售，面临怎样的风险，存在较大差异。因此，不同的经营方式与经营对象存在对应关系。经营对象的差异也反映出企业国际化参与的深度。根据企业国际化经营面临的差异化，本书以"海外经营方式"与"经营对象"组合的形势判断国际化程度的高低，并且赋值 1~5，判断国际化程度（见表 5-15）。

表 5-15　基于企业国际化经营方式评价国际化程度

分值	海外经营方式	经营对象
1	出口代理	产品
2	出口子公司	服务
3	特许经营、特许营销、管理合同	技术
4	合资	部分生产或运营系统
5	独资	生产或运营系统

2. 财务管理

基于财务管理方面，企业的财务管理体制、资金筹措情况与海外资金运作规定，反映出企业海外经营的发展程度。尝试性开展海外业务的企业，由于经验不足，往往以项目口径、项目管理形式管理国外业务，此时的外资筹措率也较低，因此在海外资金运作上并没有原则性规定，反而是随着企业国际化经营时间的推移，企业跨国经营水平的提升，将会进一步统一国际国内市场业务，并进行一体化额度管理，此时企业的资金筹措能力较强，海外资金的运作将由总公司一元管理，形成制度、专业化资金运作模式。因此，根据三项组合，对财务管理国际化程度进行定性分析，并根据企业海外发展历程，对评价指标进行赋值。具体分值及评分标准如表 5-16 所示。

表 5-16　基于企业财务管理评价国际化程度

分值	管理体制（财务）	资金筹措情况	海外资金运作规定
1	项目口径：管理国外业务	外资筹措率<5%，无原则规定，按实际筹措	无原则规定

续表

分值	管理体制（财务）	资金筹措情况	海外资金运作规定
2	国内与国外财务分开：国别管理	外资筹措率为 6%~10%，海外投资由海外公司自筹	国外机构资金全权委托当地
3	国内与国外财务分开：地域管理	外资筹措率为 11%~20%，总公司按项目筹措	由海外地区管理部门掌握
4	国外子公司财务：全球统一管理	外资筹措率为 21%~50%，国外事务以整体形式，一元化筹措	有别于国内事务的部分，由总公司一元管理
5	国内与国外业务：统一财务管理	外资筹措率>51%，全部投资国内外市场一元化筹措	资金全球运作，由总公司一元管理

3. 市场营销战略

市场营销是企业进入国际市场、推销服务或产品的关键战略，对于企业国际化成绩具有重要的影响，通过季华和刘海波（2019）、王江和徐婷（2012）对企业海外营销战略的分析结论，根据企业投资与风险大小，将市场营销活动划分为五种，即市场调查、价格决策、销售渠道选择、广告与促销、向欠发达地区销售（见表5-17）。每一种营销方式实际上都是企业国际化过程的决策方式，因此不同营销战略需要有不同的决策主体，而根据营销战略涉及的范围，都会一一对应不同层级的决策主体。参考尤宏兵（2004）提出的评价标准，本书建立1~5级评价标准来判断企业的国际化程度。例如，在选取产品或服务流通渠道时，极可能是总公司、子公司或两者共同决定的。

表5-17　基于企业市场营销战略评价国际化程度

分值	海外营销战略	营销战略决策主体
1	市场调查	总公司
2	价格决策	海外公司或海外分公司
3	销售渠道选择	与总公司协商，海外公司决策
4	广告与促销	海外公司出方案，总公司个别决定
5	向欠发达地区销售	总公司制定与调整方案

4. 组织结构

企业的组织架构或结构不仅是其权力的主线，也同时表明了企业内各个层级、不同分子公司、不同职能部门的职权范围，而这条主线包含了职能、产品、地区、混合、网络型这五条国际化渐进的主线，也成为企业部门设置、职权划分、权力赋予的依据及标准。因此，组织结构也具有相应的五种基本形式，即职能型、产品型、地域型、混合型与网络型，依据权力主线研究将这五种管理形式分别赋值1~5，具体评价标准如表5-18所示。

表5-18　基于企业组织结构评价国际化程度

分值	组织变化情况	管理形式
1	国际业务管理：职能部门	职能型
2	设立国际部	产品型
3	国际业务管理：设立专职董事	地域型
4	成立国际公司	混合型
5	国内与国际：经营一体化	网络型

5. 人事管理

人才作为企业发展的基石，在竞争日益激烈的市场环境中，企业能否具有培养、发现与善用人才的能力，是决定其能否生存、发展的关键因素，而在企业国际化过程中，人才的作用更为明显，当一个公司的员工来自许多不同国家、区域时，或者又包含许多员工被派往海外不同岗位时，凸显了跨国公司与国内公司人事管理的特殊性。相比于后者，跨国公司的员工招聘、培训、晋升与薪酬管理与人事任免显得更为复杂，也充分反映出企业的国际化经营离不开优秀的人事管理。因此，本书根据企业在海外经营情况，列出企业国际化过程中人事管理出现的重要内容，并根据工作的国际化程度进行赋值评价（见表5-19）。分值越高，证明企业的国际化人才管理越全面深入。

表5-19　基于企业人事管理评价国际化程度

分值	具体内容
1	其他
2	招聘人才
3	根据需要进行培训（临时）
4	纳入海外部门长期计划
5	纳入全公司长期计划

6. 跨国化指数

国际化蛛网模型也包含了由联合国贸易和发展会议提出的国际化指数，该指数以定量数据为基础，反映出企业从事海外经营活动产生的经济强度，是衡量企业跨国业务地位，以及企业对海外市场的卷入程度的重要指标。本书参考鲁桐（2007）的研究成果，选取国际化指数作为衡量企业国际化水平的评价指标。具体公式为：跨国化指数＝（国外资产÷总资产＋国外销售额÷总销售额＋国外雇用人数/雇员总数）÷3×100%。为了统一量化各指标数据，划定评分标准，分数越高则代表企业国际化指数越高（见表5-20）。

表5-20 跨国化指数评价标准

跨国化指数	0~20%	21%~40%	41%~60%	61%~80%	81%~100%
分值	1	2	3	4	5

7. 无形资产

随着我国企业海外业务发展水平不断提升，信息、服务、运营品牌战略、技术创新等无形资产也成为衡量企业国际化程度的重要标志，其对企业国际化经营带来的附加价值与影响应该被衡量，考虑到无形资产的衡量方式较为困难，本书按照企业海外经营的不同阶段特征设计出具体赋值标准，分值越高，代表企业的国际化水平越高（见表5-21）。

表5-21 基于企业无形资产评价国际化程度

分值	具体内容
1	收集信息技术
2	售后服务技术
3	管理运营技术
4	创新技术
5	品牌（产品或服务）

8. 国际化经营阶段

由于河南企业开展国际业务的时间不一致，涉及业务范围、行业特点各不相同，加之企业本身的能力与规模也决定了其海外经营所处阶段差异。因此，本书认为有必要以时间周期为依据增设评价指标项，以此来反映企业所处不同阶段的国际化水平差异。根据企业海外开展业务、不断发展壮大的规律以及周立新（2019）、张帅（2012）等学者的成果，本书按照"出口前期—实验出口—积极出口—国际战略—本地国际"五个阶段将企业国际化程度进行1~5分赋值，分值越高，代表国际化水平越高（见表 5-22）。

表 5-22　基于国际化经营阶段评价国际化程度

分值	阶段分类
1	出口前期阶段
2	小批次出口、试探阶段
3	大规模出口、积极阶段
4	国际战略阶段
5	本地区国际化阶段

（二）n 维蛛网数学模型

以上指标共同构成了检验河南企业国际化程度的评价体系，通过大量文献阅读发现，虽然现有的蛛网模型从多角度评价了企业国际化水平，但是对于企业国际化最终结果并未给出量化评价标准，也缺少数学方面的方法补充。因此，本书结合朱春兰（2014）的研究成果，建立起国际化蛛网数学模型。根据国际化蛛网模型，指标项为 n 时，X_1，X_2，X_3，…，X_n 代表每个评价指标，而它们共同围成的曲线面积即为最终的国际化程度几何量化表现。假设曲线所围成面积 S 为三角形，a、b 分别为三角形两边的边长，则两个要素所构成的三角形面积计算公式为：

$$S = \frac{1}{2}\sin\alpha(ab)$$

在本书中，S 为曲线围成的面积，则评价指标为 n，每个指标的取值为 X_1，X_2，X_3，…，X_n，那么多要素所围成的面积的计算公式为：

$$S = \frac{1}{2}\sin\left(\frac{2\pi}{n}\right)\left(\sum_{i=1}^{n-1} X_i X_{i+1} + X_n X_1\right)$$

在本部分中，企业国际化评价指标为八项，每个指标的取值为 X_1，X_2，X_3，…，X_8，那么多要素所围成的面积的计算公式为：

$$S = \frac{1}{2}\sin\left(\frac{\pi}{4}\right)\left(\sum_{i=1}^{7} X_i X_{i+1} + X_7 X_8\right)$$

（三）描述性统计分析

根据《2021 年河南省国民经济和社会发展统计公报》数据，截至 2022 年，全省有境内上市公司 107 家，境外上市公司 49 家，上市公司合计达到 156 家。

其中，资产超过 2 亿元的企业达到 111 家。本书以这些企业为研究对象，通过查阅公司年报、社会责任报告、审计报告，定量与定性分析相结合，对其进行多指标评价。剔除 28 家未开展进出口或海外贸易，经筛选最终得出 83 家上市公司开展对外贸易业务，共涉及 25 个行业。

从类别来看，专用设备制造、医药制造、汽车制造、非金属矿物制品、计算机、信息服务等七个行业涉足企业较多（平均每个行业 5~8 家），而一些新闻和出版、货币金融服务、纺织、金属制品等九个行业都只有 1 家企业开展海外业务。以计算机、通信、金融等服务为主的知识密集型企业，以煤炭、能源供应为主的资源开发型企业，在省内的分布较少。相比之下，以效率寻求为特征的制造生产加工、电气机械和器材制造业对外发展规模不断扩大，如纺织品、金属制品、建筑类市场寻求型企业，外向国际化发展水平有待加强（见图 5-5）。

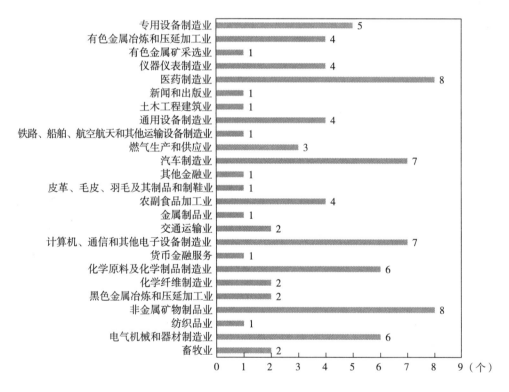

图 5-5　样本企业行业分布情况

从企业总资产来看，83 家涉外企业总资产均超过 2 亿元，资产规模超过 1000 亿元的上市公司有 4 家，分别为郑州银行、洛阳钼业、中粮资本与牧原股份。500 亿~1000 亿元资产规模的企业有 5 家，20 亿~49 亿元资产规模的企业达到 20 家，占总量的 24.1%，50 亿~99 亿元、100 亿~199 亿元的上市公司占比也在 15.6%~20.5%。相比之下，1 亿~19 亿元规模的企业有 11 家，仍有较大的发展空间（见图 5-6）。总体而言，河南省进军海外的上市公司具有较强的发展实力与基础，能够持续实施企业国际化战略，推动全省外向国际化发展，提升河南省对外开放水平。

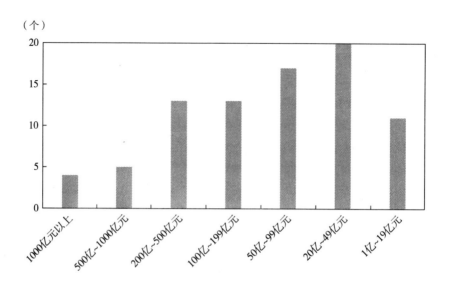

图 5-6　样本企业总资产分布情况

（四）测量结果

1. 国际化之总体程度比较

根据 n 维数学蛛网模型，对 2022 年河南 83 家开展涉外业务的上市公司从国际化经营方式、财务管理、组织结构、跨国等八个层面，以评分标准进行赋值（具体各企业各项指标得分如表 5-23 所示），最终按照各指标项围成的蛛网模型面积进行计算得出各企业的国际化程度。

从分项指标的平均得分来看，全省涉外上市公司的各项指标均处于较低水平，特别是财务管理、跨国化指数两方面得分不足 2 分，这也说明河南企业在开展对外经营时，海外资金筹措率较低，具体的资金来源、使用原则也多由国内总公司统一管理。企业的跨国度较低，特别是采取海外并购形式进入海外市场的案例并不多。相比之下，市场营销战略、无形资产以及经营阶段三项指标得分超过

表5-23 河南企业国际化评分

序号	证券代码	证券名称	主营业务	经营方式	财务管理	市场营销战略	组织结构	人事管理	跨国化指数	无形资产	经营阶段	模型面积
1	600439.SH	瑞贝卡	皮革、毛皮、羽毛及其制品和制鞋业	5	3	5	5	4	4	5	5	100
2	600066.SH	宇通客车	汽车制造业	4	4	5	5	4	1	5	5	95.4
3	603993.SH	洛阳钼业	有色金属矿采选业	4	3	5	5	4	2	5	5	95.4
4	002423.SZ	中粮资本	其他金融业	5	3	5	5	4	1	5	5	94.7
5	600469.SH	风神股份	汽车制造业	4	3	5	5	4	2	5	4	89.1
6	000895.SZ	双汇发展	农副食品加工业	4	3	4	4	4	3	5	4	84.1
7	002448.SZ	中原内配	汽车制造业	4	3	4	4	4	2	5	4	77.8
8	300701.SZ	森霸传感	计算机、通信和其他电子设备制造业	5	3	4	4	4	1	5	4	76.4
9	601717.SH	郑煤机	汽车制造业	4	2	5	4	4	2	5	4	76.4
10	300732.SZ	设研院	交通运输业	2	3	5	5	4	1	5	4	72.8
11	002225.SZ	濮耐股份	非金属矿物制品业	4	2	5	3	4	2	5	4	70
12	002601.SZ	龙蟒佰利	化学原料及化学制品制造业	2	2	3	4	4	3	5	4	65.8
13	601608.SH	中信重工	专用设备制造业	4	2	5	2	4	2	5	4	63.6
14	300109.SZ	新开源	非金属矿物制品业	4	1	4	4	3	2	5	4	62.2
15	300480.SZ	光力科技	计算机、通信和其他电子设备制造业	4	2	3	4	4	1	4	4	58
16	600531.SH	豫光金铅	有色金属冶炼和压延加工业	2	2	4	4	4	1	5	4	57.3

续表

序号	证券代码	证券名称	主营业务	经营方式	财务管理	市场营销战略	组织结构	人事管理	跨国化指数	无形资产	经营阶段	模型面积
17	002613.SZ	北玻股份	专用设备制造业	3	1	5	2	2	2	5	4	48.1
18	002189.SZ	中光学	计算机、通信和其他电子设备制造业	4	2	3	3	3	1	4	3	44.5
19	002407.SZ	多氟多	化学原料及化学制品制造业	4	2	2	2	2	1	5	4	44.5
20	688357.SH	建龙微纳	化学原料及化学制品制造业	2	1	2	4	4	1	4	4	42.4
21	603658.SH	安图生物	医药制造业	4	1	5	2	4	1	4	3	41.7
22	300064.SZ	金刚退	非金属矿物制品业	2	2	4	4	4	2	2	2	41
23	300179.SZ	四方达	非金属矿物制品业	2	1	5	3	1	2	5	3	41
24	002684.SZ	猛狮退	电气机械和器材制造业	2	1	3	4	1	1	5	4	38.9
25	002132.SZ	恒星科技	金属制品业	1	1	5	2	3	1	5	4	38.2
26	600312.SH	平高电气	电气机械和器材制造业	4	1	4	3	2	1	3	3	36.8
27	002179.SZ	中航光电	计算机、通信和其他电子设备制造业	3		3	2	2	1	4	4	35.4
28	002431.SZ	棕榈股份	土木工程建筑业	3	1	3	3	1	1	5	3	33.9
29	002406.SZ	远东传动	汽车制造业	4	1	3	3	3	1	2	2	29.7
30	002046.SZ	轴研科技	通用设备制造业	4	1	2	4	2	1	2	3	27.6
31	002087.SZ	新野纺织	纺织业	1	1	2	2	1	1	5	4	27.6
32	002358.SZ	森源电气	电气机械和器材制造业	3	2	2	1	1	1	3	3	24.7
33	600781.SH	退市辅仁	医药制造业	1	1	1	1	1	1	5	4	24

续表

序号	证券代码	证券名称	主营业务	经营方式	财务管理	市场营销战略	组织结构	人事管理	跨国化指数	无形资产	经营阶段	模型面积
34	300259.SZ	新天科技	仪器仪表制造业	2	1	5	2	1	1	3	2	23.3
35	601038.SH	一拖股份	专用设备制造业	1	1	2	2	4	1	2	4	23.3
36	000400.SZ	许继电气	电气机械和器材制造业	4	1	2	1	2	1	4	2	22.6
37	002536.SZ	飞龙股份	汽车制造业	3	1	1	2	1	3	2	3	22.6
38	002321.SZ	华英农业	畜牧业	1	1	2	2	3	1	3	3	21.9
39	300481.SZ	濮阳惠成	化学原料及化学制品制造业	2	1	3	2	1	2	2	3	21.9
40	002007.SZ	华兰生物	医药制造业	1	2	2	2	2	1	4	2	21.2
41	601677.SH	明泰铝业	有色金属冶炼和压延加工业	1	1	4	2	1	1	2	4	21.2
42	300437.SZ	清水源	化学原料及化学制品制造业	1	1	1	2	2	1	4	3	20.5
43	603566.SH	普莱柯	医药制造业	1	1	3	1	1	1	4	3	19.8
44	603508.SH	思维列控	铁路、船舶、航空航天和其他运输设备制造业	2	1	3	2	2	1	2	2	19.1
45	002714.SZ	牧原股份	畜牧业	2	1	2	3	1	1	2	2	17
46	600186.SH	莲花健康	农副食品加工业	1	1	2	3	1	1	2	3	17
47	002560.SZ	通达股份	电气机械和器材制造业	1	1	1	1	2	2	2	3	15.6
48	000719.SZ	中原传媒	新闻和出版业	1	1	2	2	2	1	2	2	14.8
49	600595.SH	中孚实业	有色金属冶炼和压延加工业	1	1	1	1	1	2	2	3	13.4

续表

序号	证券代码	证券名称	主营业务	经营方式	财务管理	市场营销战略	组织结构	人事管理	跨国化指数	无形资产	经营阶段	模型面积
50	002936.SZ	郑州银行	货币金融服务	2	1	1	1	2	1	2	2	12.7
51	300807.SZ	天迈科技	计算机、通信和其他电子设备制造业	1	1	3	1	1	1	2	2	12
52	600172.SH	黄河旋风	非金属矿物制品业	1	1	1	1	1	2	2	2	11.3
53	600207.SH	安彩高科	燃气生产和供应业	1	1	1	1	1	1	2	3	11.3
54	600569.SH	安阳钢铁	黑色金属冶炼和压延加工业	1	1	1	1	1	1	2	3	11.3
55	600810.SH	神马股份	化学纤维制造业	1	1	1	1	1	1	2	3	11.3
56	300007.SZ	汉威科技	仪器仪表制造业	1	1	2	1	1	1	2	2	10.6
57	002857.SZ	三晖电气	仪器仪表制造业	1	1	1	1	1	1	2	2	9.2
58	300080.SZ	易成新能	非金属矿物制品业	1	1	1	1	1	1	2	2	9.2
59	300263.SZ	隆华科技	通用设备制造业	1	1	1	1	1	1	2	2	9.2
60	000949.SZ	新乡化纤	化学纤维制造业	1	1	1	1	1	1	3	1	8.5
61	001215.SZ	千味央厨	农副食品加工业	1	1	2	2	3	1	1	2	14.8
62	839725.BJ	惠丰钻石	非金属矿物制品业	1	1	1	1	2	2	1	2	10.6
63	301071.SZ	力量钻石	非金属矿物制品业	1	1	1	1	2	2	1	2	10.6
64	301376.SZ	致欧科技	通用设备制造业	3	1	3	2	2	1	2	3	24.7
65	301182.SZ	凯旺科技	专用设备制造业	1	2	2	2	2	1	2	3	16.3
66	300614.SZ	百川畅银	燃气生产和供应业	1	1	1	2	2	1	2	2	12.7
67	301152.SZ	天力锂能	燃气生产和供应业	1	1	2	1	2	1	3	1	11.3

续表

序号	证券代码	证券名称	主营业务	经营方式	财务管理	市场营销战略	组织结构	人事管理	跨国化指数	无形资产	经营阶段	模型面积
68	834415.BJ	恒拓开源	计算机、通信和其他电子设备制造业	1	1	1	1	1	1	2	2	9.2
69	688119.SH	中钢洛耐	化学原料及化学制品制造业	1	1	1	2	1	2	3	2	15.6
70	832175.BJ	东方碳素	黑色金属冶炼和压延加工业	1	1	1	2	1	2	3	2	15.6
71	301207.SZ	华兰疫苗	医药制造业	1	1	2	1	1	1	2	2	10.6
72	301277.SZ	新天地	医药制造业	1	1	2	2	2	1	2	2	14.8
73	688517.SH	金冠电气	电气机械和器材制造业	1	1	2	2	3	1	2	3	19.1
74	835207.BJ	众诚科技	计算机、通信和其他电子设备制造业	1	1	2	1	2	1	2	1	9.9
75	301089.SZ	拓新药业	医药制造业	1	1	2	2	1	1	3	2	12.7
76	834407.BJ	驰诚股份	专用设备制造业	1	1	1	2	3	3	2	2	21.9
77	301361.SZ	众智科技	仪器仪表制造业	1	1	1	1	2	2	1	2	10.6
78	832225.BJ	利通科技	通用设备制造业	1	1	1	1	1	2	2	2	11.3
79	833580.BJ	科创新材	有色金属冶炼和压延加工业	1	1	1	1	1	1	2	3	11.3
80	688626.SH	翔宇医疗	医药制造业	1	1	3	2	2	1	2	3	19.1
81	833454.BJ	同心传动	汽车制造业	1	1	2	3	2	1	2	2	17.7
82	831087.BJ	秋乐种业	农副食品加工业	1	1	1	1	1	2	3	3	13.4
83	300013.SZ	*ST新宁	交通运输业	1	1	2	1	2	1	3	1	11.3

3分，全省国际化相对优势体现在：许多企业的运营服务以及技术已经立足于国际市场，并且开展了一定规模的海外输出。总体企业国际化发展处于海外寻求市场的快速发展期。

在与同属中部地区的安徽省、经济外向化程度较高的广东省对比中，按照 n 维数学蛛网模型测算，三省企业的国际化程度分别为：

河南省：$S_H = 0.707 \times [(3.1+3.9+6.5+6.0+4.3+5.6+9.3)+6.14] = 31.7$

安徽省：$S_A = 0.707 \times [(4.8+5.6+7.0+5.2+3.1+4.2+11.2)+9.6] = 35.8$

广东省：$S_G = 0.707 \times [(10.8+12.0+14.4+10.8+9.0+12.6+16.8)+14.4] = 71.3$

蛛网模型面积显示（见图 5-7），河南企业国际化发展相比于东部沿海地区——广东省，差距较大，但在与中部地区——安徽省的比较中，差距较小。横向对比来看，广东省特别是在财务管理、跨国化指数与组织结构三个方面优势明显。作为我国对外开放最早的地区，广东省共有 1200 家上市企业，其中 782 家均涉及海外业务，跨国企业的数量全国排名第三。

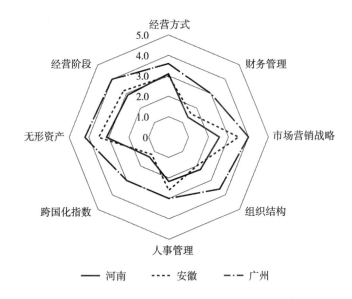

图 5-7 河南、安徽、广州企业国际化蛛网模型

安徽省作为同属于中原地区的省份，其上市公司也达到 177 家，位列全国第9，开展外向国际化的企业超过 92 家，并且安徽企业在市场营销战略、经营方式、经营阶段以及人事管理四项指标得分高于河南企业，从事出口业务的企业通过多年经营，国际化步伐不断加快，已取得了值得借鉴的发展经验，部分企业已

进入到国际化发展战略规划发展阶段。

2. 国际化之关键要素比较

除了研究河南企业国际化的整体情况外，通过分析关键指标的分布与差异，能够在细分领域全面了解企业国际化发展进程中的强项、短板，以及不同指标间的差距。本书计算各指标平均值，统计了低于平均分、高于平均分的企业数量。从图5-8可知，除在经营阶段外，其余项低于平均分的企业占比均超过50%，特别是在财务管理与跨国化指数这两项，表现出较低的竞争力，超过平均分的企业分别为62家、58家企业，由此可见，这两项指标得分降低成为降低全省企业国际化水平的主要因素。此外，如经营阶段、人事管理、经营方式以及组织结构四个指标项，低于平均分企业数量也均大于平均分企业数量，整体来看，河南企业国际化在不同层面的表现均有待提升。

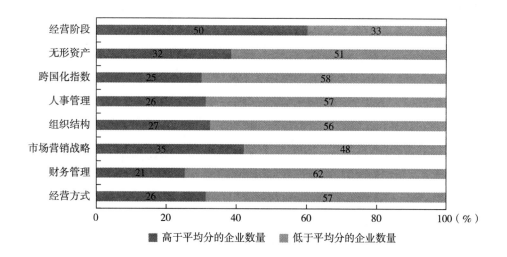

图5-8　各指标项企业分布情况

本书选择的八项指标分别涵盖了企业国际化阶段、组织结构、人力资源等八个方面，为了突出体现河南省国际化水平发展差距，了解外向国际化发展水平高的企业及其主要特征，本书通过计算各指标排名前10位企业平均分与样本均值间的差距，寻找到未来河南企业开展国际化经营在哪些方面具有提升空间。

从图5-9可知，前10位企业的平均得分与总体平均分保持同步变化，但在经营方式、市场营销战略与组织结构这三项的差值超过2，省内有部分如洛阳钼业、宇通客车以及瑞贝卡等国际化程度高的企业在市场营销战略方面已经走在了行业的前端，其也将是提升河南企业国际影响力的主要代表。财务管理、人事管理与无形资产这三项指标的差距大于1.5，证明全省企业在这三个方面有较大的提升空间。此外，如跨国化指数、经营阶段这两方面的差值相对较低（1.2～1.4）。由于指标靠前的企业海外营业收入、海外投资在总量中的占比保持较低水平，在整体水平较低的情况下，在该方面努力，对提升全省国际化水平的影响不明显。

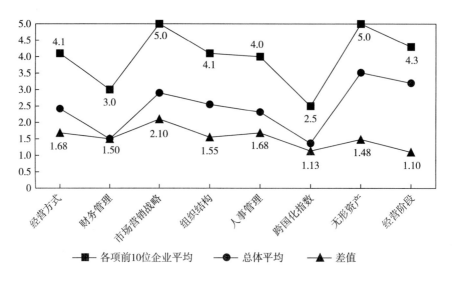

图5-9　各指标前10位企业平均分与样本均值间差距

通过分析企业各指标得分情况，可以通过补充哪些方面的能力，能够实现企业"强弱项"的目的，达到有效提升整理国际化水平的效果。根据方差计算结果显示（见图5-10），河南企业在市场营销战略、无形资产以及经营方式方面的分散度较大，分别达到2.10、1.83与1.78，若在这三方面努力，将会产生明显效果。相比之下，由于跨国化指数、财务管理的分散程度不高，差异化水平不大，因此短期内提升整体国际化水平的作用有限。

通过阅读上市公司相关信息发现，在河南省存在大量依靠出口代理公司实现产品或服务的海外销售，并没有真正实现进入国际市场，合资、独资海外经营的跨国经营企业更是凤毛麟角，而对于产品（服务）的营销更是缺乏全面统筹，多数企业仍停留在基于价格因素的市场选择阶段，并未设立专职董事或成立国际公司全面制定国际化营销战略。相比省内一些国际化发展程度高的企业，仍有较大的提升空间，而以方差结果为依据，重点对离散度较大的指标项开展工作，是提高区域外向国际化水平的主要手段。

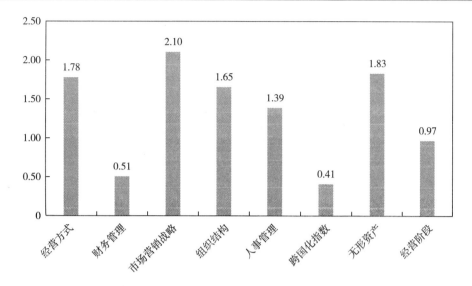

图 5-10　各指标项方差计算值

3. 国际化之企业类型比较

为更细致地了解河南企业国际化发展差异与特征，将 83 家上市公司根据主营业务特征、关键要素等进行分类汇总，结合按照 Dunning（1997）对企业海外投资的动机进行了分析，将海外发展的企业归纳为资源开发型、知识密集型、市场寻求型以及效率寻求型四大类。其中，资源开发型是企业为缓解国内供需紧张形势、拓宽业务领域等，而获取海外自然资源、品牌资源和渠道资源。知识密集型企业以较强的技术追赶意愿，通过国际化经营提升技术研发实力，加强对技术的消化吸收，形成自身的技术优势，而不是仅仅为了获取短期财务收益。市场寻求型，根据企业国际化理论，企业国际化发展的第一驱动力就是获取市场，面临国内竞争激烈或市场空间不足等问题时，需要企业走出国门寻找新的发展机遇。效率寻求型是企业为寻求长期盈利能力增强、经营成本降低、减少中间环节以及以获取收益为目标，实施企业国际化发展。

根据 n 维数学蛛网模型测算，其中企业国际化平均水平最高的是第三类——市场寻求型企业，得分达到 38.7（见表 5-24），正是由于河南企业的外向国际化水平与经济发达地区有一定差距，在此阶段，更多的企业依托装备、医药制造、金融服务等产品或服务，打开市场寻求海外发展。因此，以市场寻求为主导的上市公司成为河南省面向国际的中坚力量，而以资源开发为主导的企业在我国资源有限或国内市场空间较大时，国际化发展受到一定影响。

表 5-24　河南企业国际化类型

国际化类型	主营业务	蛛网面积
资源开发型	有色金属矿采选业，有色金属冶炼和压延加工业，交通运输业，电气机械和器材制造业，通用设备制造业	26.3
知识密集型	汽车制造业，化学原料及化学制品制造业，土木工程建筑业，化学纤维制造业，铁路、船舶、航空航天和其他运输设备制造业，金属制品业	28.2
市场寻求型	其他金融业，计算机、通信和其他电子设备制造业，专用设备制造业，医药制造业，仪器仪表制造业，新闻和出版业，货币金融服务，纺织业，非金属矿物制品业	38.7
效率寻求型	皮革、毛皮、羽毛及其制品和制鞋业，畜牧业，农副食品加工业，燃气生产和供应业，黑色金属冶炼和压延加工业	37.6

从四类企业国际化发展类型来看，蛛网面积为 11~40，整体处于国际化发展的成长期。在各类型企业比较中，资源开发型、知识密集型企业的国际化程度较低，主要集中在 11~20，而分别有 5 家知识密集型、8 家市场寻求型企业的国际化面积为 21~40，说明全省大多数企业国际化经营处在发展期，为 61~100 分，仅有 14 家上市公司走在了前端（见图 5-11）。例如，瑞贝卡、双汇发展、风神股份等市场寻求型与效率寻求型企业，以其优质的产品、成熟的国际化经验与国际化战略，走在了全省对外开放的前端。

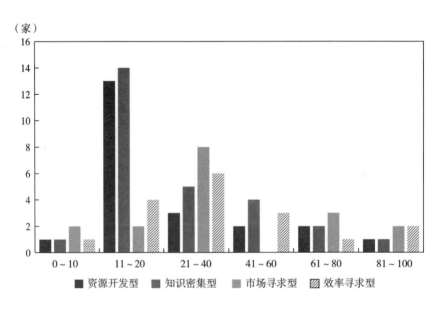

图 5-11　不同类型企业蛛网面积分布情况

从四类企业各指标项得分来看，基本与全省国际化发展特征相似，均在跨国化指数与财务管理方面处于劣势。但从纵向对比来看，各类型企业均有其突出表现或优势。在经营方式、无形资产、人事管理与财务管理四个方面，市场寻求型企业得分高于其他三类，也说明对于以市场为主导、依托国际市场提升经营业绩的市场寻求型企业表现更优异。在经营阶段、组织结构与跨国化指数这三项，效率寻求型企业得分较高。由于该类企业借助国际市场，建立全球化生产体系，实现资源最优、成本最低以及风险最小，因此该类企业具备更多的跨国企业特征，并且已经进入到依托独立董事，制定国际化战略的发展关键期。相比之下，知识密集型企业与资源开发型企业的国际化程度在各方面都有所欠缺（见图5-12）。

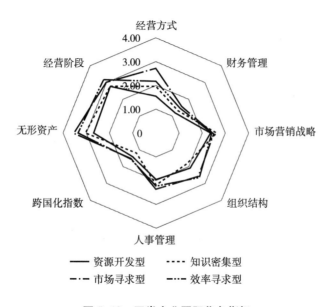

图 5-12 四类企业国际化各指标

四、本章小结

本章首先基于 2017~2022 年对外贸易数据，选取八个维度指标，从省域层面对河南企业国际化发展情况进行总体横向评价。其次选择国际化经营阶段、市场营销战略、人事管理等八个维度，根据 n 维蛛网数学模型以及评价标准，对截至 2022 年末，河南省从事进出口业务的上市公司，且资产超过 2 亿元的企业进行评价，通过微观层面的分析与比较，全面展现出河南省企业开展国际化经营的特征、取得的成绩以及存在的问题，通过横纵向全面解析，寻找到企业国际化发展的强项与弱项，归纳出国际化经营出色企业的优点。本章基于横纵向企业国际化程度的测量与对比分析，也将为制定河南企业国际化路径提供参考。

第六章 河南企业国际化经营问题解析

自改革开放以来，河南省坚持"开放带动"战略引领，外向型经济发展迅速，全省对外开放的程度不断深化，对外合作水平不断提高，基本实现了从传统农业大省到内陆开放大省的历史性转变。在"引进来"和"走出去"的道路上，河南省一方面积极引入进口商品服务、吸引外商投资，另一方面积极响应"一带一路"倡议，扩大对外投资，形成开放模式。因此，河南企业规模不断扩大，所有权形式更加多元，跨国合作意愿日益强烈。但是，由于河南省跨国企业起步较晚、追赶步伐较快，企业在向国际化迈进的过程中出现了管理经验不足、经营能力和竞争力较弱、人才短缺、机制保障不足等一系列问题，制约了全省企业进一步扩大对外开放的步伐。

一、存在的问题

（一）企业国际竞争力待提升

从国际竞争中的地位来看，河南省涉及国际业务的企业普遍规模较小、经营较分散，较多集中在工业、运输业、服务业等领域，尚未形成规模效应、成熟的分工协作模式和稳定的全球供应链。这类企业在国际化经营过程中竞争力较弱，优势不明显，在参与国际竞争中只能通过调整产品和服务价格等较低级的手段获得市场。然而，这种市场参与模式通常缺乏战略性和可持续性，长期下去会给企业发展的整体布局和长远规划造成损失，影响中小企业的持续发展壮大。相比之下，大型跨国公司通过兼并重组，实力迅速提升，生产技术先进，产品质量高、成本低，市场占有率巨大，中小企业和发展初期的企业在竞争中难以与之抗衡。

从商品服务的出口途径来看，河南企业存在出口渠道不畅通的问题。尽管企业生产的产品种类众多且质量较好，但河南企业的出口主要是通过向外贸公司开展出口业务，较少使用信息化和全球化手段，渠道比较单一，市场传播度有限。

从国际化运营模式来看，目前河南企业对外合作方式仍以国际贸易、承包工程和劳务输出为主，涉及资本层面的合作较少。河南省企业与跨国公司合资实际上只是跨国公司生产能力的转移，这也是我国企业与国际大型跨国公司合资中存在的普遍问题，企业并没有在合资后获得理想的利益和品牌效应，而只是简单地追求规模效益和产能扩张。这样的合资模式本质上只是跨国公司优化全球资源配置的一种方式，河南企业充当的角色只是作为跨国公司资源优化配置和降低进入中国市场门槛的工具。

（二）资金短缺与融资困难

随着共建"一带一路"倡议的不断推进，河南省与共建"一带一路"国家和地区的贸易往来日益密切，对外直接投资逐年扩大。由于共建"一带一路"国家和地区多数仍处于发展初期，市场增长潜力大，资金需求旺盛，加上河南企业对其投资多集中于第一、第二产业，项目初始投资额大、资本回收周期长，需要充足稳定的资金维持运营。

（1）河南企业发展和扩张的资金主要来自内部积累。

一方面，由于企业生产规模小、产品附加值低、盈利能力较弱，导致其留存收益不高；另一方面，由于原材料和劳动力等成本上升、市场竞争加剧，内部积累有限，在一定程度上限制了企业的发展壮大和对外投资能力。企业利用内部融资的资金远达不到投资和扩张需求。

（2）在资本市场融资方面，河南省企业主要依赖银行贷款。

中国金融机构在国际化拓展的过程中面临着多方面的挑战，这些挑战在一定程度上制约了其支持企业海外发展的能力。具体表现为境外机构的设立数量有限、规模较小，且在海外布局的广度和深度不足，难以充分贴近并高效服务于中国企业海外扩张的实际需求。政策层面的支持机制还不够完善，导致企业在寻求境外融资时遇到较长的审批流程和较少的便利化措施，无法迅速响应市场变化，满足即时的融资需求。与此同时，目的地国家和地区对中资企业的融资条件较为严格，增加了融资难度。在一些情况下，企业可能转而寻求民间融资渠道，但这通常伴随着高昂的资金成本和不可忽视的金融风险，进一步加大了企业"走出去"的难度。河南省企业作为中国对外投资的重要组成部分，自然也深受影响，其海外投资活动在不同程度上受到了限制，影响了对外投资的步伐和效率。我国金融机构国际化进程的迟缓及其带来的境外服务能力不足，加之东道国融资环境的不利因素和民间融资的高风险特性，共同构成了河南企业对外投资所面临的重大金融障碍，亟须通过深化金融改革、加强国际合作、优化政策支持等措施加以破解。

（3）民营企业融资更加困难。

河南"走出去"的企业中民营企业占全部投资主体的68%。民营企业在国际化经营过程中，由于规模小、资信度低、担保难等问题，与国企相比获得银行资金支持及境外贷款的概率和额度极低。目前，我国虽然外汇储备丰富，但企业若要使用需经过严格的审批，且额度十分有限，在外汇方面无法满足民营及中小企业的使用需求。

（三）跨国经营能力有待增强

尽管近年来河南省企业出口和海外投资在数量上和规模上都增长较快，但跨国经营能力与大型跨国公司相比差距还较大。由于在分销、服务和市场推广等关键环节缺乏国际经验，河南企业在国外投资仍主要以生产为主，设立分公司较少，盈利能力较弱。

从产品生产方面来看，中小企业大多技术设备落后，技术研究和开发能力弱，新产品开发力度不够，更新换代速度比较慢，很难满足国际市场需求。外直接投资方面，虽然部分生产线转移到国外生产，但生产的产品与国内并无二致，缺乏对市场动态、目标顾客类型消费习惯等的调查了解，因而缺乏产品与当地需求、文化结合的本土化创新。

从参与国际竞争来看，河南省企业相对缺乏明确的规划和目标，缺乏竞争意识和主观能动性。一方面，部分企业在开展国际化经营时，由于缺乏对目标市场的全面、动态的了解，导致了投资的失败和经营的不可持续。另一方面，由于长期缺少核心技术和国际化品牌，河南省企业在国际竞争中缺少话语权，仅依靠成本和制造优势无法在国际竞争产业链上向高附加值的一端靠拢。

（四）缺乏国际化人才与经验

在国际化运营的初级阶段，运营管理经验不足和复合型人才短缺是河南企业面临的最大挑战。这些问题直接导致了企业国际化经营初期的投资决策不科学、合伙人考虑不全面、市场规则不了解、销售渠道不畅通、管理经验不成熟、供应链不成熟等。

由于国内外运营环境的巨大差异，企业对外贸易和投资需要储备具有国际视野和管理经验的国际型复合管理人才。在劳务输出方面，河南省外派劳务结构单一、层次较低，主要以普通制造工人和研修生为主，缺少律师、会计师、高级工程师及管理人员等高新技术含量人才的派出与储备。河南省商务厅发布《河南省对外劳务合作企业名单》显示，2023 年河南省获得对外贸易业务经营权的企业超过 80 家，开展对外劳务合作的企业有 45 家，其中，可对外签约的企业仅有 17 家，从事工程建设项目的企业不足 10 家。其他 16 家只能分包其他企业的部分工程或间接经营劳务合作项目。

在吸引人才方面，虽然河南是人口和高考大省，但人才外流严重，很多出国留学人员不会选择返回本省工作，加上河南外向型经济不发达，国际型人才培养和储备不足。河南企业与其他一、二线城市相比在人才的争夺中同样不占优势，尤其是民营企业和中小企业吸引高端人才能力弱。随着河南企业"走出去"步伐的加快，这类人才缺口越来越大，人才矛盾问题变得更加突出，这对于企业在国外开展研发，应对国际市场变化、汇兑风险和政策变动，以及与当地企业经营理念和文化差异等跨国经营问题都是极大的挑战，最终导致海外业务难以顺利开展。

（五）政策支持力度有待增强

企业在国际化和海外投资过程中，需要政府在法律、服务、政策等方面的保障与支撑。近年来，国家为了加快培育企业国际竞争新优势，鼓励企业"走出去"，先后出台了《促进中小企业国际化发展五年行动计划（2016—2020 年）》《工业和信息化部　中国国际贸易促进委员会关于开展支持中小企业参与"一带一路"建设专项行动的通知》《关于引导对外投融资基金健康发展的意见》《财政部　税务总局关于完善企业境外所得税收抵免政策问题的通知》等政策文件，从财政金融支撑、境外投资管理、信息服务、外汇管理等多角度支持企业产品、技术、品牌、服务"走出去"。但是从国家层面来看，我国还没有制定针对我国企业"走出去"的海外投资法，无法可依会导致企业在海外经营过程中的盲目和混乱，难以规范企业行为。

在中国对外开放的大背景下，各个省、自治区和直辖市积极响应国家号召，依据各自的地域特点和发展需求，制定了系列政策措施，旨在助力本土企业拓展国际市场，实现"走出去"战略。河南省也不例外，其通过历年发布的对外开放工作行动计划，对企业的出口贸易、海外投资融资及跨境服务等活动作出了相应规划与部署。然而，面对日益复杂的国际经济形势和企业日益增长的国际化需求，河南省当前的相关政策框架显现出一些局限性。尽管已有一定的政策导向，但在企业对外出口、直接投资海外项目以及跨国经营管理等方面，尚缺乏一套全面、细致且具有前瞻性的指导方案。这意味着企业在"走出去"的过程中，可能会遇到因政策指导不足而导致的方向不明、风险评估不充分等问题。此外，河南省在海外投资经营的法律保障体系和风险防控机制方面还存在短板，不足以全面覆盖和有效应对企业在海外可能遇到的各种法律及经营风险。企业迫切需要更加健全的法律法规框架和更加有力的保障措施，以增强其在国际舞台上的竞争力和安全感。河南省虽已迈出推动企业国际化的步伐，但在提供系统性政策指导、建立健全法律法规保障体系及提升政策支持力度等方面仍有较大的提升空间。未来，河南省需要进一步细化和深化相关政策，构建更加完善的服务和支持体系，以更好地服务于企业的国际化战略，促进其在全球市场的稳健发展。

（六）外部环境适应能力待提升

（1）政治环境的影响难以消除。

随着中国经济实力的不断增强和国际地位的不断提升，中资企业走向世界的步伐对全球格局产生日益显著的影响，并有可能重塑国际秩序。在此背景下，国际政治因素在中资企业国际化进程中扮演着不可或缺的调节角色，对规避潜在政治风险至关重要。国际社会因此将更加严谨地审视中资企业的海外扩展行动及其背后的意图。如果中资企业忽视了国际政治环境的重要性，很可能遭遇多重政治壁垒和挑战，影响其国际化进程的顺利推进。因此，深入理解和妥善应对国际政治因素，成为中资企业国际化拓展中必须面对和解决的关键课题。

（2）对国际适用法规条例不熟悉。

在国际合作的场景中，各国依据自身利益制定了多样且差异化的法律法规体系，这无疑为中国企业走向世界设置了不同程度的障碍。企业国际化不仅是一个跨越地理界限的过程，更是一次文化交融与适应的挑战。文化的多样性在激发新的合作模式与增长点的同时，不可避免地带来了沟通和理解上的困难。加之，中资企业往往难以全面而深入地掌握海外市场的法律环境，这在海外融资、并购等关键环节埋下了法律风险的隐患。有时，法律适用性的缺失或误解，可能会从根本上阻碍中资企业的国际化道路，强调了深入理解并适应国际法律规则对于企业海外拓展的重要性。

（3）国与国差异的融合度有待提升。

在企业国际化进程中，中外企业合并后的运营效率往往不尽如人意，实际效果仅能达到理想状态的一半以下，但伴随而来的合作风险和负面影响发生的概率却超过了半数。这些障碍主要来源于双方在多个核心领域的不一致性，包括企业发展愿景与规划的偏差、企业文化与管理模式的差异、市场营销策略的不同步，以及薪酬管理制度的不协调。这些深层次的差异构成了中资企业在国际化道路上必须跨越的重重难关。

二、产生的原因

河南企业在国际化过程中，无论是从社会经济环境、区域统筹协调，还是企业自身发展、政府政策支持方面均逐渐暴露出一些问题，但对于这些问题产生的原因目前理论界还未能进行系统深入的分析。本部分根据实证分析结果，对河南企业国际化过程中问题的成因进行全面剖析。

(一) 宏观经济层面

1. 经济从快速增量进入存量优化时代

伴随着改革开放以来的快速增长，我国经济总量不断提升，增长部分的占比自然下降。伴随着基本参数的变化，我国已经从低成本的增量扩张转向高成本阶段，存量优化占比也不断提升。从过去的历史来看，我国对外开放加快时期，通过引进模仿，快速提高全要素生产率，实现赶超。我国企业通过对外开放带来了新技术，加快向世界前沿的收敛。然而，随着我国日益接近国际前沿，技术模仿的空间在逐渐变小。

在全球价值链重构背景下，企业全球投资会逐渐放缓，这对我国出口和制造业产生较大影响，特别是我国产业结构更多是市场规模扩大红利的结果，在人口红利退去的情况下，需要进一步向质量型升级，而企业对外拓展也将面临组织形式、内部管理和成本结构等向精细化品牌发展与管理优化，这导致企业转型困难。更重要的是，我国面临从投资、出口拉动型增长向消费型增长模式的转型。我国在加入世界生产体系后，借助国际价值链提升了产品生产空间，但是也导致世界投资品价格持续下降，这对于中国经济与企业对外经营都产生了再调整的压力。

2. 出口对经济的拉动力量变弱

2023 年 1~10 月，我国出口累计同比下降 5.6%，自 2023 年 4 月以来累计同比增速一直趋于下降；进出口同比增长-6.0%，全年进出口增速呈下降态势（见图 6-1）。同时，各出口目的地都出现大幅度下降。2023 年 10 月，对美出口累计同比为-15.4%，低于前值的 6.6%；对欧出口同比为-10.6%，低于前值的 14.0%；对日出口同比为-8.6%，低于前值的 6.2%。对东南亚联盟出口同比为-5.3%，低于前值的 20.5%；对印度出口同比为-0.5%，低于前值的 26.9%。以美元计价来看，2023 年 1 月以来我国出口始终负增长，2 月达到最低点，同比增速为-31.8%。全年出口低迷，同年 10 月以美元计价同比增速为-8.2%。我国出口贸易受到较大挑战，出口拖累经济下行压力明显。2023 年 1~7 月，我国实际使用外商直接投资 1118 亿美元，同比下降 9.8%，外资呈现净流失状态。

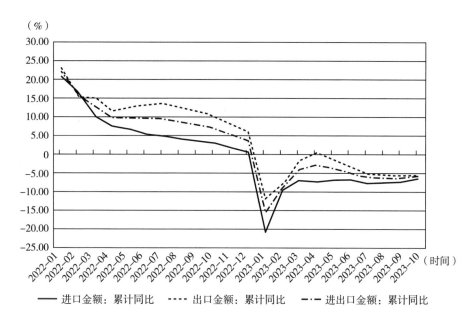

图 6-1　中国对外贸易增速走势

资料来源：国家统计局。

3. 总需求不足，核心问题制约市场回暖

总需求尤其是市场化的内生性总需求恢复较慢。自 2023 年第二季度以来，部分经济指标回落难以用"疤痕效应"等因素解释。剔除基数效应，将年度同比数据折合成两年平均（相对于 2021 年）、四年平均（相对于 2019 年），同时关注环比数据，第二季度后部分指标呈现弱势运行态势。工业出厂品价格指数和消费者价格低位运行、核心 CPI 低迷、实际 GDP 增速与平减指数的缺口加大。同时，总需求不足对下游制造业影响较大，对民营经济信心产生较大冲击，进一步导致总需求不足。

我国对发达国家出口增速呈下降趋势。从短期因素来看，一方面，疫情防控期间我国产业链替代国外生产链条中断情况逐渐好转；另一方面，欧美消费者提高消费中服务占比，降低商品占比，我国对其出口动力不断减弱。从中长期来看，全球价值链调整进一步加速，欧美外企将我国作为全球生产中心并逐渐强化消费市场定位，出口的数量和结构都在发生深入调整。对内需求不足，对外需求增长缓慢，成为制约我国企业开展国际化经营的重要挑战。

（二）区域发展层面

1. 对外经济水平仍有提升空间

从经济总量及结构来看，根据河南省统计局发布的数据，2022 年河南省GDP 达到 61345.05 亿元，同比增长 3.1%，高于全国平均水平 0.1 个百分点，排名全国第 5 位。全年全省进出口总额为 8524.1 亿元，同比增长 4.4%，进出口规模居全国第 9 位，占全国进出口总额的 2.23%。其中，出口 5247 亿元，占全国的 2.08%；进口 3277.1 亿元，增长 3.2%，占全国的 1.45%；贸易顺差 1969.9亿元，增长 8.8%。河南省在对外贸易中的占比要远低于 GDP 在全国的占比，说明河南省外贸发展相对滞后，与全省经济地位不匹配。

从地域分布来看，河南省进出口主要集中在郑州市，河南省商务厅统计数据显示，2022 年郑州进出口总额为 6069.7 亿元，占全省外贸总额的 71.2%；根据"河南郑州航空港获批十周年新闻发布会"公布的数据，郑州航空港经济综合实验区进出口总额为 1208 亿美元，占郑州市进出口总额的 89.4%，占河南省的66.3%。据郑州海关统计，位于郑州航空港的富士康公司，占河南省外贸总额的近 60%。总体来看，河南省外贸发展存在严重的不平衡问题，全省外贸严重依赖郑州空港经济区和富士康。

从出口类型来看，河南省产品出口较为单一且附加值较低。据 2019 年全省出口数据显示[①]，出口规模最大的是手机，共出口 314 亿美元，出口数量为1.24 亿部，平均单价为 253.5 美元，占河南省出口总额的 58%。除了手机之外，2019 年河南省出口较多的其他产品主要有：假发 17.4 亿美元，铝材 10.7 亿美元，干蔬菜 9 亿美元，蘑菇及块菌 5.9 亿美元，10 座以上客车 5.1 亿美元，其他家具和零件 4.3 亿美元，充气轮胎 3.7 亿美元，套头衫、背心等 3.5 亿美元，其他着色料 3.4 亿美元，碳刷、电池碳棒等 3.3 亿美元。这十大类产品合计出口66.3 亿美元，占河南省总出口的 12.4%。虽然出口产品结构逐渐由以初级产品为主向以工业制成品为主转变，但高新技术产品和高附加值产品比重仍较低。

2. 产业结构与人才结构需调整

2022 年河南省第一、第二、第三产业增加值在全省占比分别为 9.5%、41.5%、49.0%，其中第一产业、第二产业高于全国平均占比，第三产业低于全

---

① 考虑受疫情影响，2021～2022 年全省主要出口产品无论从规模还是品类均出现较大波动，不能真实反映出全省对外贸易开展情况，因此本书部分内容仍采用 2019 年数据分析，剔除失真数据。

国平均占比（分别为7.3%、39.9%、52.8%）。河南省第一产业所占比重逐年降低，整体产业结构更趋于合理化。河南省虽然已经是工业大省，但距成为工业强省还有一定的距离，目前河南省仍以资源型重化工业为主导产业，高新技术制造业发展较弱，且处于生产价值链低端。资源型重化工业面临资源枯竭、节能减排、安全生产、利润缩减等多重发展压力，产业结构亟待转型。第三产业与全国平均占比相比还存在一定差距，尤其是自从2013年、2014年实现跨越之后，近几年第三产业发展迟缓、动力不足。

这样的产业结构导致河南的跨国投资偏重于加工、制造等初级产品产业，对高新技术产业的投资偏少。河南国际化企业大多从事的是以劳动密集型和资本密集型为主的产业，总体来看技术简单、科技含量低、名优品少、产业附加值低，企业的盈利能力和竞争力较弱。这种结构性的不合理限制着河南民营企业的国际化发展。

与产业结构相对应的还有人才结构的不对称问题。河南目前主要以第二、第三产业为主，第一产业占比小于10%，对GDP影响较小。一个地区的人才结构应整体与产业结构相适应，理论上河南第二、第三产业的劳动力数量应远大于从事第一产业的劳动力数量并且随着产业结构变化不断增加。截至2021年，河南省三次产业的就业人数比重为24.2∶29.9∶45.9，第一产业劳动力数量依然较大，表现出明显的劳动力结构不对称，这不利于河南省经济社会的健康持续发展和外向型经济的发展，短期来看可能导致人才短缺和结构性失业，长期来看可能严重阻碍河南经济社会转型和产业结构升级。

3. 体制与机制有待进一步完善

河南省外向型经济存在的产业层次不高、附加值低、资源消耗大、环境约束等问题，实质上是开放型经济粗放式发展的体现，是市场体系不完善、政府监管不到位的体现，其根源是市场在资源配置中的决定性作用没有得到充分发挥。这些问题，只有从体制机制入手，才能得到根本性解决。河南省在推动开放型经济发展的进程中，尽管取得了一定成就，但仍面临着多方面的挑战。当前，其对外开放体系在以下几个关键领域有待优化和完善：①开放型经济运行管理模式：现有的模式需要进一步创新，以适应全球经济快速变化的需求，提高经济活动的灵活性和响应速度。②事中事后监管强化：虽然已着手加强监管，但实施效果与效率仍需提升，确保政策下放后既能顺利交接，也能得到有效执行，保障经济管理权限"放得下、接得住、用得好"。③政务服务机制创新：政务服务流程需要更加便捷高效，通过数字化转型等方式，提升服务水平，为企业提供更加友好和高效的行政服务环境。④人才引进与培养机制：在吸引和培育国际化、高素质人才方面，现有机制的吸引力和有效性尚有提升空间，需构建更具竞争力的人才政策体系。⑤园区协同开放机制：各类产业园区之间的协同合作与资源共享机制不够成熟，需加强区域间的战略协同，形成开放合力。⑥国际投资合作方式创新：在吸引外资和促进对外投资方面，探索更多元、更深层次的合作模式，提升国际合作的质量与层次。⑦外贸促进体系优化：现有外贸体系侧重于数量增长，未来需转向更加注重质量和效益的导向，促进外贸结构的优化升级。⑧金融服务开放经济的新举措：金融服务体系在支持开放型经济方面的作用尚未充分发挥，需要创新金融服务产品，提高金融服务的针对性和有效性。

河南省在制定具有地方特色、高含金量的开放发展政策方面，存在较大的提升空间。这意味着，要根据河南省的实际情况，设计出能激发市场活力、促进产业升级、具有明显区域特色的政策措施，并确保这些政策能够形成合力，产生叠加效应，从而全面提升河南省在国内外经济舞台上的竞争力和影响力。面对外向型经济发展的问题，河南省更要从建立完善体制机制的角度，积极融入国家扩大开放战略布局，转变外贸发展方式，改革外商投资管理体制，扩大服务业开放领域，鼓励形成"走出去"的产业优势，加强涉外知识产权保护，构建综合服务体系，加强财税金融支持，加快国际化人才培育，完善开发区管理等，从而进一步发挥开放对产业转型升级的引领作用，推动河南开放型经济从规模扩张向质量效益提升转变，从成本优势向综合竞争优势转变，从而提高在国际产业分工中的地位。

(三) 产业发展层面

1. 上下游产业联动不足

产业集聚区作为推动区域经济发展的重要平台，旨在通过高效利用土地资源和优化产业结构，实现经济增长模式的转型升级。对于河南省而言，产业集聚区更是扩大对外开放、吸引外资及承接产业转移的关键媒介。然而，当前河南省产业集聚区在外向型经济发展方面面临若干挑战，这些问题限制了其对整体经济的拉动效应。首要问题是外向型经济规模偏小，这意味着产业集聚区在促进出口、利用外部资金及吸纳产业转移方面的效能尚不充分，而且这种发展不均衡现象在不同产业集聚区之间普遍存在，它们之间缺乏有效的协同与联动机制，各自为政的局面削弱了整体外向型经济的推动力。

部分产业集聚区在规划与管理上存在的不足尤为突出。缺乏科学规划与政府的恰当引导，导致一些产业集聚区在招商过程中忽视了产业的内在逻辑，没有围绕主导产业构建上下游的紧密合作链，而是随意接纳各类项目。这种做法不仅导致产业集聚程度低，企业间关联松散，还使产业链条呈现碎片化，配套服务企业未能有效嵌入，无法形成有力的产业链支撑体系。企业虽然物理上聚集，但在业务层面缺乏基于产业链的专业化分工与合作，经济互动匮乏，难以构建起相互依存、协同发展的企业生态网络。

此外，河南省产业集聚区的发展起点较晚，部分区域的主导产业尚处于初级阶段，仅依靠少数龙头企业的带动作用有限，无法形成规模化、集群化的产业集聚效应。综上所述，河南省产业集聚区要充分发挥其应有潜力，需在科学规划、政策引导、产业链整合及龙头项目培育等方面寻求突破，以期真正实现产业集聚的规模经济和范围经济优势。

2. 国际市场信息不通畅

畅通的国际市场信息渠道对于企业国际化经营，尤其是掌握国际市场动向的重要前提。由于河南产业信息平台不健全、国际行业协会参与度不深、企业封闭经营等多种因素的影响，河南省企业尤其是中小企业难以及时收集到国际市场的信息资料，从而缺乏对国际市场信息和政策信息全面、准确、动态的了解，应对和处理信息的能力较弱。

由于缺少专门对外向型企业提供外贸信息的公共信息服务平台和对外信息组织交流平台，许多企业的信息来源仍是客户、报刊、电视，依赖较为原始的方法获取信息，市场"触角"有限。同时，由于企业规模小、资金有限，无法承担在国外设立分支机构的费用。在信息资源极度受限的情况下，企业难以掌握出口商品和服务的主动权。

另外，部分规模较小的企业仍依靠传统的手段开展进出口业务，现代化的信息技术对于它们这个规模的业务量来说在成本方面压力较大，导致进出口业务的选择具有较大随机性、偶然性，难以有计划地扩大市场和建立稳定的进出口贸易渠道。

3. 国际化路径不够清晰

目前，河南企业在国际化过程中整体谋划不足，在产业层面缺乏明确的产业规划、战略布局和各企业的国际化定位。企业更多的是单打独斗，缺乏政府在国际化的时机、方式和角色方面的引导，部分企业甚至存在跟风国际化的现象，实际并不了解自身是否达到了国际化的要求以及大环境是否需要自己国际化，从而导致国际化的失败。因此，企业国际化需要首先从产业层面理顺国际化思路，按照战略要求有步骤、有阶段地推进。

（四）企业运营层面

1. 技术创新研发能力不足

总体来看，河南省国际化企业融资渠道少、技术结构中高新技术比重低、出口商品附加值低、技术贸易和服务贸易发展缓慢、国际市场份额小。其深层次原因，主要是由于企业技术创新与研发能力弱，导致发展动力不足。随着新一轮国际版图的重构和全球竞争的加剧，技术水平和技术创新能力不足将成为限制我国企业国际化发展的主要障碍。

由于河南省多数企业规模较小，产业分工仍处在较低水平，从事的多为附加值较低的生产和经营活动，基本没有研发投入，海外投资普遍存在科技含量低、后续研发动力不足的问题。这些企业在国际化经营过程中的低价优势，也容易因为国际市场的反倾销行为而丧失。虽然河南省也有一些技术层次较高的科技企业，但总体来看技术层次偏低，更多的民营科技企业不具备开发新项目的资金实力和高水平开发队伍，这使科技型公司的创新能力受到极大限制。

2. 企业文化观念存在误区

河南省企业在国际化运营和文化观念上主要存在两个方面的误区：一方面，受地理位置和传统观念的影响，目前河南省部分企业人治色彩比较浓厚，没有一套健全的企业治理制度，而西方企业早已习惯以法治代替人治，遇事按规章办事，各方权力相互制衡，这使企业在国际化过程中在制度和治理方面遇到很大阻碍。有些企业虽然为了适应国际化的要求建立了制度，但企业内部员工在操作层面没有习惯和接受这套治理体系。随着企业规模扩大，权力过于集中会带来很大的隐患和问题，如腐败、决策错误等，不利于企业的长远发展。通过法治管理改造企业文化是一个观念上的转变，归根结底是企业要建立分权和制衡的制度。河南企业能否迅速地建立完善的企业法治结构并有效地执行是关系到国际化成败的关键。

另一方面，河南企业在国际竞争中仍习惯在产品层面竞争，而很少准确地去理解、把握和引导客户需求。真正高级的国际化是客户需求的国际化，需要企业的专业管理团队去精准地抓住客户心理，预判未来需求方向。国际化的核心是吸引国际客户，而国际客户的背后是不同国家的文化、社会结构及消费习惯，只有从文化等入手才能抓住客户需求的本质，从而为企业源源不断地创造新的利润点，并形成核心竞争力。

3. 资源整合与配置能力弱

企业在国际化过程中，会受到不同国家、民族的价值观、经营理念、风俗习惯的影响，国际化经营要求企业在营销渠道、治理结构、组织文化等方面兼容并包、兼收并蓄。部分企业缺乏对中外管理模式和经营理念的调整和适应，各子公司不能做到资源共享、优势互补，使协同效应不能充分发挥。

全球大型跨国企业往往可以利用自身的品牌、技术等手段，实现资源的全球化配置，如在生产成本低的国家建设生产线，产品销售到世界上价格高和市场潜力大的国家，人才可以从全球招募。河南省的国际化企业更多的是在欠发达国家承包工程、投资一些资源开发项目，所需要的人员一般都是从国内派出，产品又销售回国内或周边地区。从这些方面看，河南企业的国际经营活动还远没有实现全球化的资源配置，更多的是服务于国内经济的发展以及人力资源的分配。

<h2 style="text-align:center">三、面临的风险</h2>

（一）外部风险

近年来，全球地缘政治局势趋于复杂，尤其是贸易摩擦、地区冲突等地缘政治事件频发，导致国际环境不确定性增加，这可能影响到企业的市场准入、投资安全以及供应链稳定性。例如，一些国家可能出于安全考虑，对中国企业进行限制或审查，如技术出口管制、投资审查尺度的收紧等。企业"走出去"同时还会面临政策变动风险，目标国政府政策的不连续性或突然变化，如贸易政策、外资政策、税收政策等，可能给已制定长期战略的中国企业带来挑战。例如，一些国家可能会出台新的法律法规限制外国投资特定行业，或者取消原有的优惠待遇。面对外部环境的变化，部分国家可能会选择更为保守的外贸政策，推动政府采取保护主义的措施，如"购买本国货"政策，这可能使中国企业在海外市场遭遇不公平竞争，影响市场份额和品牌声誉。还有外交关系波动，中国与他国的外交关系直接影响到企业的海外运营环境。特别是部分冲突爆发国家，由于社会环境的变化，可能会威胁到企业正常经营，继而对员工安全带来影响。当然，还有政治稳定性问题，在某些政治不稳定或政权更迭频繁的国家，政策的不确定性和社会动荡可能直接威胁到企业的资产安全和人员安全，增加运营成本和风险。这些政治风险的根源在于全球政治经济格局的动态变化、国家利益的博弈、不同政治体制下的政策差异，以及对外国势力介入的敏感性等。因此，中国企业在进行国际化发展时，需要进行充分的市场调研，建立风险评估和应对机制，加强与当地政府、社区的沟通与合作。

（二）经济风险

当前，全球经济增速放缓，全球经济面临较大的下行压力，增长动力不足，这直接影响到市场需求和消费者的购买能力，可能导致企业海外扩张计划受阻，新市场的开拓难度加大，销售增长放缓。同时，全球金融市场波动性增加，股票、债券、外汇市场的不稳定对企业的海外融资成本、投资回报率以及资本运作策略构成挑战，企业可能面临更高的融资成本和更严格的贷款条件，投资项目的估值和预期收益也可能因市场波动而变得不确定。不仅如此，企业国际化还会面临供应链中断风险，由于地缘政治紧张、自然灾害、疫情反复等因素，全球供应链持续受到冲击。供应链的不稳定性增加了企业的运营成本，可能导致原材料价格上涨、物流延误、库存管理困难等问题，严重时还可能影响生产连续性和产品交付。还有贸易环境不确定性，近年来，贸易保护主义抬头，多边贸易体系受到挑战，贸易规则频繁变动。例如，关税壁垒的增加、贸易协议的重新谈判、技术出口限制等，使企业面临市场准入障碍、出口成本上升的风险，影响国际竞争力。能源和大宗商品价格波动。全球能源危机和地缘政治冲突提高了能源和大宗商品价格，这对能源密集型和原材料依赖型的中国企业产生了直接的经济压力，增加了生产成本，压缩了利润空间。汇率风险，美元加息和全球货币政策分化加剧了汇率波动，对持有大量外币资产或负债的企业而言，汇率变动可能导致资产价值缩水或债务负担加重。企业还会面临新兴市场经济体风险，许多中国企业选择投资新兴市场，但这些市场往往伴随着较高的经济波动性和政策不确定性，如高通胀率、债务危机、政策变动等，增加了投资回收期的不确定性。综上所述，中国企业国际化在当前复杂的国际经济环境中，需要特别关注上述经济风险，并采取多元化市场布局、加强供应链弹性、优化融资结构、利用金融工具对冲风险等策略，以抵御风险。

（三）经营风险

①文化差异与融合风险。不同国家和地区有着各自独特的文化背景、价值观和社会习俗。中国企业进入海外市场时，可能因文化差异导致误解或冲突，影响品牌形象和市场接受度。例如，广告宣传、产品设计或服务方式若未能充分考虑当地文化敏感性，可能会引发消费者的反感。②消费者信任与偏好风险。部分海外市场可能存在对中国产品的偏见或不信任，尤其是在涉及技术安全、产品质量等方面，这要求中国企业不仅要在产品上下功夫，还需通过透明沟通和高品质服务来建立和维护消费者信任。③社会责任与可持续发展风险。国际社会对企业社会责任（CSR）的要求日益提高，包括环境保护、公平贸易、社区贡献等。中国企业需要在国际化进程中展现其对可持续发展的承诺，否则可能遭遇消费者抵制或国际组织的批评。④地缘政治影响下的社会排斥风险。近年来，地缘政治紧张局势加剧，部分国家可能出现对外国投资的政治化解读，尤其是针对特定国家背景的企业。中国企业可能因此遭遇更严格的审查，甚至是基于非经济因素的社会排斥和抵制。⑤人才本土化挑战。成功实施国际化战略往往需要依赖当地人才，

但招聘和留住有能力且了解当地市场的员工可能因文化差异、薪酬期待或职业发展预期而不易实现，从而影响企业运营效率和市场渗透力。综上所述，中国企业在享受全球化带来的机遇的同时，必须审慎应对上述风险，采取积极措施进行风险管理，如加强跨文化交流培训、提升企业透明度、积极履行社会责任、强化本土化策略等。

（四）舆论风险

首先是地缘政治紧张局势下的误解与偏见，在全球政治格局日益复杂多变的背景下，特别是中美贸易摩擦加剧，中国企业的海外扩张可能被某些国家视为对其国家安全或经济主权的威胁。这可能导致媒体和公众舆论中出现负面刻板印象，增加中国企业在海外市场遭遇的舆论阻力。其次是数据安全与隐私保护争议。随着数字化转型的加速，数据成为核心资产。TikTok 等案例显示，中国科技企业在海外运营时，常常因数据处理和传输问题而面临严格的审查，担心其可能违反当地数据保护法规或构成国家安全风险，引发公众对隐私泄露的担忧。同时，还有劳工标准和社会责任问题。国际社会对中国企业遵守劳动法、环境保护和社会责任的标准有着高度关注。任何关于低工资、工作条件恶劣或环境污染的报道都可能迅速发酵，损害企业品牌形象，引起消费者抵制和国际舆论批评。此外，不同市场的文化和价值观差异可能导致企业营销策略、产品设计不当，无意中触犯当地敏感话题或习俗，引发公众不满和负面舆论。成功的国际化不仅要跨越语言障碍，还需深入理解并尊重目标市场的文化背景。近年来，全球范围内出现了保护主义抬头的趋势，部分国家通过政策限制外国企业，特别是来自中国的投资和商品进口，这在一定程度上煽动了针对中国企业的负面舆论，使它们在海外市场面临更多非经济因素的挑战。最后是环保与可持续发展要求。随着全球对气候变化的关注加深，企业是否采取环保措施、推动可持续发展成为舆论焦点。中国企业在海外的项目如果被认为对环境造成负面影响，可能会遭遇环保组织和公众的强烈反对。综上所述，中国企业国际化需审慎应对这些舆论风险，通过透明沟通、积极履行社会责任、强化合规意识、深入了解并适应当地市场文化，以及积极参与全球治理和标准制定，来降低潜在的负面舆论影响。

（五）法律风险

①国际贸易规则变化。随着贸易保护主义的抬头，一些国家和地区可能通过修订贸易政策、提高关税壁垒、实施更加严格的进口限制等措施，给中国企业出口业务带来不确定性。例如，中美贸易摩擦导致的关税增加和技术出口管制，要

求中国企业密切关注并适应 WTO 规则及双边、多边贸易协议的变化。②合规与反腐败法律。各国对于商业贿赂、反垄断及数据保护的法规日益严格，如美国的《反海外腐败法》（FCPA）、欧盟的《通用数据保护条例》（GDPR）等，对跨国经营企业的合规管理提出了更高要求。中国企业需建立健全合规体系，防范合规风险，尤其是在海外投资和运营过程中避免触犯当地法律。③知识产权保护。在技术密集型行业，知识产权成为国际竞争的核心。中国企业走向海外时，可能会遭遇专利侵权诉讼、商标抢注等问题，特别是在欧美等地，知识产权保护机制健全且执行力度大，这要求中国企业增强自身的知识产权布局和保护意识。④劳动法律差异。不同国家和地区的劳动法律差异大，涉及雇佣条件、工作时间、薪酬福利、解雇规定等方面。中国企业需深入了解并遵守当地劳动法律，避免因不了解规定而引发劳资纠纷或法律诉讼。⑤环境保护法规。随着全球对可持续发展重视程度的提升，许多国家加强了环境保护和气候变化相关法律法规。中国企业需要确保其海外项目符合当地的环保标准，避免因环境违规而遭受罚款或项目中断的风险。⑥地缘政治风险影响的法律变更。近年来，地缘政治紧张局势导致一些国家对外国投资审查趋严，如国家安全审查制度的强化，这要求中国企业对目标市场进行深入的政治风险评估，并准备好应对可能的政策突变。综上所述，中国企业国际化进程中必须采取积极的法律风险管理策略，包括但不限于建立全面的合规体系、加强法律尽职调查、培养国际化法律人才、制定应急响应机制等，从而降低法律风险。

四、本章小结

河南省企业在国际化快速发展的同时，商品服务出口水平和对外投资能力仍然较低，在国际竞争中较为被动。在融资方面表现出内部积累不足、资本市场融资困难等问题，在经营中表现出产品附加值低、国际经验及人才缺乏、盈利能力弱等问题，同时面临环境风险、投资风险、财务风险较高，相关法律法规和保障机制不足。

究其原因，从宏观经济层面来看，我国经济发展进入深刻调整期，外贸动力不足、总需求不足等问题均成为制约企业国际化发展的不利因素。从区域发展层面来看，主要是由于河南省外贸发展相对滞后，产业结构仍以劳动密集型和资本密集型为主，高新技术制造业发展较弱。从产业层面来看，主要是由于产业集聚度不高，企业关联性不强，产业链条短，上下游和外围服务企业配套不紧密，缺乏产业层面的明确规划、战略布局和各企业的国际化定位。从企业运营层面来看，主要是由于企业技术创新与研发能力弱，企业发展动力不足，现代企业治理制度不健全，文化理念较为传统，企业整合配置全球资源能力弱等原因。

第七章　河南企业国际化典型案例分析

本章主要采取案例分析法对河南省内国际化经营的典型企业展开案例探索。通过对案例的抽丝剥茧，寻找到河南省本土企业如何成功开展国际化经营、如何在复杂多变的新形势下撬动各种资源实现跨国经营的实例，同时在案例分析过程中，借助采取扎根理论，使一些复杂无规律的经验，呈现有序凸显，借助对已有资料的剖析，深入探索河南企业国际化成功经验与模式，提炼出国际化经营路径。

一、案例研究设计

本书以理论研究为导向，以河南企业国际化特征为依据，以增强研究效力、提炼成功经验为目标，选择的样本与研究问题将与本书主题高度相关，确保案例的典型性与代表性。从选取质量上，案例企业海外经营均真实有效，是企业每个阶段开展国际化经营的凝练表现。为了满足典型案例对河南省企业国际化经营实践的指导意义，案例分析按照"企业概况—战略分析—国际化模式/路径—实施效果—经验总结"的思路展开。

（一）研究方法

案例研究法适用于过程与机理问题的研究，能够揭示组织的整理性、动态性与完整性等问题，探讨新形势下河南企业的国际化问题的新特征。本书将采取多案例研究法，对河南企业国际化经营进行类型划分，即资源开发型、知识密集型、市场寻求型以及效率寻求型四类。选择在河南省具有代表性的企业展开案例解析，挑选典型行业，如传统制造、能源或资源、高新技术等产业，总结河南省企业国际化成功经验，探索成功模式，以及未来企业转型发展的可能路径。

采取多案例研究法时需要考虑：①研究问题的类型是什么？②对研究对象及事件的控制程度如何？③研究重心关乎当前的事或过去的事，对于怎么样（How）和为什么（Why）等之类的问题，需要按时间顺序追溯相互关联的各种事件，并找出它们之间的联系及其逻辑（Yin，2013）。根据案例推导提炼出相应的观点，形成观点之后，还需要反复对数据资料、形成的构念进行循环，最终形成研究结论。本书是探讨企业国际化过程中，如何形成成熟的发展路径的研究，属于怎么样（How）之类的问题。此外，关于如何提升企业国际化水平，由于不同行业、不同类型的企业采取的方法不同，研究者无法对其进行控制，但这些企业的国际化经营发生在当下，尚未成为历史，因此适合采取多案例研究方法。

作为一种多渠道获取企业发展信息的研究方法，多案例研究法通过多种途径收集多样化数据资料，形式不限于文字或数字，多种资料来源使案例信息量丰富，可再现案例事件发生时的情形。另外，照片、心理测试、民族志、生活史等数据均可作为案例数据来源（Marshall and Rossman，1989）。通过多案例的比较研究，有利于解释和展现不同类型企业在进行国际化经营过程中的影响因素及路径差异，企业治理过程中可能被忽视的一些细节，它还可以展现不同企业在选择技术创新类型以及知识治理机制时的差异。这些研究发现将有利于推动学术界与企业界就如何提升河南企业国际化水平进行重新思考、修正，甚至发掘出被人们所忽视的影响路径（Alvesson and Kärreman，2007）。

（二）案例分析工具

案例资料的分析是案例研究最关键、最困难的环节（Yin，2013），批评此类方法的学者常认为案例研究分析过程主观性较大（李高勇和毛基业，2015）。为使研究更规范，遵循案例研究方法的学者常将扎根理论的数据分析法与案例研究相结合。目前扎根理论成为众多案例研究者推崇的分析手段（吴先明和苏志文，2014；孟凡臣和赵中华，2018）。

扎根理论是20世纪60年代由哥伦比亚大学的Glaser和Strauss两位学者所提出的一种研究方法。该研究方法的主要思路是在开展研究之前不做理论假设，而是基于大量的现象、数据和资料，不断进行归纳和概括，最终上升到系统理论层面（Glaser，1992）。这是一种"从下往上"建立实质理论的方法，即在系统性收集资料的基础上，寻找反映事物现象本质的核心概念，然后通过这些概念之间的联系建构相关理论（李志刚和李国柱，2008）。扎根理论克服了定性研究缺乏规范方法论支持、研究过程难以追溯和检验、结论说服力不强等问题，是定性研究中科学的方法论，更被公认为社会学五大传统研究方法①中适于进行理论建构的方法（贾旭东和衡量，2016）。在中国管理理论构建中，扎根理论扮演了一个不可或缺的角色，是构建理论的一种经典范式（徐淑英和刘忠明，2004）。案例研究借鉴扎根理论中的理论构建原理与资料编码程序，可以为案例研究中的数据分析提供有效策略和绝佳工具。

（三）案例选择

本书中案例选择主要基于以下几个方面：

（1）所选案例应具有典型性。案例的典型性是开展案例研究、得出有益管理结论与启示的前提和基础。本书所聚焦的是不同类型企业国际化经营情况，尽管当前河南许多企业已经开始了国际化经营，但相对于东部地区的企业，在国际市场仍然难以形成足够的竞争优势。因此，许多中国企业通过海外代理公司、ODI、绿地投资、跨国并购等多种路径获取在海外经营的机会，最终实现提升自身的创新能力、推动企业发展、扩张经营版图的目标。因此，本书所选的案例应该是不同类型企业在国际化发展过程中取得了成功，只有对这样的案例进行总结和提炼，所得的研究结论才能更有效地指导河南企业的国际化发展。

（2）所选案例应具有代表性。从目标来源看，本书选择的企业国际化程度得分较高，或在行业内具有代表性、成绩突出的创新型企业，考虑不同的产品（服务）差异，案例尽可能选择跨度或类别较大的企业。从行业细分角度来看，按照生产折中理论，以不同国际化经营动机为依据，归纳总结出的四类国际化类型：资源开发型、知识密集型、市场寻求型与效率寻求型。从大行业分类角度来看，河南省资源丰富，特别是矿产资源在我国具有一定产业基础，可以作为一大研究类别，制造业企业在中国国际并购规模中占比最大、最具有代表性，且常年保持较大规模增速，可以作为重点研究分类。此外，一些高新技术产业也成为企业国际化经营的新生力量，需要给予特别关注。本书的四个案例既分别属于不同行业类别，又具有河南省产业发展特点，因此具有一定代表性。

（3）所选案例应具有时间延展性。从20世纪80年代，中国企业海外经营起航至今，经历了业务规模扩增、走向国际市场，参与全球竞争、战略变革的多次浪潮。吴茜茜（2012）认为，2000～2005年，随着中国加入WTO之后，中国企业与国际市场的联系越发紧密，出现了许多跨国并购、海外设厂、独立经营的成功案例，其中很多案例已经成为中国企业海外经营长河中的经典。2010～2019

---

① 社会学五大传统研究方法：Creswell 和 Janne（2000）把定性研究分为生活史、现象学、扎根理论、民族志和个案研究。

年，是我国企业"走出去"的关键阶段，也是以输入技术和品牌为重点的交易阶段。美国次贷、欧债危机引发了全球金融危机，使欧美企业发展持续低迷，新冠疫情对全球经济与对外贸易的打击呈现出一定的持续性，但同时也给中国企业海外经营带来了机遇。另外，中国经济高速发展背后对技术、品牌、市场等无形资源的渴求，迎来了企业国际化发展的快速增长阶段。因此，本书选取 2010~2020 年，在河南省开展海外经营的本地企业，通过跨周期地观察和了解，全面分析出多类型企业国际化发展的路径，为提升全省企业国际化经营水平提供重要参考。

以上三点是本书案例选取中重点考虑的主要方面，但筛选案例并不局限于这三个方面，案例的典型性、跨国经营状况以及企业规模也是本书选择案例应考虑的因素。本书中案例选取应契合河南企业国际化经营的发展轨迹或国际化特征，实现从"获取自然资源储备"和"引进品牌、技术等能力"向"制胜国内"和"输出海外市场"的战略转变。

本书选择开展对外贸易经营活动的河南上市公司为研究对象，基于以上标准以及数据可得性，我们最后选择了四个典型企业，具体信息如表 7-1 所示。

表 7-1　所选案例的基本信息

案例编号	企业	成立时间	行业	所在地	国际化得分
案例 A	洛阳钼业	1969 年	有色金属矿采选业	洛阳	95.4
案例 B	郑煤机	1958 年	汽车制造业	郑州	76.4
案例 C	濮耐股份	1988 年	非金属矿物制品业	濮阳	70
案例 D	瑞贝卡	1993 年	皮革、毛皮、羽毛及其制品和制鞋业	许昌	100

二、案例描述与分析策略

（一）企业简介

1. 案例 A：资源开发型——洛阳钼业

洛阳栾川钼业集团股份有限公司（以下简称"洛阳钼业"）前身创立于1969 年，在经历 2004 年与 2014 年的混合所有制改革后，已成为民营控股、国资参股的股份制公司。2007 年,洛阳钼业在香港联合交易所上市。2012 年于上海证券交易所上市。洛阳钼业作为河南省有色金属矿采选业的典型代表,上市之初便确定了国际化发展目标,同时明确了通过海外并购获得全球资源的公司战略。经过多年的海外拓展,公司足迹广泛分布于亚洲、非洲、南美洲、大洋洲和欧洲。以洛阳公司为总部,分、子、孙公司在全球市场开展了基本金属、稀有金属采选和贸易业务。经过多年的发展壮大,洛阳钼业已经成为全球前五大钼生产商及最大钨生产商,第二大钴、铌生产商和全球领先的铜生产商,同时也是巴西境内第二大磷肥生产商,取得了基本金属贸易业务位居全球前三、全球矿业企业排名第十一名的好成绩。

洛阳钼业公司愿景是:打造一家受人尊敬的世界级资源公司。秉承"精英管理、成本控制、持续改善、成果分享"的经营理念,致力于:在巩固和保持现有业务极具竞争力的成本优势的同时,依托先进的管理理念和多渠道的融资平台,致力于在全球范围内投资整合优质资源类项目;以价值创造为导向,以结构调整和增长方式转变为主线,积极推进资源投资开发与整合收购。① 洛阳钼业大事记如表 7-2 所示。

表 7-2　洛阳钼业大事记

年份	发生事件
1969	洛阳栾川钼业集团股份有限公司成立
2004	响应国家混合所有制改革与增资,上海鸿商以 1.79 亿元入资,成为第二大股东
2007	在香港联合交易所上市
2012	在上海证券交易所上市
2013	12 月,以 8.2 亿美元收购澳大利亚北帕克斯铜金矿 NPM 80%的权益
2016	1. 10 月,以 15 亿美元收购巴西的铌磷业务; 2. 11 月,以 26.5 亿美元收购刚果(金)铜钴业务 TFM 56%的股权
2017	1. 国证监会通过非公开发行申请,7 月完成非公开发行,募集资金 180 亿元; 2. 与 NCCL 签订意向书,成立"NCCL 自然资源投资基金"
2018	1. 与 BHR 签订 TFM 项目合作协议,获得 BHR 在 TFM 项目上 24%的权益独家购买权; 2. 拟以 4.95 亿美元收购 IXMB. V. 100%的股权
2019	与 BHR 签署购买协议,获得 TFM24%的权益,对 TFM 控股达 80%
2020	收购 Kisanfu 铜钴矿 95%的间接权益

① 资料来源:洛阳栾川钼业集团股份有限公司网站。

续表

年份	发生事件
2022	1. 联手宁德时代获得玻利维亚 Uyuni 和 Oruro 两座盐湖的开发权 2. 宁德时代全资子公司：四川时代成为公司第二大股东

资料来源：根据洛阳栾川钼业集团股份有限公司官方网站，2014~2022 年《洛阳栾川钼业集团股份有限公司年度报告》等资料整理。

2. 案例 B：知识密集型——郑煤机

郑州煤矿机械集团股份有限公司（以下简称"郑煤机"）的前身为郑州煤矿机械厂，于 1958 年建立，是国家"一五"计划扶持的重点中部地区重工业项目单位。2003 年，郑煤机由国有工厂改组为有限责任公司。2009 年，郑煤机的世界第一高液压支架研发成功，使郑煤机在全球市场占有一席之地。2012 年郑煤机于香港联合交易所上市，此时郑煤机的全球市场占有率已经达到 40%，总产值为 102 亿元，成为世界第一的煤矿机械生产企业。受到煤炭行业进入衰退期的影响，郑煤机业务量出现明显下滑。郑煤机重新审视了整个产业和企业自身，开始了艰苦的调整阶段。经过调整后，郑煤机完成了企业机构整合，渡过了产业危机。为了寻求更广阔的发展，郑煤机开始进行转型升级，进一步拓展全球市场。2016 年，郑煤机成对美国索恩格（SEG）、亚新科（ASIMCO）两大品牌的并购整合，使郑煤机的品牌完整性与产业板块得到丰富，销售网络覆盖主流汽车厂商，综合实力位居国内汽车零部件企业前列。

经过半个多世纪的发展，目前郑煤机已成长为一家研发制造和汽车零部件制造双主业融合发展的国际化企业。此外，企业涉足装备制造、服务、金融、商贸等多个领域。产品远销美国、澳大利亚、土耳其、印度、越南等 17 个国家和地区，在全球有 9 个生产基地和研发中心，并在 12 个国家设有销售代表处，占据全球市场 17% 的份额，位居行业前三名。郑煤机出色的海外经营成绩，打造了立足中国、面向全球的高端装备制造集团的企业愿景，成为推动中国高端综采装备的国产化、国际化进程的重要力量。郑煤机大事记的发展情况如表 7-3 所示。

表 7-3　郑煤机大事记

年份	发生事件
1958	中华人民共和国煤炭工业部策动建设本公司前身郑州煤矿机械厂
1964	郑州煤矿机械厂研制出我国第一台道布森仿英自移式支架样机
2002	重组为国有独资有限责任公司，并正式更名为郑煤机

续表

年份	发生事件
2008	公司注册成立为一家中国股份有限公司
2009	世界第一高液压支架在郑煤机研发成功
2010	在上海证券交易所上市
2012	在香港联合交易所上市，拥有了境内外"A+H"股两个资本平台
2016	收购亚新科（ASIMCO）
2017	收购美国索恩格（SEG）
2018	入选"《财富》中国500强企业"、在中国机械工业百强企业中排名第18位
2019	被评选为"中国跨国公司100大企业"
2021	实现国内第一套煤矿综采成套产品出口
2022	郑煤机再创世界第一高暨第30万台液压支架下线

资料来源：根据郑州煤矿机械集团股份有限公司官方网站，2012~2022年《郑州煤矿机械集团股份有限公司年度报告》等资料整理。

3. 案例 C：市场寻求型——濮耐股份

1988年，濮阳县耐火材料厂成立。2008年，公司在深圳证券交易所上市，成为濮阳市首家上市企业，公司也正式更名为：濮阳濮耐高温材料（集团）股份有限公司（以下简称"濮耐股份"）。作为一家集研制、生产和销售于一体的创新型企业。经过多年的发展壮大，已经成长为国内主要的功能耐火材料、不定形耐火材料生产企业之一，是国内主要的钢铁行业耐火材料制品供应商。公司主要产品包括透气砖类、座砖类、散料类、滑板水口类、三大件类、镁碳/铝镁碳类等20多个系列、200多个品种的耐火材料，广泛应用于钢铁、有色冶炼、电力、石化、铸造等行业。

截至2020年，濮耐股份拥有13个全资子公司，在韩国、俄罗斯、印度以及乌克兰均设立分公司，开展海外经营。公司产品已出口到美洲、欧洲、独联体国家、东南亚、非洲、中东等国家和地区，为世界钢铁百强企业中的近70家提供了优质产品和完善服务，成为全国耐材行业的跨国企业。濮耐股份致力于耐火材料新技术、新产品的开发和推广应用，是国家认定的重点技术创新型企业，其通过加快与国外优质耐火材料公司的合作联营，借助领先的研发技术，加快海外扩张，进一步增强了综合实力。濮耐股份大事记如表7-4所示。

表 7-4 濮耐股份大事记

年份	发生事件
1988	公司前身"濮阳县耐火材料厂"成立
1998	1. 钢包底吹氩透气砖首次出口美国 2. 同年相继出口泰国、印度尼西亚、俄罗斯、印度、非洲及东南亚等国家
1999	公司收入首次突破 1 亿元
2001	被科技部认定为"2001 年国家火炬计划重点高新技术企业"
2003	外贸出口突破 2000 万元人民币
2008	在深圳证券交易所上市
2016	在韩国、印度成立分公司
2017	被评为"2017 年高新技术企业"
2019	产品销往俄罗斯、乌克兰等共建"一带一路"国家和地区
2021	入选"2021 河南民营企业 100 强"
2022	濮耐技术中心具有国家企业技术中心资格

资料来源：濮阳濮耐高温材料（集团）股份有限公司官方网站，2009～2022 年《濮阳濮耐高温材料（集团）股份有限公司年度报告》资料整理。

4. 案例 D：效率寻求型——瑞贝卡

1993 年，河南瑞贝卡发制品股份有限公司（以下简称"瑞贝卡"）的前身在许昌成立，作为一家由许昌县发制品总厂与美国新亚国际有限公司共同出资成立的中外合资企业，瑞贝卡通过与美国企业的合资合营，借助其在当地的销售渠道进行对外出口业务，进一步拓展美国市场，随着企业的不断壮大，逐渐具备了独立开展国际化经营的能力。1999 年，在自有销售渠道成熟，公司实力逐渐增强后，瑞贝卡逐渐赎回掌握在外资手中的股份，中美合资企业转变为内资民营企业。随着 2003 年瑞贝卡在上海证券交易所上市，在尼日利亚设立独资公司，其逐渐打开全球市场，截至 2010 年，公司总资产近 50 亿元，成为集假发研制、生产、销售于一体的全能型企业。

作为全国发制品行业中生产规模最大的跨国企业，瑞贝卡 80%以上的营业收入来自海外市场，凭借过硬的产品质量、丰富的产品类别、亲民的市场价格，瑞贝卡业务遍及非洲、欧美国家以及亚洲等多个国家和地区，形成了生产与销售的全球化布局。20 多年来，瑞贝卡实施科技、人才与品牌三大战略，充分利用行业优势，以市场为导向，以经济效益为中心，以创新、创造、实现客户梦想为使命，以技术进步和提高全员素质为动力，以产品结构调整和产品升级为主线，加大技术创新和产品创造力度，不断提高自主创新和自主研发能力，努力建设拥有自主知识产权和自主知名品牌的国际化企业。瑞贝卡的主要发展大事记情况如表 7-5 所示。

表 7-5 瑞贝卡大事记

年份	发生事件
1993	1. 经许昌市外经贸局批准成立"河南瑞贝卡发制品有限公司" 2. 与美国新亚有限公司合资，进入美国市场，开展对外贸易
1996	美国企业股比下降，企业自主占比逐渐提高
1999	1. 由中美合资企业转为内资民营企业 2. 10 月，实行股份制改革，更名"河南瑞贝卡发制品股份有限公司"
2003	1. 在非洲的尼日利亚共和国设立中方独资境外企业 2. 7 月在上海证券交易所上市
2005	成为河南省名牌产品和河南出口名牌
2018	成为全国发制品行业中生产规模最大的跨国企业，总资产达 47 亿元
2019	入选河南企业 100 强，名列第 99 位
2021	入选 2021 年河南省创新龙头企业拟定名单
2022	瑞贝卡技术中心具有国家企业技术中心资格

资料来源：2004~2022 年《河南瑞贝卡控股（集团）有限公司年度报告》资料整理。

（二）资料收集

1. 原始资料

为选择出具有代表性的案例，笔者通过对研究方法的深入阅读与学习，并基于大量文献与资料，确定研究框架与案例研究对象。按照样本多元的研究要求，访谈数据主要来自半结构化访谈、文档资料和直接观察三种途径。通过多渠道的数据收集，可以增加资料的可信度，形成证据三角形（Berg，2004；李高勇和毛基业，2015）。数据收集过程如下：①通过网络公开资料获取初步信息，包括媒体报道、企业报告及公司网站公布的资料以及研究文献；②到企业开展实地半结构化访谈，每个企业访谈时间不低于 3 个小时，由至少 3 人共同执行访谈；③对企业进行参观、观摩，重点了解企业内部知识交流场所、途径和机制。在获得原始资料后，借助 Nvivo 软件对所有收集的原始资料进行电子化，在此基础上形成案例研究资料库，从而保证了研究的可重复性。各个案例的具体数据来源情况如表 7-6 所示。

表7-6 案例数据来源

访谈企业	访谈对象	访谈主要内容
洛阳钼业	访谈了市场部门领导1次，负责国际业务的主要工作人员、企业高级管理人员和中层管理人员进行多次深入交流	企业发展情况、企业国际历程、国际化经营状况、技术研发、市场营销、财务管理、未来国际化战略等多个方面
郑煤机	访谈郑煤机董事长、总经理各1次，访谈郑煤机国际部主任若干次；访谈郑煤机财务总监1次；访谈郑煤机国际部办公室人员2名；访谈技术员工若干名	
濮耐股份	赴濮耐股份实地调研1天，访谈市场研究部副主任1次，科研管理部负责人1次，人力资源总监1次，国际业务部主要成员2人	
瑞贝卡	赴瑞贝卡总部实地调研1天，访谈集团国际部主管1次；与该集团中层管理人员就瑞贝卡国际化之路进行了多次深入交流	

2. 补充资料

此外，为保证信息的完整性，本书通过其他渠道，包括知网、百度与 Google 网站信息、案例研究相关出版物、企业网站、上市公司公开披露的信息等补充案例资料。补充资料的获取过程分为两步：第一步，通过查阅与案例有关的大量公开资料、媒体报道、公司官网信息、宣传材料、学术论文、书籍专著、研究报告等初步获取资料，并对企业国际化路径形成初步判断；第二步，结合访谈调研以及研究需要，再次梳理资料查漏补缺，为撰写案例报告做准备。补充资料有如下特征：①覆盖面广。由于信息报道、研究视角记录不一致，使补充资料的时间跨度长、覆盖面广。②稳定性佳。由于补充资料依附于一种客观载体存在，在反复查阅过程中较少出现不一致的情况。③客观真实。补充资料因其丰富的来源，彼此间可以相互印证，确保所提取数据资料的客观、真实性。

（三）质量控制

从方法论角度出发，在对实证性社会研究的质量评定时，通常会有四种检验方式，即构念效度、内部效度、外部效度和信度。由于案例研究也属实证研究方法的一种，因此这四种检验同样适用于案例研究（Yin，2013；苏敬勤等，2011）。

1. 构念效度

构念效度（也叫构建效度，Construct Validity），是针对所要探讨的概念进行准确的可操作性测量（Yin，2013）。案例研究中的构念效度检验是被学者们广泛关注的重要检验步骤（黄江明等，2011）。对案例研究持批判态度的学者认为，案例数据收集过程中常出现个人主观判断，会使研究不具有效性（Yin，2013）。为加强研究的构念效度，学者通常采取三种应对措施：①采用多种资料、数据来源，并对各种资料证据进行相互交叉印证；②通过资料、数据的充分收集，形成证据链；③使主要资料、数据提供者对案例研究报告初稿进行检查，核对研究者所收集资料的准确性与理解的客观性。在本书中，笔者采用三种应对策略：通过二手资料、访谈和实地调研等不同的方式获取案例数据资料；对资料进行梳理，建立逻辑链，针对缺失的环节进行补充资料获取；在访谈并形成案例的初步报告后，发送给被访谈对象，请其协助核查报告中数据的准确性。

2. 内部效度

内部效度（也称内在效度，Internal Validity），是指建立因果关系，说明某些条件或因素会引发其他条件或因素的发生，且不会受到其他无关因素的干扰（Yin，2013）。内在效度仅在因果性（解释性）上与案例研究有关，这种检验在描述性与探索性研究（无论采用案例研究法，还是统计调查法或实验法）中并无要求，因为这两类研究并不要求解释事件间的因果关系（郭文臣等，2016）。本书主要通过案例研究企业国际化发展情况，企业海外发展的动因，如何实现海外经营，如何选择适合自身的发展路径。因此，本书需要进行内在效度的检验。根据Yin（2013）的建议，可以通过逻辑模型、建立竞争性解释来提升案例研究的内在效度。参照吴先明和苏志文（2014）的做法，本书通过在编码时采用"条件—行动/互动策略—结果"经典逻辑范式模型，并已反向案例建立经证实解释。

3. 外部效度

外部效度（External Validity），是指明研究结果可以类推的范围。该检验的目的在于：搞清楚案例研究的成果是否具备可归纳性，即是否可归纳成为理论，并推广到其他案例研究中（陈晓萍等，2008）。批评者常称一些案例研究，尤其是单案例研究论据不充分，不足以进行科学归纳，但这些批评者多以统计调查的标准看待案例研究。统计调查依据"统计性归纳"，是用样本特征来估计总体特征，而案例研究（以及实验）依据的是"分析性归纳"，这种归纳不像统计性归纳用于类推总体特征，而是从一系列研究结果中总结出抽象、具有概括性结论，从而推广到其他案例中（Yin，2013）。为使研究抽象性和概括性更强，提升研究的外部效度，学者们通常采用复制法则，即以将研究在不同的案例中进行复制性实验的方式展开具体研究。在本书中，笔者通过先后进行逐项复制和差异复制提升研究的外部效度。

4. 信度

信度（Reliability），表明案例研究过程的每个步骤都具有可重复性，且重复同样研究就可得出相同的结果（Yin，2013）。信度检验的目的在于确保后续研究者再进行相同的案例研究，仍可得出同样的结果与结论（李高勇、毛基业，2015），而这种可复制的前提是详细记录先前研究的每一步骤、程序。提高信度的一般方法是尽可能详细记录研究的每一步骤与过程，使任何数据都要能经得起审核（Eisenhardt，1991）。使用案例研究草案和建立案例研究数据库也能很好地提升案例研究的信度。

此外，根据 Glaser（1992）的观点，资料分析者可以通过不断比较加强分析过程的信度。该过程可以分为四步：事件与事件、概念与更多事件、概念与概念和外部比较（如文献或报道）。事件间的比较可在对原始资料编码时进行；当一个概念已经形成，它会与更多的事件比较，以便让这个正在形成的概念饱和；概念与概念间相互比较，以形成更加抽象的概念或范畴；当一个概念或范畴达到了理论完整性，就可与文献或者个人经验进行比较。在本书中，笔者通过建立案例的数据资料库、通过 Nvivo 这款专业的资料管理软件进行数据整理和编码，并通过重复编码的比较来保证编码的信度。

本书将从以下四个方面对研究的质量进行控制，控制的具体措施如表 7-7 所示。

表 7-7　案例研究质量控制策略

检验	研究应对策略	策略所使用的阶段
构念效度	多源资料、数据来源，形成"证据三角形"	资料收集
	对资料进行充分挖掘，形成证据链	资料收集、数据分析
内部效度	通过经典的逻辑范式模型进行编码	数据分析、总结研究发现
	建立竞争性解释	数据分析、总结研究发现
外部效度	通过逐项复制进行多案例研究	研究设计、数据分析
	通过差别复制进行多案例研究	研究设计
信度	建立案例资料数据库	资料收集
	通过专业软件整理、编辑资料和数据	资料分析、总结发现
	通过不同人员进行重复编码	资料分析、总结发现

三、数据分析过程

本章采取探索性案例研究，首先，基于广大学者熟知的单案例进行探索性分析，提炼企业国际化发展的动因及路径。其次，在多案例研究的逐项复制法则下，基于单案例研究发现，在其余多案例中进行重复性验证。再次，根据所有案例研究成果，对不同类型企业的具体过程展开深入分析。最后，基于多案例研究的差异复制原则，展开跨案例比较研究，寻找差异，提炼企业国际化发展的路径。

（一）单案例分析

本书根据 Corbin 和 Strauss（1990）的程序化的扎根理论方法，首先对洛阳钼业进行探索性研究，依次通过开放性编码、主轴编码、选择性编码来开展单案例探索性分析。

1. 开放性编码

本部分的开放性编码遵循以下程序：

（1）定义现象。

从原始资料分解为差异化、独立事件、念头或现象，并赋予其一个"标签"；随后将关系紧密或具有相同逻辑的"标签"聚合和提炼，形成一定概念，即"概念化"。

（2）发掘范畴。

把看似与同一现象有关的概念聚拢成一类，并赋予其一个可代表这一类概念的范畴，称之为"范畴化"。编码过程中，D_c^i 为案例资料编码结果的代码，其中，D 代表案例编号，$c=$ I、II、III，分别表示贴标签、概念化和范畴化过程，$i=1$，2，3，…，n，表示第 n 条编码结果。例如，D_1^I 表示案例资料贴标签过程中的第 1 条编码结果。

经过对案例的开放性编码，本书最终得到有关企业国际化经营、国际化动因、技术、营销、海外并购或跨国并购等内容标记形成的 39 个标签、34 个概念和 26 个范畴，如表 7-8 所示。据此分析可聚焦案例资料的收集范围，确定资料重点，以便对后续案例展开重复性编码。

2. 主轴编码

主轴编码可以借用某种典范模型发掘范畴之间的关系，形成逻辑轴线。参考已有研究，本书选择"条件—行动/互动策略—结果"的范式模型（Corbin and Strauss，1990；吴先明和苏志文，2014）。条件：现象发生的情境。行动/互动策

表7-8　案例A（洛阳钼业）企业国际化的开放性编码

案例资料	贴标签	概念化	范畴化
1. 虽然全球每年都有新的铜矿产能投产释放，但新增产能不大，难以对整个供需格局产生大影响，而市场大概率处于紧平衡的状态	D_I^1 新增产能对供需平衡影响有限	D_{II}^1 市场资源供给有限	D_{III}^1 矿产资源存在不足
2. 开采技术与国外先进企业存在一定差距	D_I^2 技术差异	D_{II}^2 开采技术存在差距	D_{III}^2 欠缺技术研发能力
3. 在接触海外公司时，有许多设备由于无人修理或者目前技术无法修理，造成了大量的资源闲置或是产能下降	D_I^3 技术或工艺存在不足	D_{II}^3 维修能力不足	
4. 因为双方文化差异和技术水平的差距，加之地域差别，并购后存在认知差异，可能造成失败风险	D_I^4 受客观因素影响，海外并购存在认知风险	D_{II}^4 海外并购存在认知风险	D_{III}^3 并购会带来风险
5. 收购后会进行相应的人事调整，涉及原核心员工利益	D_I^5 并购会给目标方知识员工带来风险	D_{II}^5 并购会给目标方知识员工带来风险	
6. 在收购重大矿产资源同时，中国企业正面临越来越多的国家安全审查，受到越来越多管控	D_I^6 国际环境变化，整合面临的难题	D_{II}^6 国际经营面临挑战与管控	D_{III}^4 国际化面临挑战
7. 大宗商品开采运输进口成本特别高，如何能够降低成本，我们一直在寻找办法，仅靠国内市场肯定不行	D_I^7 立足国内不足以弥补成本差距	D_{II}^7 海外经营运输成本较高	D_{III}^5 国际经营成本高
8. 管理团队相对成熟的矿区运营管理经验，以及构建相对完善的基础设施建设，获得了Kisanfu矿场的经营主导权，进一步拓展了海外市场	D_I^8 管理能力强是提升企业国际化水平的主要原因	D_{II}^8 快速提升国际化水平	D_{III}^6 加速国际化进程
9. 钼业近年来引人注目的是其通过一系列海外扩张、并购等大手笔交易，其已经跃升为国际矿业巨头	D_I^9 借助海外并购成为行业领导者	D_{II}^9 海外并购实现跨越式发展	D_{III}^7 实现跨越式发展
10. 公司的矿业资产有非常好的内生性增长机会，我们将充分挖掘现有资产组合的巨大潜力，提升海外融资能力	D_I^{10} 具有较强的自发增长动力，提升融资能力	D_{II}^{10} 提升海外融资能力	D_{III}^8 国际化能力增强
11. 海外优势协助集团扩大在资源领域的布局和影响力；更重要的是，埃珂森要与矿业板块以及集团的投资融资能力协同，创造出一个全新的利润增长点	D_I^{11} 协助海外子公司创造利润增长点	D_{II}^{11} 协助海外子公司发展	D_{III}^9 实施本地国际化战略
……	……	……	……

案例资料	贴标签	概念化	范畴化
30. 基于海外广阔的资源，依托中国优势的选矿技术，公司全面提升全流程技术水平，努力实现技术突破	D_{I}^{30} 海外经营实现服务提升与技术突破	D_{II}^{26} 海外经营提升技术水平	D_{III}^{19} 国际经营水平提升
31. 依托于国内技术提升和资源综合回收，有效降低海外经营成本、提高效率、推进钶铁回收率提升	D_{I}^{31} 技术提升加强了海外资源利用效率	D_{II}^{27} 技术提升带来国际市场效率提升	
32. 企业走出国门，成功获得澳大利亚铜金矿、刚果铜钴矿、巴西铌磷等资源，逐步在金银等其他金属采选业拓展业务范围	D_{I}^{32} 海外经验获得丰富资源，业务范围不断拓宽	D_{II}^{28} 以海外并购、直接投资获得矿产资源	D_{III}^{20} 获取海外资源
33. 公司业务覆盖全球 62 个国家，主要业务地区包括中国、拉美、北美和欧洲，同时构建了全球化的物流和仓储体系，产品主要销往亚洲和欧洲	D_{I}^{33} 构建全球一体化运营体系，进入全球市场	D_{II}^{29} 以一体化经营拓展国际市场	D_{III}^{21} 拓展国际市场
34. 为了尽快融入国际市场，我们当时派遣了不少国内员工到东道国，一方面可以解决当地劳动力不足问题；另一方面开展培训，帮助当地员工尽快了解和掌握公司的管理方式，熟悉业务链条，实现平稳并购	D_{I}^{34} 加强对并购公司的人员培训	D_{II}^{30} 外派培训员工	D_{III}^{22} 加强海外员工培养
35. 一些非洲地区的员工，从素质、敬业程度、技能等方面，还达不到公司要求，面对这些问题，公司正在通过培训等方式提升员工整体水平，尽快达到公司要求	D_{I}^{35} 通过培训提升海外员工素质		
36. 我们对当地发展环境、海外业务的了解，对国际市场的运作能力都存在许多不足之处	D_{I}^{36} 对海外市场了解不足，国际运作能力弱	D_{II}^{31} 海外运作能力不足	D_{III}^{23} 国际化经营能力待提升
37. 基于良好的历史记录、强大的信誉与严格的道德操守，公司期待以最负责任和最自律的方式开发 Kisanfu 项目，并为周边社区与当地国家带来巨大的价值和经济效益	D_{I}^{37} 海外经营为当地国家带来巨大的价值和经济效益	D_{II}^{32} 国际化创造巨大的价值和经济效益	D_{III}^{24} 国际化创造社会价值
38. 把握住全球大宗商品价格下降的周期低点，高效推动了公司多元化、国际化战略，补强了上下游产业链，实现了金属品种多元化	D_{I}^{38} 以多元化、国际化战略实现上下游、国内多元发展	D_{II}^{33} 推行多元化的产业及区域发展战略	D_{III}^{25} 多元化国际化路径
39. 本项交易在保留全部铜产量的同时，让北帕克斯矿部分金、银副产品的巨大价值得到持续性地实现	D_{I}^{39} 通过并购发挥海外资源的价值，提升收益	D_{II}^{34} 提升海外经营长期收益	D_{III}^{26} 获取长期利益

略：针对情景作出的相对于处理或行动是副范畴的行动策略。结果：就是副范畴的结果，这一结果又可以转换为另一组行动发生的条件，如上一阶段开始编码形成的"国内矿产资源面临瓶颈、经营成本不断增加"，"跨国并购、海外市场寻求资源"等初始范畴，可以在"条件—行动—结果"范式整合为一条完整的案例分析轴线：洛阳钼业在开展国际化经营过程中，面临成本上升，效率降低以及资源开发瓶颈，采取海外设立子公司、与国外企业合资、跨国并购等形式，借力发展，从而进入到全球矿产及选矿业主流市场。通过"条件—行动—结果"范式形成的副范式也将被纳入一个主范畴，即为发展海外资源。通过这一过程，本书将 26 个副范畴归纳为 9 个主范畴，如表 7-9 所示。

表 7-9　对案例 A（洛阳钼业）的主轴编码

轴线编号	主范畴	副范畴		结果
		条件	行动/策略	
1	获取海外资源	全球资源面临紧平衡	直接海外投资	海外并购成功
		国内市场资源供给有限	进行跨国并购	
2	寻求市场	国内矿产资源供给有限	海外并购拓展市场	获取海外市场
		国内市场空间不足	海外经营获取资源	
3	提升研发能力	与国外一流技术有差距技术或创新能力存在不足	知识学习、知识创造在海外市场竞争中，提升研发实力	创新能力增强具备自主研发实力
4	海外经营低成本	大宗商品进口成本高海外运输成本高	海外开采销售经营，减少中间环节，获取收益	海外经营成本降低
5	寻求技术	缺少行业领先开采技术	海外技术引入并购增强研发能力	引进技术实现世界领先
6	国际化路径转变	企业缺乏国际竞争力发展速度受限	扩大经营范围加速国际化进程国际化阶段提升	实现跨越式发展
7	海外融资能力提升	业务受汇率波动影响大经营融资难度增大	挖掘现有资产组合开创新的融资模式	长期盈利能力增强
8	获取社会效益	员工素质不高对目标国贡献受质疑	外派培训员工	获取长期收益
9	创新国际化发展	产品结构单一受价格周期波动影响大抗风险能力低	补强上下游产业链推行多元国际化战略	多元化发展路径

3. 选择性编码

主轴编码虽能在副范畴间建立联系，形成主范畴，使案例资料更聚焦，但仍需做进一步提炼。选择性编码正是将概念化、尚未完备的范畴补齐的过程（吴先明和苏志文，2014）。该过程主要任务是：识别出"核心范畴"，即用所有资料、开发出的范畴、关系，简明扼要说明全部现象（开发故事线），继续开发范畴使其具有更细微、更完备的特征（陶厚永等，2010）。选择性编码也就是将"条件—行动—结果"范式形成的核心范畴与其他范畴进行联系的过程。例如，"需求合作、组建团队""开拓市场、创建品牌"等副范式反映的均是"寻求市场"，因此可以归入"寻求市场"总范式，同样地，"研发新产品、提升产品质量"可归入"寻求技术"，基于选择性编码，可以得到洛阳钼业国际化发展的故事线：在国际化经营过程中，洛阳钼业通过研发产品、扩充种类，提升自身的技术实力，并通过海外寻求渠道，借助国际市场，建立全球化生产体系，实现资源最优、成本最低以及风险最小发展路径。基于故事线，本书根据"条件—行动—结果"范式将形成的核心范畴与其他范畴进行联系，最终得出洛阳钼业详细的选择性编码过程，如表 7-10 所示。

表 7-10　对案例 A（洛阳钼业）的选择性编码

条件	行动/策略	结果
寻求资源 （产品、品牌、知识）	国际化路径提升（范围、能力、速度与阶段）； 经营方式多元化（资源、产品、渠道与产业链）	跨越式国际化发展 多元化发展 获取长期效益
寻求市场		
寻求技术 （技术、研发、制造）		
寻求发展 （经营范围、能力）		

（二）多案例分析

经过探索性、主轴与选择性编码，本书完成了对案例 A 中企业国际化经营的动因、路径与效果的探索，最终得到以效率寻求型企业为例的主、副范式与核心关键词。为了全面总结提炼河南不同类型企业国际化经营动机、路径与最终效果，本部分将对其余三个案例的知识共享展开多案例探索性研究，从国际化经营的内容、方式、动机、路径效果进行案例描述，并在此基础上总结、提炼命题。

在对瑞贝卡、郑煤机与濮耐股份三个案例开展研究时，采用相同的开放性编码、主轴编码与选择性编码，严格按照复制性编码流程进行主副范式的提炼，而单案例的译码分析，形成的概念与范畴成为提炼企业国际化经验的重要参考，借助单案例的研究进行多案例的复制研究时，由于案例企业的类型、所属行业、国际化发展进程的差异，也会出现新的概念与范畴。多案例的研究也会对原有的概念与范畴进行新的补充与修订，多案例的复制循环过程也将使案例研究形成的最终构念更加清晰确定。在对知识密集型企业：郑煤机，市场寻求型企业：濮耐股份，效率寻求型企业：瑞贝卡的译码分析时得出如表 7-11 所示的新的范畴与面向。

表 7-11   后续三个案例通过编码得到的新范畴与新面向

案例	新范畴	新面向
郑煤机 （案例 B）	1. 以技术换资本、技术出海 2. 突破贸易壁垒 3. 保障核心技术安全 4. 渐进式国际化提升	面临技术发展瓶颈、产业危机、技术保护瓶颈、投入大量资金与人力、提升技术水平、倒逼国内产业转型升级、技术思维模式创新
濮耐股份 （案例 C）	5. 寻求全球资源优化配置 6. 寻求利润增长空间 7. 开辟新市场、树立新品牌 8. 市场辐射、增长式发展路径	安全标准限制、贸易壁垒、面临国际化人才不足瓶颈、以资本换技术、以技术换市场、拓宽经营范围、产品走向国际市场、产品本土化
瑞贝卡 （案例 D）	9. 品牌定位清晰、产品质量领先 10. 产品种类多元化，低成本高效率 11. 集群式发展路径	实现价值的长期创造、加深国际化、深耕国际市场、市场整合问题、产品国外本地化营销、拓宽海外融资渠道、产业联盟组团发展

四、案例研究结果分析

（一）案例研究结果

企业海外经营，知识密集型："以技术换资本、技术出海""突破贸易壁垒""保障核心技术安全""渐进式国际化提升"；市场寻求型："寻求全球资源优化配置""寻求利润增长空间""市场辐射、增长式发展路径""开辟新市场、树立新品牌"；效率寻求型："产品定位清晰，产品质量领先""产品种类多元化，低成本高效率""集群式发展路径"。

经过对单案例分析与多案例编码分析，本书对形成的范畴与面向进行了进一步整合提炼，从关键词、内涵与表达方式等方面进行归纳，共得到12个主范畴和9大要素。12个范畴分别是寻求市场、国际化路径提升、加深国际化、获取长期效益、研发能力提升等。9大要素可以归纳总结为寻求资源、寻求市场、寻求技术、寻求效率、渐进式国际化、跨越式发展路径、增长式国际化、多元国际化与集群式发展路径。这些要素的提炼包含了企业国际化的发展特征、需求以及阶段特征。

（二）国际化经营动因与路径

通过扎根理论分析过程可以发现，开展国际化经营的范围、速度、程度、阶段对国际化经营有较大的影响，特别是企业开展国际化经营的动因，将是其海外拓展的起点，而采取何种发展路径也决定了国际化战略的实施效果。通过案例分析，本书认为河南企业在国际化发展过程中存在许多共同点，即通过获取资源、市场、技术与效率，并以此为跳板，提升企业的国际化水平，基于四个案例的编码译码过程，本书得出以下具有参考意义的经验与启示。

1. 寻求海外资源

基于主范畴即获取海外资源、寻求品牌和渠道资源缓解国内供需紧张形势、拓宽业务领域等归纳为寻求资源。在对以上四个案例进行分析时，本书搜集到反映企业以寻求资源为动因的国际化发展证据，特别是洛阳钼业，正是借助对海外市场的不断开拓，企业获得了大量的矿产资源，使其在掌握核心与战略资源的同时，借助知识学习，提升了研发能力，具备了成为国际一流企业的资源与基础。作为后发企业，需要不拘泥于现有格局，突破路径依赖，在海外发展过程中，尽可能获取资源（产品、技术、品牌等），快速进入市场，才能与发达国家争夺优质资源，并以此为基础，盘活国内市场，借助资源与技术优势，倒逼国内产业转型升级。

以寻求海外资源为动因的企业还需突破对已有资源的依赖，将国际扩张作为获取战略资源的跳板，通过收购或购买技术的形式，克服后发劣势。在案例研究中，企业通过跨国并购获取关键性资源，带来效益增长，使盈利能力增强；通过并购发达国家企业关键战略资产的扩张方式，获取效率和重要资源、谋求长远发展，建立起企业在海外的网络体系，从而加深企业的国际化经营程度。但是资源寻求或开发型国际化战略，会面临进入市场的贸易壁垒与目标国信任危机，因此需要在寻求资源的同时，努力融入目标国，实现社会效益提升，外部环境的改善，也会使企业在海外寻求资源的道路更加平顺。

在归纳提炼企业国际化路径范畴时，本书发现以获取资源为目的的企业国际化过程中，往往采取跨越式的扩张方式，收购或者购买成熟跨国公司的关键资源，将大幅降低后发劣势，以资源实现赶超，并且可以快速参与到全球经营，获取收益，继而弥补自身的弱点，克服资源瓶颈。由于资源能为企业产生长期效益，一旦获取也将会在短期内提高国际市场话语权与市场占有率，因此以寻求资源为主要驱动因素的国际化经营更适合跨越式发展路径。基于案例分析结论与经验总结，本书得出以下命题：

命题一：企业在国际化过程中，通过合作合资、国际并购方式进入资源丰富的国家或地区，获取战略资源或未来潜在需求资源，借助跨越式的资源、渠道提升路径，实现企业竞争实力与市场占有率的迅速提升。

2. 寻求市场空间

根据企业国际化理论，企业国际化发展的第一驱动力就是获取市场，面临国内竞争激烈或市场空间不足等问题时，需要企业走出国门寻找新的发展机遇。一些不具备技术、知识、能力、资源等绝对优势的企业，其在国际化过程中往往是以打开市场为目的，寻求在海外市场提升比较优势，而寻求海外市场发展空间，成为企业国际化的主要驱动因素。

从国际化广度来看，案例企业的市场分布较为广泛，为了拓宽市场，许多企业在海外设立销售网点，建立营销网络。有些企业采取从发展中国家到发达国家的市场拓展方式，也有一些具备技术优势的企业，选择立足国际市场，占领全球高端市场，进而通过提升收益逐步向发展中国家渗透的方式，实现市场拓展。这两种市场进入方式，其实都是基于自身优势的提升，建立全球营销体系，以多元化的地域分布，获取更多的资源与更高的市场占有率。从国际化深度分析，以市场寻求为动因的国际化之路，需要推行以市场为导向的运营模式，深入了解客户需求，不断丰富产品种类，使品牌优势进一步提升，最终提升品牌的国际知名度，实现拓宽国际化深度。从进入模式上来看，也需要实现由早期的出口再过渡到海外投资办厂，资源投入也遵循由低到高的方式开拓国际市场。

另外，为避免国内市场空间不足、打破国际市场贸易保护壁垒，需要企业通过深入海外市场，制定市场开发战略，打开海外营销网络，抢占国际市场。市场拓展不仅能增强企业的国际竞争力，也能让企业具备抗击风险的能力，无论是财务风险还是贸易风险，都需要企业融入国际市场，在市场中寻求技术能力、生产渠道多个方面的提升，才能具有更强的市场开创能力。为了避免国内市场的不景气，许多国内企业在国内市场还没有受到威胁时，便开始向有潜力的国际市场进军，抓住重要的市场机遇期，从而获得企业在海外市场的竞争优势，最终实现企业国际化经营绩效的提升。

虽然通过市场拓展方式能够迅速看到国际化效果,许多企业也认为以寻求市场为目的的国际化经营需要大刀阔斧、加大步伐,缩短发展周期,但是在渡过发展的机遇期之后,许多企业会因为自身知识、产品或能力储备不足,国际化拓展面临停滞,所以从国际化发展范围、阶段与速度来看,以市场寻求为动因的国际化,需要更为稳妥的渐进式发展战略。通过案例分析,本书认为,通过拓展海外市场、建立全球营销体系,从海外设厂经营、国际合资合作的不断深化,到对发达国家的战略资产收购,实现国际化朝着更深层次方向发展,是一个缓慢的渐进式过程,也是企业国际化发展由浅入深的过程。基于案例分析与经验总结,本书提出以下命题:

命题二:以市场寻求为动因的国际化,由于受多种因素影响,造成企业市场拓展需要逐渐由打开市场、提升销量过渡到全方位技术、市场、产品领先的深度国际化。市场寻求型国际化也表现出长期的特征,需要采取更具增长潜力的发展路径,实现国际化发展。

3. 寻求技术提升

企业的国际发展受到多重因素的影响,但通过案例分析可以看出,核心技术是企业立足的根本,也是海外经营的重要驱动因素,河南企业创建历程短,在技术、研发能力等方面与世界先进国家地区的差距较大,许多企业对发达国家企业并购的主要目的也是获取目标的先进技术。海外拓展的主要因素之一就是寻求技术创新,海外经营很大一项绩效产出就是企业自身研发能力的提升,创新能够推动企业从多个方面改变,而这些改变能够驱动企业的国际化创新因素,继而改变发展战略以及提升长期以来的发展动力。部分发达国家的企业国际化也以技术为垄断优势,使其具备了对外投资的相对优势,为了能够在国际市场与当地企业抗衡,河南企业需要突破技术瓶颈,不断研发创新,从而具备全球市场竞争优势。

企业应以较强的追赶意愿,通过国际化经营提升技术研发实力,加强对技术的消化吸收,形成自身的技术优势,而不是仅仅为了获取短期财务收益。这种渐进式的发展路径,将使企业通过从海外寻求市场、销售产品,逐步实现技术赶超,掌握市场核心资源。通过构建全球性研发平台、海外技术引进以及跨国寻求知识等方式,技术寻求型企业具备了"走出去"的实力;通过利用国内资源,挖掘土地与劳动资本优势,完成国内由产品输出、技术输出到管理输出。在海外市场通过建立本土化营销网络、以跨国并购、对外直接投资等方式,实现品牌营销,立足海外市场的合资合营,逐步维护好国际国内两个市场。

可见案例企业海外获取核心技术是企业国际化经营的关键驱动因素。通过国际合作合资跨国并购,实现技术创新的追赶超越,以技术的提升创造企业国际化经营绩效的提升。除此之外,作为后发市场跨国企业,并不是简单地跟随发达国家技术发展的路径，而是在企业技术积累到一定阶段后以海外并购的形式实现跨越式追赶，形成了一种前期跨越式、后期渐进式的多种企业国际化发展组合路径，因此，本书得出以下命题：

命题三：为突破技术瓶颈，企业通过对外寻求合资合作、跨国并购、以资产换技术的方式，在打入海外市场的同时，注重对先进技术的消化吸收，提升自身研发实力，并采取组合式国际化路径，助力企业实现技术追赶，从而提升国际化经营能力。

4. 寻求增效降本

基于主范畴：海外融资能力提升、长期盈利能力增强、海外经营成本降低、减少中间环节，获取收益可以归纳为寻求增效降本。在开拓海外市场的企业中，存在一部分已经具有技术、市场与资源等比较优势的企业，他们需要借助全球一体化市场降低经营成本。例如，瑞贝卡通过全球产业链布局，将原有国内高成本的生产环节，转移到人工成本更低的东南亚国家，实现产业链资源优化配置。此外，借助国际化也能减少许多中间环节，避免因资源或市场局限造成的市场效率降低，同时借助海外市场，具有较强的自发增长动力的企业可以通过充分挖掘现有资产组合的巨大潜力，拓宽国际化融资渠道，提升融资能力，以多种融资组合获取收益。

案例分析显示，一些仅以出口产品的企业，其在国际化经营过程同样反映出了寻求效率的动机，具体表现为借助海外经营，实现经营效率的最优化，借助海外市场降低经营成本的目标，借助降本增效，提升企业的长期收益，而这些收益又将转换为企业在海外进一步拓宽业务范围，最终实现企业自身能力增强，市场范围不断拓宽，以提高经营效率为动因，企业实现了国际化经营水平的全面提升。此外，效率寻求型企业在掌握一定领先技术的前提下：一方面，通过海外发展，不断拓宽经营范围，大幅度降低了产品成本；另一方面，通过丰富产品类别，推出多元化的产品、服务，多渠道销售，加快产品或服务的流转，创造更多的价值。

本书认为进军海外市场也是提升自身研究能力的机会，以技术为依托又将形成企业对外发展的基础，并以此寻求更多合作融资模式，实现多元化发展。因此，企业的国际化以寻求低成本、高效率为驱动因素，既可以通过优化产业链上下游资源配置、拓宽融资渠道、寻求全球市场一体化低成本、产业集群、抱团走出去等一系列、多元国际化路径来推进国际化经营能力的提升。本书基于案例编码得出的总范畴，以及对国际化历程的解读，最终提出以下命题：

命题四：为获取低成本高效率，企业以不同的进入市场、资源、能力与比较优势，选择多种海外经营模式，造成发展路径存在多种可能。依靠营销体系、研发队伍、融资组合与发展模式创新，企业国际化具有长期性、差异性特征，表现为一种多元国际化路径。

（三）国际化经营成功模式

历经 40 多年改革开放的深厚积淀，河南省经济实力显著提升，尤其是在制造业与技术服务行业，彰显出参与全球经济竞争与合作的强大潜力。洛阳钼业、濮耐股份、瑞贝卡、郑煤机等企业作为行业标杆，不仅在国内外市场占有一席之地，更引领了河南省企业国际化的浪潮。在对 83 家上市公司的深入调研中，发现众多企业已经主动出击，勇于在国际化道路上进行尝试与探索，并收获了显著成果。对于这些走在前列的企业，系统性地分析它们的成功模式至关重要，包括解构它们如何精准定位国际市场、创新营销策略、优化供应链管理、强化技术研发以及如何有效应对国际贸易中的挑战等。同时，深入探讨这些企业在国际化进程中遇到的具体问题及其解决方案，如文化差异、法律合规、品牌国际化等，能够获得一套可借鉴的经验规律。总结并推广这些成功经验和应对策略，将为河南省乃至全国其他企业提供一条加速国际化进程的路径，帮助它们避免重复错误，以更高效、低成本的方式提升国际竞争力，促进经济结构的优化升级和可持续发展。这不仅关乎单个企业的兴衰，更是推动地区经济乃至国家经济在全球化时代持续繁荣的关键。本书根据我国企业开展跨国经营的主要方式，结合河南产业基础与产业特征，提出了以下三种模式：

1. 品牌创新战略模式

风神股份、中光学、宇通客车等作为河南制造业和高新技术产业的"领头羊"，正以前所未有的决心和魄力，在全球舞台上与众多跨国公司同台竞技，不断强化自身的竞争优势。它们秉持着"打造中国的世界名牌"的宏伟愿景，致力于将河南企业推向全球品牌之巅，并在此过程中积累了宝贵的经验，为中国品牌国际化铺设道路。这些企业深知品牌战略的核心地位，通过精心规划与执行，经历了产品、销售、服务、售后全链条的深刻变革，实现了从本土品牌到国际知名品牌的根本性转变。初期，它们专注于提升产品质量和生产效率，实现了产量的大幅增长，这是品牌建设的量变积累阶段。随后，它们拓展国际市场，优化销售渠道，使产品触及全球更多消费者，完成了市场覆盖的跨越。紧接着，这些企业加强客户服务体系建设，提供定制化解决方案和优质的售后服务，深化了品牌与客户的连接，提升了品牌忠诚度。最终，这一系列努力促成了品牌价值的质变，它们的品牌影响力和国际认可度显著增强，成功树立了"中国制造"的高端形象，成为享誉世界的知名品牌。这一过程不仅是产品与服务升级的体现，更是企业经营理念、管理模式、技术创新等全方位能力提升的综合反映，展现了河南企业在国际化进程中的不懈探索与实践，为中国乃至全球的企业界提供了值得借鉴的成功经验。品牌战略主要有以下做法和特点：

（1）坚持质量和技术的高起点。

通过不断地从发达国家引进先进技术和管理方法，并坚持在消化吸收的基础上不断创新，使自己领先于其他企业。

（2）强化产品质量管理。

长期致力于生产具有国际品质的产品，努力使产品质量早日与国际接轨。把品质看成产品的生命线，是国际市场的入场券和通行证。通过严格的质量管理，使员工素质提高，在员工中树立了"不合格的产品就是废品"和"高标准、精细化、零缺陷"的观念。

（3）坚持技术进步与创新。

始终保持产品技术和质量上的发展与创新，做到"生产一代，研制一代，构思一代"，增加每年开发产品种类。努力实现科技研发水平与世界接轨，实现技术领先。

2. 贴牌代加工生产模式

以瑞贝卡、濮耐股份等为代表的新兴企业，在全球化的浪潮中，走出了一条别具一格的国际化经营道路，成功地将产品推向国际市场高端领域。它们的策略亮点在于巧妙利用了原始设备制造商（Original Equipment Manufacturer，OEM），即贴牌生产模式，这不仅是一种快速进入国际市场的策略，也是对企业自身比较优势的有效发挥。这些企业深刻理解在全球经济一体化的大背景下，竞争与合作并存的本质。它们没有盲目地与国际巨头正面抗衡，而是通过自我审视，识别并放大自身的独特优势。首先，它们依托中国庞大的国内市场，这一独有的市场深度和广度为产品测试、市场反馈提供了试验场，是外国企业难以复制的优势。其次，利用国内丰富且成本相对较低的劳动力资源，确保了产品的成本竞争力。最后，完善的产业链配套体系使从原材料供应到成品制造的各个环节都能高效衔接，进一步增强了企业的国际竞争力。通过 OEM 合作，这些企业能够与国际品牌紧密合作，借助对方的品牌影响力和市场渠道，快速扩大国际市场份额，同时在这个过程中不断学习先进的技术和管理经验，逐步提升自身的品牌形象和技术实力。这种发展模式不仅是一种生存策略，更是企业转型升级、迈向价值链更高环节的跳板，展现了中国企业在国际化进程中的智慧和韧性。总体来看，这种发展模式主要表现在以下方面：

（1）成本优势带来规模优势。

河南企业凭借着优于其他地区的劳动力优势，采取"贴牌"或"代工"模式首先进入周边市场，以低价、高质量打开国际市场，并通过量变获得规模经济的优势。此外，规模优势除了表现在生产方面，还表现在销售、科研和管理等多个方面，成为企业国际化经营的坚实基础。

（2）以低出厂价格不断渗透。

在企业生产规模化生产的基础上，虽面临原材料成本上升、市场开拓代价增加的压力，依然坚持调低其产品出厂价。秉持"做大、做强、做精、做透"的专业化战略，先布局重点市场，在全球市场站稳脚跟后，再选择调整营销策略。

（3）以贴牌生产拓宽市场范围。

虽然有些人认为贴牌是受外国人剥削，使国人脸上无光，但通过贴牌打开销路，也是一些未掌握核心技术企业最便捷、最有效进入海外市场的方式。做贴牌的过程可以全方位提升企业的素质，吸引大量劳动力，并为以后自创品牌奠定基础。通过发挥比较优势，在多年探索的基础上创出了一个国际化经营的新模式。

3. "创牌+贴牌"经营模式

河南省的一些企业，诸如许继电气和北玻股份，它们在国际化经营中展现出了创新的策略，通过融合传统的国际化经营模式，开创出了一条独特的路径。这种"第三种模式"核心在于其高度的市场适应性和战略灵活性，使其不再单一依赖出口自有品牌（创牌战略）或仅为他人代工生产（贴牌战略），而是在全球不同区域市场采取差异化战略。具体来说，这些企业在国内市场可能面临国际品牌的激烈竞争，因此选择强化自身品牌建设，实施"创牌战略"，旨在提升品牌形象和市场份额。同时，在其他海外市场，尤其是那些对品牌认知度要求高或者自身品牌渗透难度较大的地区，它们则采取"贴牌战略"，与当地知名品牌合作，通过代工生产进入市场，迅速扩大销售网络和市场份额。这样的双轨制品牌策略，既能利用贴牌合作快速获得市场准入和现金流，又能在适合的时机和地点树立和推广自有品牌，实现长远的品牌价值积累。这种混合模式不仅要求企业具备敏锐的市场洞察力来判断何时何地采用何种战略，还考验着企业的资源整合能力和跨文化管理智慧。许继电气和北玻股份等企业的实践证明，通过灵活调整国际化经营中的品牌策略，可以在全球化的商业环境中更有效地应对挑战，把握机遇，实现企业的可持续发展和国际竞争力的提升。此类经营模式的特点表现在以下方面：

（1）根据进入市场差异灵活变化。

考虑到企业在国际市场所处的环境、地域各不相同，再加上每个企业自身的历史、特点、优势不同，这就决定了企业不可能采取统一的经营模式。在竞争激烈的目标市场，以贴牌生产获取一定的市场份额，在同质化产品少、市场饱和的国家可采取创牌模式，以独立品牌在市场运营。这两种战略本身没有好坏之分，关键在于是否能够提高企业的竞争力，指导企业走向成功。

（2）按照发展阶段选择战略。

河南企业虽在同一区域内起步，但由于所属行业不同、技术与资源基础存在差异。因此，两种模式并存是长时期内，企业在国际化经营模式选择上的客观必然。若企业已具备强大的市场竞争力，无论在控制成本、技术研发、拓宽市场、低价营销方面都具备较强实力，可以采取创牌模式，一举实现品牌走向市场，立足世界的目标。若企业超出目前客观条件的允许去实施创牌战略，可以根据自身基础，选择贴牌生产的国际化经营模式。

（3）以自身实力动态调整模式。

在市场经济体制下，企业是真正的行为主体，它们有能力根据自身的条件，选择适合自己特点的发展战略和国际化经营的道路。"创牌"是企业在全世界的市场推销标准化的产品和服务，并在较有利的国家集中地进行生产经营活动，由此形成规模经济效益，以获得高额利润。"贴牌"是河南企业品牌国际化初级阶段的最佳选择，凭借明显的生产制造成本优势，通过贴牌生产，可以快速参与到国际市场的贸易环节。

五、本章小结

本章首先从研究问题、研究对象的特征出发，介绍了案例选择的标准、案例研究方法、质量控制、案例的背景，并以扎根理论中程序化的编码方法，开展了单案例、多案例研究。通过多案例分析，识别出企业国际化经营过程中，企业海外经营的动因以及国际化路径。根据四种不同类型的企业编码，得出了基于差异化动机而产生的渐进式、跨越式以及组合式国际化路径。最终通过经验总结，结合我国企业国际化经营的方式，归纳出河南企业可以利用的国际化发展模式。

第八章　国内外企业国际化经验与启示

通过对河南省企业的国际化水平进行横向与纵向对比后，本书从实证层面更加清晰掌握河南企业国际化发展的情况，特别是针对四家省域企业国际化经营情况进行案例分析后，得出了可供其他企业借鉴的发展路径及成功模式。为了进一步提升河南企业国际化经营的能力及效果，本书选取国内外国际化发展水平较高的国家或地区作为研究对象，借助对其发展历程、模式、特点的分析，提炼出可供河南省借鉴的经验与启示。

一、对比地区的选择

美国自建国以来经过快速发展，已经成为世界公认的经济强国，其拥有世界上国际化程度最高的公司，以及最多的跨国公司。美国的现代管理制度、独创精神以及企业国际化发展经验，具有较高的实践指导意义。欧盟等发达的国际化经营既包含劳动密集型特征，又包含了知识密集型特征。以上国家和地区既涉及大公司，又涵盖许多中小企业，对河南省提升企业国际化经营具有多方面的借鉴意义。此外，本书还选择亚洲的日本作为学习对象，由于日本先进的管理经验以及出众的企业整体研发水平，将对河南省企业提升国际竞争力具有一定的启发。

本书选取我国经济发达的东部地区如广东省、浙江省进行分析，选取中部六省之一的安徽省作为经验借鉴对象。一方面，通过国际化发展程度较高地区的经验总结，寻找到河南省国际化水平提升的突破点；另一方面，通过与中部地区经济水平相当但具有国际化经营典型代表的省份，寻找提升河南国际化水平的比较优势以及相似经验。

本书选择美国、欧盟、日本三个地区，以及广东、浙江与安徽三省作为分析对象，对这些地区企业国际化经营发展过程、发展特点以及具体措施、国际化路径的探讨，能够有助于河南企业充分了解国内外先进地区国际化发展情况，并以此为鉴，不断提升自身国际化经营水平。

二、国外企业国际化

（一）美国企业国际化

1. 美国企业国际化概况

美国作为全球经济外向程度较高的地区之一，其国际化根据不同企业类型分为大企业的国际化、银行业的国际化、科技企业的国际化，以及中小企业的国际化（刘丽艳，2006）。从发展历程来看，美国企业国际化经历了三个阶段：①开创阶段（南北战争至一战之前）。该阶段美国跨国经营经历了一个漫长且循序渐进的过程。美国企业为了自身可持续发展，积极开拓国际业务，为了在国际市场获得优质的原材料、广阔的经营市场，美国开始尝试进行海外兼并与重组。②发展阶段（二战期间）。在国际化蓄力发展阶段，美国企业纷纷走出国门在海外大规模投资设厂，大批企业在政府的扶持下，获得信用贷款与担保，具备了开展国际业务的资金与外部支持。③成熟阶段（自2000年至今）。进入2000年以后，美国企业的国际化发展进入辉煌期，不论是在对外投资规模、技术水平、产品（服务）质量、管理水平等方面，还是在全球都具有较强的竞争力。

美国企业国际化具有三个优势：①跨国企业规模大，竞争实力强。随着美国企业的国际化进入第三阶段后，涌现出大批体量大、全球影响力强、经营水平高的跨国企业。虽然在20世纪后期，日本与欧洲大批跨国公司开始崛起，但是总体而言，仍与美国跨国企业存在一定差距，特别是在一些重要的高新技术以及工业领域，美国的领先地位至今仍无法超越。②美国国际化经营技术含量高。与一些发展中国家国际化特点不同，美国的经济发展主要以高新技术企业的发展为支撑，产品或服务都具有较高的科技附加价值，相比于其他国家的跨国企业，美国的技术优势较为明显，这一点得益于美国政府、行业以及企业层面在产品研发、技术升级、人才培养等国际化经营的各个方面均有巨大的投入，尤其是在科技研发方面，取得了丰厚的成果与产出，如喷气式飞机、个人计算机、互联网络以及通信传输等。③国际化企业经营与银行联系紧密。美国金融体系作为经济发展的支柱，其对企业跨国经营发展提供了巨大的帮助，无论是国家银行还是商业银行不仅要为企业海外经营提供信贷、发行股票，还要为企业提供情报、出谋划策等多方面的服务。随着企业不断对外扩张，跨国企业与银行间的联系更加紧密，甚至有些企业创建了自己的内部银行，以更高效的方式解决公司资金周转问题。

2. 美国企业国际化的经验

（1）持续鼓励技术创新。

美国作为全球重要的科技中心与经济中心，对于企业技术创新的持续鼓励与支持，成为企业不断提升产品国际竞争力的关键原因。无论从政府、社会、行业以及企业联盟间都在不遗余力提升创新能力。例如，早在 20 世纪 80 年代就建立起"企业创新发展计划"，该计划要求政府必须对承担外贸交易，并且交易额超过 1 亿美金的企业，按照一定比例计划拨付扶持款项，专门用于支持企业的科技研发工作，该项计划具有一定的法律约束效力，规定也有具体的实施要求和责任主体。所有的扶持政策与计划事实上都是为了美国企业能够生产或者制造出具有高科技含量的产品或提供一流的服务。美国政府以及社会中介组织通过各种手段对企业创新研发给予大力扶持。

（2）实施出口产业倾斜。

为了帮助本土企业在对外竞争中取得优势，美国政府通过对一系列产业或行业进行重点扶持，特别是对高科技出口企业制定了特殊扶持政策，如选择计算机、半导体、通信、资源保护等知识密集型产业进行产业培育与帮扶。通过对以上行业的出口扶持，帮助美国占领全球高科技产业的高地，增强本土企业的活力。此外，美国设立专门的流动管理资本基金会，在企业产品或服务出口遇到障碍时，给予经营与贸易服务指导帮助。由于各国生产水平差异、各国经济形态变迁、对外开放政策波动而产生的出口影响，美国本土国际化进程也与之保持同步变化，以期保证对外投资的美国企业在外部环境变化时，依然具有国际竞争力。

（3）提供金融支持政策。

为鼓励更多本土企业参与到国际化竞争中，美国政府还专门设立金融扶持政策，旨在帮助资金短缺、发展遇到困难的中小企业，特别是针对出口业务起步晚、出口规模较低的企业，提供特别的信贷贷款与优惠措施。美国国家进出口银行更是表现出责任担当，通过向本土企业提供出口信贷担保，以及商业获得信贷担保，制订和实行国家贸易信贷计划与出口周转资金贷款计划，帮助企业特别是中小企业解决资金困难，有了政府层面的支撑与措施，对美国企业参与国际化经营起到刺激与鼓励作用，并有助于企业在跨国经营时，提升自身抗风险能力与海外经营信心。

（二）欧盟企业国际化

1. 欧盟企业国际化概况

欧盟企业国际化进程开始于 20 世纪 50 年代，在这些国家的经济发展中涌现出许多跨国公司，集中在法国、德国、英国与意大利，截至 2022 年，英国拥有 18 家世界 500 强公司，德国有 28 家，单位国土面积的世界 500 强企业保有量远高于中国，从人均水平来看，欧盟主要发达国家的跨国企业数量也远高于我国（Aspelund et al.，2007）。在化工、制药、汽车、电子、通信、环保技术、能源节约等方面，欧盟也处于世界领先地位，特别是制造业占据着重要的战略地位，已成为全球经济发展最重要的支柱产业。与制造业相比，欧盟许多国家的服务业相对不发达，近些年，为了加快融入国际竞争，越来越多的企业采取制造与服务并重的发展原则，针对性地调整产业，促进经济发展，提升企业乃至一个国家在国际市场的话语权。

值得一提的是，欧盟的国际化可以说就是中小企业的高度国际化，25 个国家拥有 2300 家中小企业，从业人数占总就业量的 66%，"中小企业王国"的意大利更高达 73%。由于此类企业的人工成本、经营成本相对低廉，可以凭借更强的适用性、灵活性、创新能力与企业家精神，快速适应国内外竞争环境的变化与发展。欧盟许多中小企业在其所属行业的国际市场中，往往占到市场份额的 70%～90%，90% 以上的中小企业在美国具有分支机构、50% 进入日本，可以说中小企业的成长发展是欧盟经济扩张、壮大的重要动力。

2. 欧盟企业国际化的经验

（1）注重高素质企业人才培养。

欧盟之所以能成为孕育跨国公司的"温床"，很大程度上得益于其多元化的国际化策略。以法国为例，该国在多领域孕育出大型跨国企业，这一成就背后的关键是其人才发展战略。法国政府高度重视教育与科研，投入占 GDP 的比重分别达到 5.6% 和 3%，远超我国水平，致力于构建与企业需求高度契合的教育体系。法国的教育系统根据企业实际需求定制课程，针对性地培养未来岗位所需人才，形成了种类繁多、达 600 余种的职业文凭，为法国企业的国际化奠定了坚实的人才基础。德国则采取了另一种策略来推动企业国际化，即通过政府建立的风险投资公司来提供资金支持。国际化进程中资金是重要保障，德国政府通过风险投资直接助力企业，成功扶植了超过 500 家高科技中小企业，拓宽了融资渠道，特别是为高新科技公司开辟了更多资金来源。像西门子、拜耳这样的德国跨国巨头，也通过建立自己的风险投资公司，为中小企业提供融资便利，进一步促进了国际化进程。总的来说，法国和德国通过独特的人才培养机制和创新的融资策略，各自为本国企业的国际化之路提供了强有力的支撑。

（2）为企业提供可靠及时的信息服务。

欧盟为企业提供全球信息与咨询等各类服务。多数企业自身捕捉世界市场信息的实力有限，欧盟通过大力发展欧洲信息中心（EICS），为各类企业提供全球市场信息服务。此外，欧盟还通过征求合作伙伴计划，辅助各类企业在全球范围内寻找合作伙伴，签订合作协议或合同。在德国，政府和某些组织机构、一些行业或企业协会，加强对各类企业国际化问题的研究，帮助企业制定企业国际化战略，以及帮助企业设计国际化战略实施路径和具体方案，有时还开展某些区域的经济发展趋势等专题研究，为部分企业的生产和销售决策奠定基础。该信息服务体系在提供市场信息的同时，也向企业提供海外市场的合作伙伴的相关信息，并使企业间能够快速顺利解决争端。

（3）全面统筹中小企业国际化发展。

意大利作为西方工业实力排名第七的国家，其工业体系显著特点是中小企业的广泛存在。全国接近万家的非农企业中，中小企业虽单体规模不大，但在国家的 GDP、就业及出口方面占据了较大份额。意大利采用了一种独特的模式促进中小企业走向国际化，即"小企业集群"模式。以毛纺织行业为例，许多流程不完整的毛纺企业和经纪公司与众多小型地方企业建立了紧密的分工合作关系，尤其是在普拉托地区，这种模式表现得尤为突出。普拉托是意大利三大毛纺重镇之一，这里聚集了上千家相关企业，几乎占该地区企业总量的一半。行业劳动力分散在众多的小企业中，一半在百人以下的小型企业工作，另一半则服务于 500 人以下的中小企业。在这种模式下，大量小型毛纺企业围绕着几家较大的企业，共同形成了一个没有实体围墙的"大工厂"，而这些"大工厂"的集合体则构成了毛纺织业的"工业区"。在每个这样的集群中，通常有一家终端企业作为核心，负责接洽国内外订单，销售成品，并且协调整个生产流程。众多中小企业作为供应商，专注于毛纺织的不同生产环节，而大型企业则通过与这些小企业的合作，建立起一个高效、有质量保障的生产和设计体系，以集群的形态参与到国际竞争与合作中，实现了国际化经营。

（三）日本企业国际化

长期以来，日本作为全球科技与技术研发趋势的引领者，具有丰富的生产技术与管理经验，因此日本成为全球产业发展的重要参与者。在日本经济实现现代化的进程中，从制造生产到服务营销、从简单生产到科技研发，日本企业的国际化既循序渐进，又特色鲜明。

1. 日本企业国际化概况

（1）第一阶段：20 世纪 60 年代——出口导向。

自 20 世纪 60 年代开始，日本企业开始了自己的海外扩张之路，大量的日本企业将自己的产品卖到在当时技术和科技不如日本的国家，比如东南亚、拉丁美洲，这些国家技术实力十分薄弱，劳动力廉价，自然成为日本倾销自己产品的绝好市场。之后随着这些国家普遍开始实行高额关税制度，日本的产品出口受到了极大的限制，于是在 20 世纪 60 年代末和 70 年代初，日本企业改变了以出口为主要导向的经济模式，开始进行资本输出，把最后一道工序搬到当地，利用当地低廉的劳动力来进行组装，即从日本本土进口零部件，而在当地进行最后的产品组装。在出口导向阶段，海外投资的行业主要是汽车组装和纤维、电子产品等劳动密集型产业。汽车组装行业以丰田汽车公司为代表，纤维行业是东丽，电子行业是松下电器，投资形式主要以合资为主。

（2）第二阶段：20 世纪 70 年代——海外生产。

进入 20 世纪 70 年代，随着日元的猛烈升值，日本的直接出口受到了比较大的影响，于是日本开始全面进入海外投资的时代。大量的统计数据显示，自 1971 年开始，日本对外贸易投资总额出现强劲增长，在两年之后达到 35 亿美元，成为历史最高点，之后随着石油危机的淡化，日本再次迎来海外布局的大时代，5 年投资增长两倍。在这个阶段我们看到，日本企业的认知与方向发生了巨大的变化，这种变化是质变。日本企业开始逐渐凭借自己的科技和技术实力，从经济落后国家向经济发达国家投资和渗透。大量的日本企业开始在美国和欧洲建厂生产。从这时起，日本国内的工资水平开始向美国和欧洲看齐，同时为了减少可能出现的贸易摩擦，日本企业在西方大国的投资非常谨慎，此时的投资额度不大，因为日本自身经验不足，这个阶段的投资主要以组合装配车间为主。当然，日本也同时在中国台湾、中国香港、新加坡、韩国等次级发达国家和地区进行投资，日本让这些投资地的产品的服务反向输出到日本以及西方发达国家，并通过这些反向出口减少贸易摩擦，同时满足国内的工资增长需求。

（3）第三阶段：20 世纪 90 年代——全球化战略。

在全球化战略初级阶段，日本海外投资发生了较大转变：一是投资规模大型化，开始在发达国家投资大型工厂。二是投资行业领域、内容发生变化。这种变化实际上是日本企业竞争力增强的表现。20 世纪 70 年代，日本的对外投资主要集中在服装等比较低端的领域，然而从 20 世纪 90 年代开始，日本的海外投资开始转向劳动密集型产业和高科技领域。比如半导体、合成材料、信息技术等，这个时期，日本企业在海外建立了大量的研发中心，推行当地的市场化研究，把各个节点组合起来形成合力，进一步明确国际化分工，优化各种资源配置，取得了在高端产品领域的较大成功。三是海外投资的出资形式多样化。在 20 世纪 90 年代，日本企业的投资开始呈现出多元化的趋势，大量新型合资公司开始出现。还有对其他当地公司的收购，日本企业对在当地比较成熟的企业和行业进行贸易并购，快速进入并占领当地市场，而且还最大程度地避免了贸易摩擦。四是投资地区扩大。在这个阶段的日企投资，开始向全球大范围扩张，大量的优秀日本企业被吸引到墨西哥、巴西等为日企开出巨大优惠条件的国家。

在日本经济与产业快速发展的过程中，日本企业国际化保持着循序渐进的节奏，战略选择从出口—出口替代—国际分工—全球化战略，国际化选择地区从发展中国家—发达国家—全球市场，经营手段从合作合资建厂—组装生产—一体化生产—跨国并购—委托加工—设立研发中心，这一系列变化使日本国际化投资规模逐渐增大、产业悄然升级，日本也因此成为世界各国及地区企业国际化进程的典型代表。

2. 日本企业国际化经验

（1）人才对国际化经营发挥重要作用。

在日本，许多企业的经营者大多是精通业务的专门人才，他们对拓展事业的兴趣远远超过对利润的重视。他们富有冒险精神，即使失败了也毫不气馁，一切从头做起。这种旺盛的企业家精神是这些企业得以不断向前发展的强大动力，也是做一流产品的根本保障。索尼公司从不为人知的小公司发展到国际知名大企业就离不开井深大与盛田昭夫的默契合作。他们一个偏向于技术和创造，另一个倾向于营销和创意。俩人始终坚持走创新和国际化路线，创建自主品牌，最终带领索尼成功走向了国际市场。因此，人才成为企业最宝贵的财富。人才对企业的另一重大贡献在于技术创新，绝大多数企业意识到，一个企业如果要在市场上生存下去，就必须不断地通过创新去满足市场的需要，必须以人为本，努力满足人们的需求，同时还应该对消费者的行为进行分析，用分析结果来指导自己的产品改造，以获得消费者的认可。因此，作为企业也必须重视新产品和新技术的开发。此外，日本积极鼓励中小企业开展产学研活动。在员工的采用上，不拘泥于年龄性别，大胆地采用高龄人才，积极鼓励女性生育后再就业。在就业形态上，也不拘泥于正式员工，大量采用临时工、派遣员工，实现人尽其用。

（2）通过企业集群开展国际化。

日本企业界的一大特色在于其行业内部构建的紧密合作网络，企业间通过相互依存与协同作业，共同追求战略愿景。这种模式体现在企业利用各自的资源优势进行互补分工，围绕核心目标携手合作，特别是在推进国际化进程中，常借助行业协会或商会平台聚合力量。他们不仅在科研、生产、物流等环节形成联动，还通过战略联姻深化合作，形成了一个既横跨不同领域又贯穿产业链上下游的复杂合作矩阵。这种矩阵结构促进了高效协作，加速了资源流动，提升了整体的国际化竞争力。日本企业国际化的一个重要路径是依靠集群效应，尤其是中小企业通过与大型企业的紧密合作实现海外市场的渗透。中小企业得以利用大型企业的品牌影响力、技术和资金优势，有效克服自身国际化过程中可能遇到的技术和资金障碍。它们通过承接大企业的外包项目，不仅找到了通往国际市场的桥梁，还在这一过程中严格按照质量标准的要求，从而不断优化生产流程、提升技术水平，实现成本控制和效率提升。可以说，这种依附大企业的策略为中小企业开辟了一条国际化经营的成功之路。

（3）建成国际化政策扶持体系。

在日本，一般国际化发展比较成功的企业大多是一些规模庞大的跨国公司，相比之下，中小企业往往是企业国际化经营中的弱势群体。日本是发达国家中为中小企业立法较为完善的国家之一，也是政府扶持手段较多的国家之一。有关中小企业的法律，自1949年以后就颁布了30多部。在这些法律条文中，对不同行业的中小企业都予以明确界定，使政策支持的指向性、政策效果更加明显。一般来说，企业越小，得到政府的扶持和优惠越多。针对中小企业开展国际化经营，日本政府出台了多种政策支持，国际化支援政策体系比较完备。国际化支援政策体系中包含促进中小企业顺利开展海外业务政策、对外贸易政策、国际交流政策及其他政策措施，并且为有效贯彻实施这些政策，还专门设立企业国际化支援机构，即中小企业基盘整备机构与日本贸易振兴机构等，帮助企业利用好政策，获得国际化经营的政策红利。

三、国内企业国际化

我国沿海地区在经历了改革开放带来的快速发展之后，孕育出许多大型跨国公司，并在国际市场上占据了重要位置，特别是一些中小企业也全面参与到国际市场竞争之中。此外，随着我国中部地区的崛起，中部其他五省也在积极推进本地企业"走出去"，并且取得一定成绩，产生了许多值得借鉴的宝贵经验。本书将以广东省、浙江省与安徽省作为研究对象，对其进行企业国际化经营情况解读，力求提炼出可以借鉴的成功经验与启示。

（一）广东企业国际化

1. 发展概况

广东省是我国改革开放较早的地区之一，优先积累了改革开放宝贵经验，也形成了独特的发展模式。广东省依靠劳动力优势，逐步形成以加工贸易为核心、轻工产业为重点的外向型经济模式，成为拉动广东经济增长的主要动力，助推广东省的出口贸易总量长期占据全国第一。广东民营企业对全省外向经济与贸易的发展起着重要的推动作用，特别是在 2008 年国际金融危机之后，当广东出口贸易整体增速放缓时，民营企业对广东对外贸易的贡献可谓是独树一帜，广东民营企业出口从 2009 年开始便维持较快的增长速度。2023 年 1 月，海关总署广东分署发布 2022 年广东外贸进出口"成绩单"，2022 年广东民营企业进出口 4.78 万亿元，同比增长 2.5%，占广东外贸总值的 57.6%，占全国外贸出口总额的 19.9%。民营经济在广东外向型经济中起到越来越重要的作用，国际化发展也成为广东企业的重要战略发展方向。

2. 发展特点或路径

广东省外贸经济发展速度快、规模大、营商环境好、外资利用充分有效、经过多年发展取得了许多重要成就。同时，广东省民营外贸经济发展也存在一些问题，如核心竞争力不足、同质化竞争严重、仅靠低成本领先战略占领市场、频繁面临贸易壁垒和反倾销措施等多种限制，呈现出鲜明的发展特点。同时，广东省作为我国国际化经营探索较早的省份，面对特殊的国内与国际环境变化，已经走出一条特点鲜明的发展路径。

（1）专业化分工明确，综合效率高。

广东省在市场化竞争机制下产业集群特征显著，市场综合效率较高。广东省改革开放引入市场竞争产生了三个结果：一是市场机制的优胜劣汰。只有效率最高的企业才能生存，逐步提高了广东省民营企业的单体效率。二是分工明确。精细化分工是企业提高效率的必由之路。广东省加工、制造、测试、销售等专业化企业数量多，专业化程度高。三是逐步形成产业集群。由于产业规模大、专业化分工强、市场综合效率高，逐步推动广东省围绕加工外贸和轻工业形成产业集群体系。

（2）外资环境好，外商参与度高。

外商投资在广东省加工贸易投资主体结构中占据主导地位。由于广东省加工贸易产业占比较高，外资企业为实现产品质量控制、维持较高新技术和管理水平，往往通过控股或参股的形式参与国内企业投资，通过参与治理层、管理层起到质量控制的作用。广东省民营企业在接受国外资本的同时，也充分吸收先进的治理、管理理念，学习质量控制体系，在我国轻加工领域形成了独特优势。

（3）加工经济为主，产品附加值低。

广东省民营外贸经济以加工贸易为主导，大部分企业采用委托加工或设计加工、贴牌生产的模式开展。相关生产模式虽能快速扩大规模，但由于没有核心技术及自身品牌，综合附加值低，处于微笑曲线底端。同时，相关企业生产和创新的主动性严重受到境外企业制约，当境外订单减少或核心技术受限时，广东加工型外贸企业将受到较大制约，导致全省外贸经济受到国际政治环境、外贸政策等影响严重，不利于企业国际化经营持续健康发展。

（4）同质化竞争激烈，恶性竞争严重。

广东省民营外贸经济以轻工业为主，科技含量普遍较低，产业进入壁垒低。一旦某一产品需求增加、效益提升，很容易受到新进入者威胁，进而改变市场供求关系。因此，广东省民营外贸经济普遍面临同质化竞争，价格成为企业竞争的关键因素，导致国内企业间恶性竞争，降低了企业利润水平和科技研发投入能力，走入价格竞争的恶性循环；同时也导致国际反倾销诉讼和争端增加，降低了广东品牌在国际的影响力，对广东民营企业走出去造成不利影响。

（5）闯出"先国际后国内"的跳跃式发展路径。

根据主流的国际化理论任务，企业应先占有本土市场优势地位，再向境外延伸发展。广东省民营企业的国际化发展道路与一般的国际化理论不同。由于改革开放初期，我国国内市场规则、质量体系、产权保护体系尚不健全，同时地方市场保护和分割严重，市场进入成本较高，国内市场拓展成本高、风险大，收益有限。相较而言，采用委托加工方式开拓国际市场，相关政治、市场风险大幅降低，相较国内市场拓展更具有可操作性。因此，广东省企业国际化跳过了国内发展的多个步骤，在发展早期直接进入了进出口市场。伴随国内市场规则逐步完善，广东省国际化企业在轻工业等领域已逐步形成核心竞争力，并将市场逐步向国内转移，呈现"先国际后国内"的发展路径。

（二）浙江企业国际化

1. 发展概况

浙江省是中国东部沿海地区早期探索国际化道路的先锋之一，其国际化始于20世纪70年代末，以小型商贸和物流活动为开端，特别是在温州、台州、金华等地，由简单的街边市场逐渐兴起。以台州为例，1979年当地就拥有367个专业市场，交易额高达15亿元人民币，20世纪80年代后，这些专业市场经历了飞速发展。

进入20世纪80年代，浙江企业，尤其是私营企业，通过原始设备制造商

（OEM）模式迈出了国际化的第一步。这意味着浙江企业根据外国客户的需求和规格，专门从事代工生产，成品上贴客户的品牌标签出口。这一时期，企业主要担任生产加工的角色，无须涉及产品设计或市场销售等其他环节。

到 20 世纪 90 年代末，部分浙江民营企业进一步升级，从 OEM 转向原始设计制造商（Original Design Manufacturer，ODM）模式，这意味着企业在代工生产的同时，也开始参与到产品设计中，呈现出向更高附加值转型的趋势。ODM 企业不仅要有生产能力，还需具备研发创新能力，它们设计的产品被国外品牌公司收购并以这些公司的品牌名义销售。无论是 OEM 还是 ODM，都是跨国企业将生产环节外包给其他国家企业的体现，属于供应链外包的初级阶段，但它们已成为浙江企业打入国际市场的重要策略，覆盖了从机械零件到各类消费品的广泛领域，极大推动了浙江制造的全球影响力。

2. 发展特点与路径

浙江企业国际化特点表现为以下四个方面：

（1）从出口入手实现国际化。

浙江企业的国际化之旅常常始于出口贸易，通过不断扩大出口规模，企业逐渐积累实力并在海外建立分支机构、营销中心乃至生产基地。这种模式在全国范围内也有成功案例，如家电行业的格兰仕。众多浙江民企，比如温州的康奈和奥康鞋业，也是通过这种方式，直接在国际市场如意大利开展品牌营销活动。

（2）从代加工开始渐进国际化。

另一条国际化路径是逐步从代加工过渡到自我品牌竞争。企业起初通过接受国外加工订单积累经验与资本，一旦成熟，则可以反向收购委托方，转变为市场参与者。万向集团是这一策略的典型代表，众多汽车零部件制造商也沿用了这一模式进行跨国运营。

（3）通过跨国并购来实现国际化。

跨国并购是进入国际市场的直接方式，尤其适用于资金雄厚的中大型民企。尽管初期可能缺乏直接的海外运营经验，但像华立集团和吉利集团（成功并购沃尔沃）这样的浙江企业，通过绿地投资或直接并购，展现了这一路径的可行性。尽管并购存在风险，吉利与沃尔沃的合并案却证明了其潜在的成功。

（4）跨越式发展路径逐渐清晰。

自 20 世纪 90 年代以后，浙江企业的国际化进程显著加速，从渐进式转为跳跃式发展，具体体现在：外贸出口量大幅增长；海外投资额快速上升；投资市场多元化，足迹遍布全球上百个国家和地区；涌现出万向、华立、正泰、康奈等成功实施海外投资的民企典范；并且，国际化已成为广大浙江民企的普遍共识和未来发展的重要方向。这种激进扩张模式标志着浙江企业国际化战略的成熟与自信。

（三）安徽企业国际化

1. 发展概况

安徽隶属我国中部六省，随着对外开放程度的不断加深，越来越多的安徽企业走向世界。经过多年的发展，安徽外向经济尤其是出口贸易发展成果显著。主要成绩体现在以下六个方面：

（1）外贸出口主体日益壮大。

在过去的几年里，安徽省每年新增进出口企业（产生实际业绩）1000 多家，截至 2022 年，这一数字已经超过 2000 家，这样的增幅主要在于安徽实施外贸主体壮大培育工程，一大批具有发展潜质的企业得到了指导帮助，实现了更深层的国际化发展。

（2）对外贸易稳步提升。

2023 年 1 月 28 日，合肥海关召开"2022 年安徽省外贸情况新闻发布会"，海关数据显示，截至 2022 年，安徽省实现货物贸易进出口总额 7530.6 亿元人民币，排名中部第 2 位、中西部第 4 位、全国第 13 位，分别占全国外贸总值的1.8%，特别是出口总额增幅超过 45% 以上，创下同期最高。2023 年 3 月 12 日，合肥日报记者从合肥市商务局获悉，2022 年，合肥市跨境电商交易规模再创新高，全年实现交易额 196.25 亿元，同比增长 50.9%。

（3）对外投资经营稳步提升。

2022 年，安徽省的外商投资领域表现出显著的活力与扩展趋势。具体而言，2022 年共设立了 475 家新的外商投资企业，这表明安徽省对于外资的吸引力持续增强。这些企业的合同外资总额达到了 42.9 亿美元，而实际使用的外商直接投资额则为 21.6 亿美元，实现了 17.8% 的同比增长，显示出良好的外资利用效率和外商投资信心。到 2022 年底，共有 89 家来自世界（境外）500 强的企业在安徽省扎根，它们总共设立了 180 家分公司或子公司，进一步强化了安徽省在全球经济版图中的地位和外资结构的优化。在对外经济合作方面，安徽省的表现同样亮眼。根据安徽省统计局公布的数据显示，2022 年，对外承包工程新签订的合同金额攀升至 54.6 亿美元，增长率高达 23%，体现出安徽省企业在海外工程市场的竞争力提升。同时，完成的营业额增长 0.3%，达到 23.9 亿美元，反映出一定的市场稳定性和项目执行能力。不过，外派劳务人员数量有所减少，全年共计派出 5330 人，同比降低了 18.2%，这可能与全球疫情形势及国际劳务市场变化有关。此外，安徽省在对外直接投资上也实现了显著增长，2022 年全年实际对外投资额达到 17 亿美元，增幅为 12.2%，表明安徽省企业向海外扩张的步伐加快。尤其值得关注的是，对共建"一带一路"国家和地区的投资增长 71.9%，达到 6.2 亿美元。

（4）融入"一带一路"描绘新蓝图。

自 2013 年我国提出共建"一带一路"倡议以来，我国的"朋友圈"越来越大。安徽借力"一带一路"描绘出外贸高质量发展的新蓝图。合肥中欧班列经过多年的不断发展，已经成为企业开拓共建"一带一路"市场的陆上大通道。中新网合肥 12 月 31 日电，合肥中欧班列 2022 年发运 768 列，较 2021 年净增 100 列，其中，共计开行 335 列企业定制班列，同比增长 191.3%，安徽货运占比达 85.69%。在"一带一路"倡议中，安徽企业表现得更加得心应手。

（5）优化营商环境，促进贸易便利化。

事实上，进出口显著增长，企业活力迸发，正是安徽大力优化外贸营商环境的必然结果。安徽出台《安徽省优化口岸营商环境促进跨境贸易便利化工作实施方案》，建立口岸收费目录清单制度；落实精简进出口环节监管证件，从原先的 86 种减至 44 种。此外，2019 年 10 月，国家正式批准设立皖中南保税物流中心（B 型），为皖中南城市群构建起新的国际物流通道。通过完善国际贸易单一窗口功能，安徽已实现"一个平台、一次提交、一键办结"，主要功能实现覆盖率 100%。

（6）发展新业态，增添外贸新动能。

跨境电商也为安徽外贸发展带来新动能。安徽省高度重视跨境电商发展，成立了全省跨境电商领导小组。随着芜湖获批国家跨境电商综合试验区，安徽已拥有了合肥、芜湖两个综合试验区。在跨境电商的推动下，安徽企业创新开拓，新业态、新模式蓬勃发展。

2. 发展特点或路径

（1）政府对企业国际化经营扶持力度大。

安徽省与河南省同属于中部地区，企业的国际化发展进程虽落后于东部沿海地区，但安徽全省近 40% 的企业均涉足国际市场，中小企业国际化经营方式大多还只是国际化进程的初期，主要采取加工贸易的方式走向国际市场。自改革开放以来，安徽企业采取了收购、新建、独资、合资企业等多种形式，全面开展外向国际化发展，虽然取得的成果稍显稚嫩，但仍具有突出特点。例如，安徽省重视对高新技术企业的培育，采取多种积极措施帮助企业解决发展中遇到的实际问题，鼓励企业技术创新，扶持企业国际化经营，为企业营造一个良好的成长和经营环境。此外，通过设立长期低息贷款专项基金或专门的金融机构，利用贴息贷款或政府优惠贷款的方式支持科技型中小企业的发展。在税收方面，政府除了帮助企业建立和完善技术中心，鼓励企业研发具有自主知识产权的技术和产品之外，更从风险投资的角度，通过设立创新活动服务的风险基金或中介机构，增加对企业的投资，促进科技型中小企业的快速发展。

（2）重视国际化人才培养。

越来越多的安徽企业在从事海外经营的过程中，注重培养、吸引、聚集一批熟悉国际经营运作的高级人才，部分有实力的大企业开始聘请世界各国的人才充实到跨国经营的企业和机构中，帮助企业提升科技研发及管理水平，尤其是为其提供广阔的发展空间和较优厚的待遇，在企业内部营造一种基于国际创业导向和国际营销导向的企业文化，用良好的发展前景和积极向上的企业环境吸引并留住稀缺的国际化人才。一些有经济条件的中小企业，也采取组织中、高层骨干参加国内的有关教育培训，选送人员（中、高层管理人员或技术人员）到国外学习等形式，提升员工的国际化意识以及管理能力。安徽省虽然经济总量与国际化发展水平与河南省存在一定距离，但是在政府扶持与人才培养方面的经验，值得河南省学习借鉴。

四、经验与启示

企业国际化是一个过程，是一个企业在国际市场上持续发展的过程。波士顿咨询公司全球 CEO Rich Lesser 指出，企业国际化过程必须具备六大能力，即战略规划、治理与管控、人才管理、品牌管理、风险管理以及社会责任。然而，中国企业的国际化发展之路刚开始不久，在发展环境、发展基础、管理经营、研发能力、市场意识等方面与美国、欧盟、日本等发达国家存在较大差距，分析发达国家企业国际化发展进程，对提升河南省企业国际化水平具有较大的借鉴意义。

（一）国际经验启示

1. 给予企业国际化经营更多自主权

无论是工业化成熟的国家（如美国和德国），还是快速崛起的工业化国家（如新加坡和韩国），政府普遍采取了放手的策略来管理中小企业的经营，尤其是在国际贸易领域。它们采用国际通用的工商注册体系，为中小企业参与外贸活动提供了宽松的环境。在这种政策导向下，中小企业被赋予了较大的外贸自主权，使其既能专注于制造生产，同时也能独立或通过与外贸企业合作的方式，灵活地开展对外贸易，而政府更多的是扮演一个支持而非直接干预的角色，这样的安排使中小企业能够直接参与国际贸易流程，减少了中间环节，提高了效率，使产品在国际市场上的价格竞争力得到加强。这种自由度和灵活性不仅促进了中小企业对外贸易能力的提升，还加快了它们国际化进程的步伐。

2. 为企业国际化经营提供资金支持

企业开展国际化经营需要大量的资金做支撑，然而企业的发展基础不同、业务特征不同、面向市场不同，造成海外拓展资金的配比差异较大，特别是在一般信贷市场上，中小企业由于自有资金少、信用度不高、经营风险大，很难获得贷款。总体来看，资金短缺几乎是企业普遍存在的问题。西方国家针对资金问题采取了形式多样的扶持手段。例如，美国政府向中小企业提供多种融资渠道，如通过国际贸易信贷计划（ITL）和出口周转资金贷款计划（EWCP），对参与国际贸易的企业给予资金扶持。欧盟来自银行业的融资服务，采取贷款优惠、贷款担保等手段，强化对企业的支撑。无论是哪种手段，目的都是帮助企业度过海外经营的困难期，降低企业跨国业务的风险，提升企业外向国际化的成功率。

3. 为企业国际化经营提供咨询服务

目前，越来越多的国家设定专业服务机构为企业国际化经营提供服务，通过该平台传递信息或提供针对性指导，能够有效促进新进企业提高外贸易经营水平，帮助企业协调关系。通过与政府以及国际营销组织的合作，积极为企业提供贸易信息和实务指导。例如，美国商务部门建立的贸易数据库，有上百个国家和行业的数据供企业免费使用。在人才培养方面，目前各国政府针对人才培育和引进都做了大量的工作，甚至很多国家还制定了专项政策来支持企业引进和保留优秀的人才。许多当地政府设立基金会，对符合条件的企业和人才给予专项补贴。例如，德国政府，它们在全国各地建立技术培训中心，为企业的管理人员和技术员工提供各种专业培训，鼓励创新，甚至由政府担保设立基金给予专业人员贷款和补贴。相比之下，我国企业特别是西部地区的中小企业，缺少来自外部机构的支持，特别是在对外经营的法律法规等专业领域的知识缺乏，使中小企业难以与国际法规、惯例相接轨，在开展国际化经营时遇到很多问题。

对比发达与发展中国家的国际化竞争优势可以看出，发达国家在管理能力、组织机构设置、市场营销以及企业发展战略等多个层面，均全面领先于发展中国家，特别是在对外拓展方面，发达国家以技术为依托，通过差异化的产品或服务，不断提升自身竞争力。相比之下，我国企业仍在低成本营销、差异化不足、技术水平有限的阶段，需要全面提升技术研发能力、管理理念、营销手段，以及提高战略定位、明确战略方向。美国、欧盟及日本的国际化路径，也将成为我国走在国际化前端企业的重要参考。

（二）国内经验启示

1. 以集群经济为基础开展国际化经营

我国东部地区企业在开展国际化经营的过程中，呈现出以集群经济为基础、以产业联盟为依托、全面开展海外经营活动的特征。在激烈的市场竞争中，面对国内外其他大型企业在技术、资金、规模、品牌等方面的先行优势，孤军奋战是难以取胜的，正是因为众多民营企业集体联手走向市场，才能使其在市场上占据先机。因此，采取集群经济形式开展国际化业务也具有降低海外经营风险、提升市场议价权与话语权的作用，借助更大的产业或行业联盟，我国企业也将具有更广阔的市场空间与业务拓展可能。此外，在国际市场中，集群经济既可以让企业，特别是中小企业保持灵活多变、反应敏捷的特点，又能积少成多形成产品规模优势，还能促进集群内各企业的专业分工与协作。通过产业集群，加强企业的竞争力，从而加快区域内企业的国际化发展进程，提升企业应对外部危机的能力。目前，河南省产业集群已初具雏形，随着越来越多的企业走出国门，已经具备了开展集群国际化发展的条件。

2. 推进技术研发引领带动多元国际化

我国东部沿海地区的主要特点在于国际化方式是在对先进的科技或是在对外技术消化的基础上推出新产品或新服务，如海尔集团、利勃集团等企业均采取技术更新战略，并且逐步实现走向世界。通过产品模仿、知识学习等手段逐步实现了自身研发能力与市场拓展能力的提升。以技术为引领，使我国东部地区的企业具备了走向市场的优势或基础，而通过海外市场的经营，企业不断提升各项能力，继而具备了开拓市场、创建品牌的潜力，同时具备了将企业国际化逐步拓展到更多领域的可能。随着东部地区国际化经营水平的提升，越来越多的企业实现了由单一的出口业务转向多元化业务。通过先行企业在某一项业务可以在国外的市场上平稳地盈利，再在这项核心盈利业务的基础上，稳步开展相关的多元化业务。例如，广东格兰仕集团在早期以微波炉打开国际市场后，逐步延伸产业链条，全面进军白色家电行业，真正成为多元化经营的跨国公司。

3. 推行国际化战略一致、实施主体一致

在推进"走出去"战略的过程中，中国企业需要确保其行动与既定目标和整体战略相协调，以省级行政区为单位，鼓励和支持企业拓展海外业务和国际合作，从而为本地区经济的持续增长注入动力。核心在于实现"进出平衡，双向互动"，即在参与全球经济一体化的同时，有效利用国内外两个市场和两种资源，积极参与国际竞争。实施这一战略时，保持行动主体的一致性尤为关键，其中政府扮演着领航者的角色。基于全省经济发展的长远规划，政府负责整体布局，指

导企业如何更好地"走出去"。地方政府在此过程中的作用不可小觑，它们需要负责制定扶持政策、营造良好的外部环境、实施有效监管及提供全面服务，确保企业享有对外投资和跨国经营的自主权，保护它们在海外的合法权益，并引导企业良性竞争，避免无序状态。在明确的战略导向和政府强有力的支持下，企业能够充分利用自身在商品和要素市场上的比较优势，通过出口商品、对外投资等多种方式深化国际化经营，实现内部国际化与外部国际化相辅相成、相互融合。这一系列举措最终将推动地区国际化经营水平的整体提升，促进经济的高质量发展。

总体来看，国内企业借助承揽外包业务、专业市场、对外投资等方式，通过对外出口、市场拓展以及合资独资、海外上市、并购等手段，开展形式多样的国际化经营，借助不同规模的业务主体，结合国际化不同的进入壁垒，以及预期收益开展了不同层级的国际化发展。国内企业国际化经营处在程度较分散、成绩差异较明显、海外渗透度参差不齐的阶段，也从一定层面反映出，东部地区与中部地区的企业国际化发展存在一定差距，河南省的企业国际化发展需要向经济外向度更高的区域看齐。

河南企业迈向国际舞台时，应根据自身的规模和国际化战略特点，审慎选择合适的切入点（见图8-1）。初期，企业可以通过承接外包项目或与专业外贸代理合作的形式，逐步踏入国际市场，以此途径积累宝贵的国际化经验和资金基础。随后，待条件成熟时，再考虑直接进行海外投资，实现更深层次的国际化布局。尤其是对于像河南这样地处中部、市场化水平有待提升的地区而言，推动企业国际化进程的关键在于大力推进体制革新与创新。这要求地方政府从政策导向和制度建设两个方面着手，加速本地市场的开放进程，促进与国际规则和标准的对接，为本土企业国际化铺设平坦的道路，营造一个利于"走出去"的优良政策与制度环境。简而言之，河南企业国际化是一个循序渐进的过程，需要政府与企业的共同努力，以及内外部环境的协同优化。企业国际化切入方式如图8-1所示。

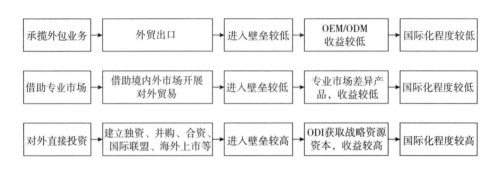

图8-1 企业国际化切入方式

五、本章小结

　　本章主要选择美国、欧盟、日本等企业国际化走在前列的国家和地区，广东、浙江国际化经营水平较高的国内地区，以及发展阶段与河南相似的中部地区（安徽）作为分析对象，通过对以上地区企业国际化发展过程、发展特点与发展路径的经验总结，得出提升河南企业国际化经营能力的经验与启示。

第九章 新形势下河南企业
国际化路径选择

随着近些年全球一体化的发展，企业涉足市场范围的拓宽，河南企业"走出去"的足迹已遍布亚洲、美洲、非洲等全球180多个国家及地区。经营业务涵盖科技创新、制造加工、能源环保、生物医药等多个领域。全省对外贸易进出口总量逐年稳步提升，证明了河南企业正进入快速国际化的重要战略增长期。然而，在河南外向国际化发展步伐加快的同时，也面临着新的内外部环境与形势变化，如何抢抓机遇、减少危机、规避风险，成为河南企业国际化发展面临的重大挑战。

目前，河南企业多采用最基本的对外出口产品（服务）或契约模式（合作制造、业务外包）的形式开展国际化经营，在被调查的83家企业中，仅有10家建立国际公司，不到5家企业具有独资海外经营公司，可以说河南企业的国际化路径并没有明确的行业特点，多处于以销售产品或谋求价格收益的探索期。结合企业海外发展动机，本书将对其发展路径进行解析，并结合国内外、河南省经济发展形势、产业特征以及企业国际化发展特色等多重因素，综合提出适合不同阶段、类型、特征的国际化路径，为指导河南企业"走出去"提供参考。

一、资源开发型企业国际化路径

从跨国经营投资的角度来看，企业国际化主要包含两种：一是将本国具有优势的产业输出；二是本国逐渐失去比较优势的产业通过海外发展寻求新机遇。中国作为资源相对匮乏的国家，特别是淡水、煤炭、石油等人均占有量远低于世界水平的产业，一些资源如原油、氧化铝、钼、镍等资源对外依存度仍保持较高水平，若此类需求缺口完全依靠进口是不可能完全解决的。因此，在维护我国资源供给与安全的同时，河南资源开发型企业需要走出国门寻找新的资源。例如，到资源丰富的拉美、非洲及中东地区寻求新的海外经营机会。

在面对全球经济增长动力不足、国际贸易发展受阻的情况下，基于不同发展基础、不同动机的企业，应采取差异化的国际化路径（见图9-1）。

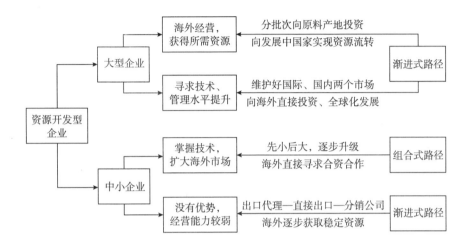

图 9-1　资源开发型企业国际化路径

（一）大型企业国际化路径

若企业以获得海外资源为目标，考虑复杂多变的外部环境，不宜盲目对外扩张、加大投资，应适当选择在国际市场有较大需求，或已经具有一定发展基础的产品。主要采取渐进式国际化路径，分批次投入，在寻求中逐步增强国际竞争力，促进自身国际化经营路径的演化升级。国际化方向也应是向原料产地投资，进行原料开采加工，并通过合理的价格供给国内生产或进一步出口到发展中国家，实现跨国资源流转。若企业为增强研发实力，以海外经营来寻求技术、资本或管理水平的提升，则应该借助国际国内两个市场，在全球市场寻求资源并合理配置，通过对外直接投资，并以此来倒逼国内产业结构的不断重组、优化与升级，同样这一个过程也不能操之过急。

（二）中小企业国际化路径

对于海外国际化经营经验不足、自身竞争力不足的中小企业，突破现阶段小规模出口探索期，实现企业国际化发展，更依赖于外部环境的变化。在海外出口受阻的情况下，应该采取"先小后大，逐步升级"、抓住机遇、迈开步子的组合式发展路径（渐进式与跨越式结合）。若自身掌握技术，可通过海外寻找合资合作，实现跨越式发展。选择市场通常基于：由近及远，先周边国家，再到区域市场，最终实现走向世界。对于不具有优势、仅为开发海外资源的企业，应采取代理间接出口—企业直接出口—在海外设立分销部门或分公司的经营方式，由生疏转向熟练，逐步具备从海外市场获取稳定资源的能力，培育稳定资源供给渠道。

二、知识密集型企业国际化路径

国际化作为企业对外开放的重要战略选择，不仅能帮助企业拓展潜在市场，寻求新的消费群体，还为企业获取国外先进知识和科技资源、缩减研发时间和成本、提高创新效率创造了条件。随着全球科技与产业变革，部分发展中国家已具备了引领世界的技术与产品。如果利用技术或研发实力"走出国门，面向全球"，我国以及河南省以高新技术为代表的知识密集型企业更具国际化发展优势。然而，企业国际化是一个发展的过程，也是一个企业逐步提升技术实力的连续过程。针对不同技术实力与发展基础的企业，应采取不同的国际化路径（见图9-2），具体体现在以下两个方面：

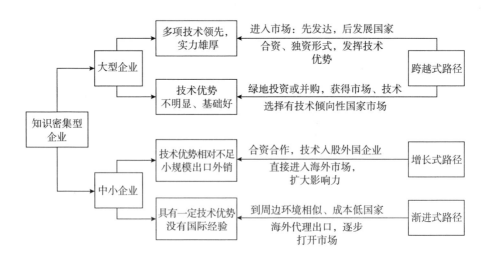

图9-2　知识密集型企业国际化路径

（一）大型企业国际化路径

在全球化大背景下，对于多项技术领先全球、经营实力雄厚的大企业，应选择跨越式的国际化路径，直接到发达国家开拓市场，再进入发展中国家，实现全球一体化经营。对于此类企业以直接海外投资、寻求合资的方式，充分发挥技术的溢出效应与示范效应，并以海外的成功经营推动国内市场的技术升级与产业转型。采取设立海外公司的独资形式对海外的日常经营活动具有较高的控制权，同时也保证了企业核心技术或工艺的安全性。

相比之下，技术优势不明显但发展基础好、具备海外寻求技术或知识条件的企业，也应以绿地投资或海外并购的形式，加快企业外向国际化发展步伐，此种跨越式路径不仅是拓宽企业获取新技术、打开海外市场的战略，也是保证其在国内市场稳步发展的新动力来源。与技术成熟的企业国际化路径的不同之处在于：后者的海外经验更倾向于从海外市场中获取经济收益，并使自身研发实力增长，因此在海外市场的选择上，更具有技术倾向性。

（二）中小企业国际化路径

一些高新技术中小企业也分为技术优势明显、具备一定出口规模的企业以及技术优势相对不足、仅尝试小规模外销的企业两类。对技术产品已在国际市场具备一定出口规模的企业，面对外部局势的动荡不安时，更应在保证技术持续研发动力的同时，适当加大海外经营步伐，选择增长型发展战略，充分依托河南对于中小企业"走出去"战略的各项优惠政策，积极利用中小企业的灵活性与创新性，以技术优势拓展海外市场。也可以采取合资合作的形式，以技术入股海外企业，直接进入海外市场扩大品牌影响力。

对于中小企业，其海外经营的历史较短，经验不足，企业的内部机构与管理体制难以适应国际化市场竞争的需求。因此，技术优势不明显的中小企业国际化主基调仍为"渐进式"路径，一般而言，选择到与我国发展环境相似的国家或地区开拓市场，先到一些对企业产品或服务有需求的地区，以相对较低的成本或价格进入市场，通过海外代理公司，实现开拓海外市场第一步，再进入经济相对发达的国家。此种路径更适合于技术实力稍有不足且国际知名度较低的中小企业，扎实迈出国际化经营的步子、小幅度稳扎稳打更为适宜。

三、市场寻求型企业国际化路径

在河南省除了技术含量较高的知识密集型企业，更有着大批以生产纺织品、电子元器件以及专用设备仪器的制造企业，这些企业都是全省"走出去"的中坚力量。被调查的 14 家市场寻求型企业的蛛网模型面积（高于其他三类企业，达到 44.7）也说明，此类企业是河南企业国际化程度较高、市场开拓能力较强的群体，相比于资源开发与知识密集型企业，市场寻求型企业以扩大或占据海外市场为经营目的，根据企业自身发展的基础不同，选择更适合自身的拓展途径。按照企业的经营行为，市场寻求型还可细分为规避贸易壁垒型（如纺织、医药制造业）、寻求利润型（如仪器仪表制造、专业设备制造业）以及开拓新市场型（计算机、通信及电子设备制造业）三类（见图 9-3）。

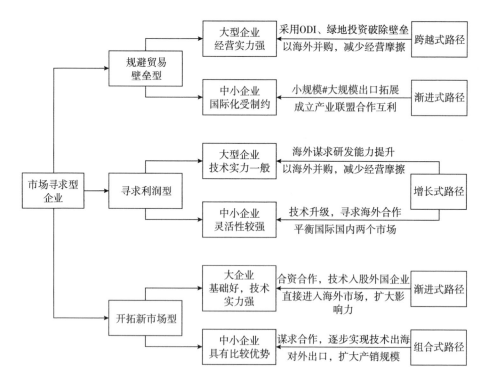

图 9-3　市场寻求型企业国际化路径

（一）规避贸易壁垒型

在全球贸易形势不断恶化的大背景下，一些发达国家纷纷通过设置保护措施防止中国企业进入，特别是大型企业的对外出口贸易受到重创，为了寻求海外市场的持续发展，企业纷纷采取了多种应对方式。总体来看，由于具备较强国际化经营实力与成果的跨国经营经验，大型企业更适合采取对外投资战略。第一种模式：以 ODI 模式等跨越式国际化路径，绕过各种贸易壁垒，将产品或服务输送到对产品需求较大或国际经营局限性较小的东南亚、拉美、东欧等。一方面，延长了产业的生命周期，获取持久的利益；另一方面，可以在短期内提高全球市场的占有率。第二种模式：采取海外并购的方法，利用东道国的政策、技术优势，以其劳动力或资源基础，减弱贸易摩擦对国际化经营的影响，实现降低成本、扩大销路、提高产品国际知名度的本地化发展。

相比大型企业，河南一些中小企业受到进口管制、技术标准、安全政策等贸易保护主义的影响，使企业被东道国以多种理由拒之门外，甚至失去了进入国际市场的机会。因此，渐进式国际化路径成为可靠的发展模式。面临威胁与挑战时，中小企业应以其灵活的特点，输出比较优势产品，选择经贸环境相对宽松的地区开拓市场，而以中小企业的实力与财力，选择此类新开拓的市场，也只能更多依靠出口代理公司，实现由小规模尝试到大规模出口的发展，只有当海外新兴市场具备一定盈利空间与市场基础时，才可以逐步发展成立海外子公司。此外，中小企业作为相对弱势群体，其海外经营想要突破困境，需要形成产业联盟或产业集群，而这一过程也是随着河南省"走出去"的相关企业逐渐增多，才能实现的集群式发展。因此，这是一个需要渐进性持续发展的海外经营战略。

（二）寻求利润型

对于技术或知识密集程度不高或有限的大型企业，寻求盈利是其生存发展的首要任务。然而，仅以盈利为目标是难以形成国际化持续发展的基础，因此大型企业在通过海外经营寻求利润增长空间的同时，应选择增长式国际化路径，实现技术、产品、质量、管理水平等多方面的提升，才能在面对日益激烈的全球化竞争中，获得持续竞争优势。以河南省对外出口的主要产品电气元器件来讲，由于其技术水平不属于全球第一梯队，因此在市场选择上，可以倾向于发展中国家，通过抢占市场获得经营利润。与此同时，在部分西方国家，企业应以技术出海为目的，力求在西方国家市场获得一定的市场份额，实现品牌的国际市场渗透。

对于中小企业，以生产具有价格和渠道优势的产业出口海外，能够使其迅速进入全球市场。此类企业，只要发展到一定规模，在海外市场具有一定基础，采用增长式国际化路径更为合适。可以利用中小企业的灵活性特点，采用硬货币进行结算，减少汇率风险，并积极采用新技术和新思想，创新产品生产工艺，提高国际经营能力。寻求利润型中小企业在出口达到一定规模且在国际市场获得足够支撑其技术、产品升级的利润时，应转向与外资企业合作，实现研发水平的提升，使企业持续获得经营利润。由于每个企业的国内与国际两个市场的规模平衡点不同，因此增长式国际化路径以自身出口收益情况自行选择对外扩张时间与市场。

（三）开拓新市场型

一些具有发展基础和技术实力的大型企业应采用渐进式国际化发展路径，通过海外并购、直接对外投资等渐进式国际化路径，迅速提升企业整体技术水平，以收购技术获取海外市场，实现品牌体系的全面升级。另外，具有一定国际化经营经验的大企业，更需要成为跨国公司，并通过制定多元化的发展战略，实现组织职能、市场营销、发展战略等一系列的共同发展。以新思想、新技术与新管理体系实现多层面走向世界，面向全球。

对于中小企业而言，在选择海外发展市场上，应更多考虑自身的发展基础，充分利用中国企业、河南企业的比较优势，如价格、货源或产品质量等，在建立国际生产体系或经营渠道的过程中，应针对不同的情景采取组合式国际化路径。若国内市场趋于饱和，则应向此项产品或技术稀缺的国家出口，输出多生产的产能，采用渐进式国际化路径逐步从出口代理、设立国际经营职能部门到建立海外子公司，分步实现产品、技术的出海。若是产品具有一定技术基础、国际需求强劲的新兴行业，则应采取跨越式发展模式，找准目标市场，以直接投资设厂的模式，加速国际化发展进程，实现在海外市场创出品牌。

四、效率寻求型企业国际化路径

在对河南企业国际化程度的测评中发现，河南省一些金属、农副产品加工、畜牧养殖等企业的平均分达到40.1，高于资源开发型与知识密集型企业，成为河南企业国际化发展的重要助推力。此类效率寻求型企业往往通过建立全球化的生产经营体系，实现资源配置最优化、经营成本最低化以及经营风险最小化的目标。吴岩（2011）在对嘉兴市部分企业的调查反馈中发现，大多数浙江企业为分散压力、降低成本，选择以国际化经营来化解危机，形成企业为应对全球环境的剧烈变化而做出的一种反应。面对眼下更为复杂的国内外形势，河南企业应具备更强的应对能力，以及更全面的国际化路径选择。效率寻求型企业国际化路径如图9-4所示。

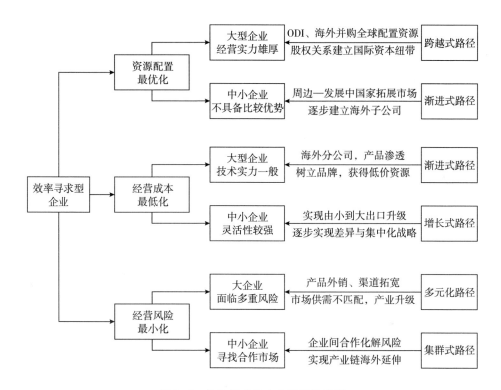

图9-4　效率寻求型企业国际化路径

（一）寻求资源配置最优化

对效率寻求型大企业而言，采取以海外并购与ODI的形式是一种快速获取对方资源、市场份额的跨越式国际化路径，近些年也逐渐成为我国具有雄厚实力的公司快速实现跨国经营的主要手段。对大企业而言，利用跨国并购，能够迅速扩大规模。正是以在海外并购让东道国企业成为自己的一个控股公司或海外子公司的形式，实现以"股权关系建立国际资本纽带"，最终达到资源全球配置的目标。

相比之下，在河南省800多家开展对外贸易经营主体中，存在着许多以寻求生产体系效益最优化的中小企业。其并不具备规模与技术优势，更应该采取较为稳妥的渐进式国际化路径，通过海外代理出口至周边环境与我国相似的国家或地区，获得一定的经济收益与海外市场份额，再逐步进入经济较发达的地区，以建立海外子公司或与当地企业合作的形式，推广产品或服务，逐步实现进入发达国家市场，采取本地化运营，提高企业国际竞争力。

（二）寻求经营成本最低化

虽然大型企业具备较强的海外拓展能力，但海外经营始终面临的一大问题就是不断增长的经营成本，因此为追寻效益最大化，企业降低成本的国际化路径也应采取渐进式发展路径，具体表现为：大企业选择先在发展中国家设厂或建立分公司的形式，逐步实现产品或技术在发展中国家的渗透，在具备一定经验积累之后，再以合作合资的方式进军发达国家，逐步树立品牌形象，获得更多低价优质资源，实现经营成本的逐步减少。

中小企业基于成本最低化发展动机更适合采取增长式国际化路径。其通过实现由产品或技术从小规模出口、大规模直销，最终实现国际资本直接投资，目标市场由周边国家—发展中国家—发达国家的国际化竞争稳步增长式国际化战略。在经营初期以成立海外职能部门到发展成立国际子公司，最终将企业的经营理念和决策机制延伸到国外，以获取国际市场生产经营的低成本，从而实现经营效率最大化。对于中小企业，海外市场寻求低成本经营的增长式发展战略将逐步演变为差异化与集中化战略，使企业在对外合作中逐步掌握经营的主动权。

（三）寻求经营风险最小化

大企业在海外经营过程中，受到的风险来自多个方面。例如，汇率波动、原材料价格上涨、贸易保护主义以及东道国贸易政策的制约，虽然大企业针对不同国际化经营目的虽有不同发展战略，但总体而言，多元化国际路径依旧是其寻求风险最小化的主要路径，也是企业面对当下全球性变化做出的反应。通过跨国兼并重组，大型企业把产品销售到国际市场，并获得渠道和市场。通过全球价值链从生产技术的开发和获取开始，经过生产环节延伸到销售和市场营销。此外，大企业可以选择将逐渐在国内失去竞争力的国内产能，转移到国外有需求的市场，并以此为切入点，将有利于我国产业结构的调整升级，提高国内市场的经营效率。

中小企业面临着分散风险的巨大压力。因此，以缓解压力为动机的国际化经营，中小企业可以采取产业集群式国际化路径。由于河南中小企业在海外经营过程中，主客观都有合作的需求，但当经营受限、风险上升之后需要以企业间合作的形式，共同抵御风险，此时各企业应以比较优势共同寻求市场机遇，实现产业的外部延伸，保持和扩大产业优势，以产业联盟或组团式发展实现对内产业结构调整，对外开拓市场，提高竞争力，从而实现双赢。

总体来看，在河南省四类企业走向海外市场的总体方案主要是根据国内企业国际化发展的内外部环境，以及企业自身的经营规模、技术水平与各种资源要素特征，采取海外合资合作、绿地投资、跨国并购、技术出海等一系列手段，结合河南的区位优势、产业特点以及创新条件等，制定出各具特色的国际化路径，以差异化的发展模式实现技术研发能力提升、产业发展转型升级与国际市场占有率不断提升。本章的研究成果系统性地分析出针对不同主体、不同类型企业的国际化路径，也将成为新形势下河南企业国际化发展的重要指南。

五、本章小结

　　本章主要基于四种类型企业在面临新发展形势与内外部环境变化、如何开展国际化经营提出了发展路径，通过建立系统国际化路径，为身处不同国际化阶段，具备不同发展基础、差异化行业特点的企业提供参考。研究结果显示：对于已有一定基础的市场寻求型与效率寻求型企业，更适合在产品或服务大规模出口阶段进行跨越式发展；对于资源开发有约束或受环保要求限制的资源开发型企业，则应稳扎稳打，以稳步开展海外经营；对于已具备一定优势的知识密集型企业，则可以通过海外并购或技术合作的跨越式国际化路径，打开海外市场，使产品（服务）具有一定国际影响力。

第十章 提升河南企业国际化水平的对策与建议

通过对企业国际化发展现状的分析与测度，本书得出目前河南企业国际化经营取得的成绩，提炼出具有的国际化特色，并结合企业国际化发展面临的内外部新形势，提出了河南企业国际化发展的问题以及产生的原因。特别分析了新冠疫情影响下，国内国际双循环新格局对企业开展国际化经营产生的影响、带来的新问题。此外，结合对四家具有典型代表的省域企业进行的案例分析、国内外企业国际化经验启示，本书最终提出了新形势下河南企业国际化发展的新路径。本章则是基于新路径与新问题，阐明了提升企业国际化水平的对策及建议，为加快推进河南省国际化发展进程提供了可操作的依据。

一、企业自身发力提高国际化发展水平

近年来，错综复杂的国际局势为中国企业的国际化经营带来极大的不确定性，河南企业需要建立可持续的竞争优势、多元国际化发展战略，才能在未来激烈的全球价值链竞争中实现长远发展。从企业层面来看，需要重点关注以下几个方面：

（一）优化国际化发展战略

（1）企业国际化发展需完备的战略体系支撑。

国际化发展作为企业扩张战略的高级化阶段，市场选择范围更广、战略更加多样、环境风险挑战更加复杂，需要完备的战略体系作为支撑。河南企业要提升国际化水平：首先，需要重视战略支撑作用，不能盲目跟风。改革开放初期，我国劳动成本低廉，外向型出口企业获得快速发展，但目前我国劳动力成本红利已

不明显，加工制造类企业盲目加大出口和境外销售，将面临较大的市场压力，容易造成损失。其次，企业国际化战略需要紧密结合自身情况和发展阶段。国际化战略既要符合企业经营能力又要符合资源保障条件。例如，处于发展前期阶段的河南科技研发类企业，融资能力不足，流动性压力本就较大，国际化战略更应该循序渐进，避免大规模固定资产投资带来的资金压力。再次，国际化战略要形成完整体系。企业国际化战略包括市场选择、竞争策略、品牌策略、人才策略等一系列内容，任何一个环节的缺失，都会影响战略实施。因此，国际化战略需要形成相互支持的完整体系，对国际化战略的实施形成完整保障。最后，国际化战略要及时调整。企业国际化战略最终需要服务于国际化经营目标。然而，伴随国内外发展政策、社会环境、经营对手营销策略调整等不确定因素的增多，既有的战略体系不太适用，需要不断进行更新调整，以保障战略效果，使企业国际化经营顺利开展。

（2）企业国际化战略需要抓住比较优势，找准目标市场。

国际化贸易的本质就是利用国家间的比较优势提高整体效率。企业国际化战略同样需要抓住这个本质，找准目标市场，使比较优势最大化。另外，要认清所处产业在全球的竞争地位。某个企业在本国具有竞争优势，并不代表其具有全球化竞争优势。判断企业所处产业的国际竞争优势，关键要判断本国该产业的全球化地位。如同美国的芯片技术处于全球领先地位，美国芯片企业即使不处于国内领先地位，其在国际市场上也具有较强的竞争力。如果一国的某产业国际地位较低，企业即使在该国该产业处于龙头地位，国际竞争力依然较弱。因此，河南企业的国际化经营需要立足自身特色，基于比较优势，拓展目标市场，实现国际化水平提升。

（3）企业需要放眼全球化竞争者，拓展目标市场。

企业全球化战略寻找目标市场，不但要与目标市场现有竞争者比较，还要与可能进入目标市场的潜在国际竞争者比较。河南企业实施国际化战略，一定要具有全球化眼光，综合考察全球可能进入目标市场的竞争者，综合分析投资风险和期望收益，结合国内国际两个市场的发展特点与企业适应性，最终选择合理的进入策略。

（4）企业国际化需要选择适宜的竞争策略。

河南省企业制定国际化战略，应当根据企业自身优势，选择适宜的竞争策略。一是以技术创新和服务创新为引领，实施差异化战略。对于具备核心技术、创新前沿服务的企业，其市场竞争主要依靠差异化产品和服务优势。因此，其国际化战略应当进一步扩大其差异化优势，加强技术创新和服务创新投入，巩固市场优势。二是不断降低综合成本，实施低成本战略。对于依靠低成本优势进入国际市场的企业，低成本是其抢占市场的核心优势。其竞争战略应当进一步降低综合成本，包括选择劳动力成本更低的区域开设工厂、全球化采购以降低材料成本，以及不断扩大规模，形成规模效应，降低单位综合成本，加强市场竞争力。三是不断聚焦细分领域，实施集中战略。面对特定市场、特定用户需求的产品，应当深化聚焦细分领域的需求和用户特点。对于需求差异化特征显著的用户市场，应加大研发投入，创新产品和服务，进一步满足用户需求；对于价格敏感的用户市场，应适度降低成本，实施集中的低成本竞争策略。

（5）加强国际化技术、人才、资金资源利用，做好"引进来"战略。

一是加强国际技术合作。自改革开放以来，中国企业取得了较大的发展，也获得了一系列核心技术研发成果，但在部分领域与全球领先国家依然存在差距。我国企业需要加大自主研发投入，但不能"关上门搞研发"，要积极吸收国际先进研发经验，加强与友好国家和地区的联合研发、联合创新工作，利用国际先进技术和经验，为我国企业核心技术研发提供支撑。二是加强国际人才引进。核心人才对企业创新和发展起到至关重要的作用。河南省企业需要打开国际视角，积极吸收国内外优秀人才到河南省工作和生活。三是加强国际产业合作。国际产能引进是地方企业国际化合作的良好机遇。通过产能合作，河南省企业需要按照国际化标准进行生产和提供服务，对企业服务品质提高、经营管理规范性提高具有重要的带动作用。四是加强国际资金利用。融资贵、融资难是企业发展的重要难题。尤其是新冠疫情期间，企业营业收入萎缩，银行贷款额度收紧，对企业经营延续性造成较大影响。河南省企业应该积极探索国际化融资渠道，加大对国外低成本债权资金的利用；在传统银行间接融资模式以外创新融资方式，加大国外股权投资基金、创业投资基金的利用，为企业不断创新和发展提供资金支持。

（二）提高企业国际竞争力

（1）加强技术创新，以创新引领竞争力提升。

一方面，关键技术自主可控，是企业长期竞争的基石。打造具有竞争力的产品和服务，首先需要保障产品、服务的供给实现自主可控，其核心就是关键技术的自主可控。企业未实施国际化战略前，其核心技术、设备进口，对国外利益不形成直接威胁，进口阻力往往不大，但实施国际化战略相当于在全球范围内与其他企业开展竞争，对国外市场形成直接的冲击。过于依靠进口提供的核心技术，很可能面临"断供"，企业产品无法持续供给，更无法形成产品的竞争力。因此，企业提高产品和服务的国际竞争力，首先要保障产品和服务可以持续提供，核心就是要实现关键技术自主可控。另一方面，企业技术创新是提升产品附加值的根本保障，也是市场差异化竞争的核心手段。产品形成差异化竞争优势，主要依靠技术创新带动；企业形成差异化竞争壁垒，主要依靠技术创新保护。目前，社会物质极大丰富，消费需求更多体现为升级需求，满足不断升级的消费需求的最主要方式就是技术进步。企业技术创新不仅表现为生产效率的提升，更直接表现为生产力的创造，为企业和产品带来价值。同时，目前社会学习效率、仿制效率较高，某行业平均报酬率一旦显著超过社会平均报酬率，资本和劳动力就会快速涌入，摊薄平均利润。专利保护等政策规定对企业自主研发起到一定的保护作用，由于技术研发路径长、投入大，企业形成技术壁垒，有条件在资本、劳动力高速流动的社会保持其核心竞争力。

（2）低成本也需要高标准的技术支撑。

低成本不只是材料和劳动力成本低，更是严格的技术标准把控的结果。即使是依靠低成本创造竞争优势的产品，技术进步也起到不可替代的作用。例如，生产创新及自动化水平提高，降低人工成本；改进产品设计，减少原材料使用，节约材料成本；改进生产工序，简化生产工序，降低制造成本；压缩生产、运输和销售周期，降低运营资金成本等。

（3）注重国际化品牌建设和营销推广。

首先，加强产品质量保障体系和企业信用体系建设。信用体系是企业生存的根基，尤其在国际化发展阶段，产品进入新兴市场和陌生文化，企业信用对产品推广起到决定性作用。产品质量是企业信用的最直接体现，好的产品质量和保障体系，是一个企业承担社会责任的最基本要求。其次，注重国际品牌营销。企业产品进入国际市场，在社会舆论方面面临负面压力，不仅包括本地文化对外来产品的排斥，还面临本地企业的排斥和竞争。企业国际化战略需要加强品牌营销，抢占舆论高地，加快民众接受速度。最后，品牌文化适应本土化需求。企业品牌文化需要根据东道国文化习惯做出本土化改造，包括品牌名称采用本土文字、品牌代言采用本土化人员、品牌产品进行本土化调整等，加快本土消费者的接受速度。

（三）加大技术与研发投入

（1）重视技术研发投入在企业国际战略中的基础性地位。

第一，核心技术能力是企业进入国际化行列的敲门砖。企业进入国际化发展阶段，与全球企业开展广泛竞争，核心是需要掌握相关产品服务的核心技术，形成自主可控的产品和服务，其国际化发展才能不受制于人。因此，已经实施国际化战略和即将实施国际化战略的河南企业，都应当优先自我审查核心技术研发保障能力，加大研发投入，做好技术基础准备。第二，技术研发是市场竞争优势的护城河。产品和服务的技术含量，决定其市场价值的高低。企业产品和服务"走出去"，其相关产品和要素在全球流动中产生了一定费用，在一定程度上削弱了竞争力，因此抵御来自本土和其他国际化企业的价格竞争和本土化服务竞争，其核心就是通过提高新技术含量，加大产品的附加值，建立市场竞争优势的护城河。第三，技术研发是企业国际化持续发展的奠基石。当今市场竞争主要体现为技术竞争。伴随世界技术更新换代速度的加快，企业保持竞争优势需要依靠持续的研发投入作为支撑。根据对国际龙头企业的初步研究，大多数企业均十分重视技术研发投入，将生产经营一定比例的资金投入到新技术研发中，依靠技术优势巩固其市场地位，支撑其持续发展。

（2）充分利用全球优势研发资源，支持企业"走出去"。

一是要主动构建全球化研发合作体系。伴随全球企业数字化、智慧化基础研究能力不断提升，产品技术含量也不断提高，产品研发逐步从单一企业的内部行为，转变为全球化合作行为。河南企业国际战略，要充分利用全球研发资源，建立合作研发机制，以河南企业为组织方和领导方，带动一批国际化企业协同研究，形成创新产品，共享后续收益。二是利用好海外研究基础和人才资源。欧美等国家和地区产业研发历程较长，拥有一批基础设施完善、保障条件优越的实验室，并形成较为浓厚的研发氛围。河南省企业应加大研发投入，提高研发效果，充分利用海外基础设施条件，从软硬件两个方面提升全球竞争力。三是把握技术投入方向，将技术优势转变为企业效益。技术研发不能脱离市场需求，企业技术研发需要及时转化为产品和竞争优势，并转化为效益回报，为企业提供持续的资金支持，形成良性循环。尤其是对于国际化的企业，要加强本土转化的技术投入，推动技术优势向企业效益转化。

（3）做好引进来工作，充分利用国际资源提升河南企业研发能力。

研发资源、核心研发能力在全球都是稀缺的，河南企业需要提升自身研发能力，并充分利用河南的市场、环境优势，提高对国际研发资源的吸引力，进入高端产业领域，参与全球技术优势资源的利用。"打铁还需自身硬"，河南省企业吸引外部企业参与合作，首先要形成自身的研发基础，才能具备合作条件。河南企业要争取进入数字化、高端化产业领域，加大研发投入，提升核心技术能力，加强对国际企业的合作吸引力。利用好河南巨大市场优势，以市场换技术。河南全省人口总量在我国排名靠前，超过很多国家全国人口，具有巨大的市场需求基础，对国外企业吸引力较大。河南省企业可以凭借市场优势，与国外主要科技企业建立合作。以产品推广服务为纽带，通过加大委托生产、联合研发等方式，逐步提高自身研发能力。

（四）培养引进国际化人才

（1）建立与国际接轨的人才培养体系。

一方面，要加大对国际化人才培养的重视程度。人才是企业发展的动力源泉。河南企业国际化发展，需要一批"来之能战、战之必胜、素质过硬"的国际化人才队伍，以应对不同的文化环境、语言环境、市场环境带来的影响。由于人才培养需要一定的周期，河南企业提高国际化水平，应当提早开展国际化人才培养工作，加大支持和保障力度，为将来国际化战略的实施打好基础。另一方面，要着力建立全面的国际化人才培养体系。国际化人才需要具备多方面的综合素质（见表10-1），培养国际化人才不能一蹴而就，需要整体机制、顶层设计、多种手段联合发力。河南企业培育国际化人才，应当综合利用在职教育、海外就业、国际合作等多种渠道，形成完整的培养体系，通过长期培育提高企业员工整体的国际化水平，打造知识型、技能型、创新型的员工队伍。

表 10-1　国际化管理人员特征轮廓

专业能力	领导能力	个人素质与家庭情况
分析能力/关注力	公众沟通/人际交往能力	精神承受力
接受能力	语言能力	健康状况
创造力/直觉	领导能力/执行能力	家庭可迁移性
计划/组织能力	团队建设能力	投入准备
实现目标的持续性	对陌生环境的适应能力与忍耐力	国外任职动机
专业技师	面对非预期影响时的灵活性与应对能力	对陌生文化的开放性

（2）积极吸引国外人才来豫发展。

受全球新冠疫情的影响，国外企业经营效益普遍不佳，降薪裁员明显，国际企业核心技术人才薪资待遇也受到影响。我国国内经济总体保持平稳，环境好于国外，形成比较优势，特别是国内市场的率先复苏，有助于河南企业抓住"双循环"新发展格局带来的机遇，加大对国外人才的吸引力度。一方面，要吸引海外高学历华人来豫就业。海外高学历华人本就有本土情怀，因国外薪资高、发展环境好等原因，选择在海外工作。河南企业应当加大海外华人的招聘工作，尤其是学历高、掌握核心技术和具备关键能力的人才，提供相匹配的薪酬保障，吸引其来豫就业。综合考虑国际员工的文化差异，塑造一个包容性强的企业文化，促进各类人才之间的交流合作。另一方面，河南企业应加快国际企业收购或合资注册。受国际环境的影响，国外企业出现现金流短缺、市场容量下降等不利情况，具备了并购或合资的可能性。对于具备一定资金实力的河南企业，可以研究国际化并购，采用资本化手段获得关键技术与核心人才，迅速提升企业综合实力。同时，以河南广阔市场为引导，吸引大型企业在豫合资建厂和国外人才来豫工作。

（3）建立适应国际化人员的薪酬保障机制体系。

河南企业吸引国际化人才，需要建立与国际标准接轨的薪酬保障体系。一是薪酬待遇实施双轨制。为加强国际化人才的薪酬吸引力，同时不破坏企业现有薪酬与晋升机制，可以实施薪酬待遇双轨制。国内仍采用原有薪酬体制机制，国外采用国际化的工资水平，以适应国内国际的不同需求。同时，面对国际薪酬待遇较高带来的成本增加，可以合理采用股权激励等手段，降低工资压力。二是工作制度适应国外文化。面对国内外文化与机制的不同，建立适应国外文化的工作制度。科学制定晋升制度，形成考核严明、能上能下的奖惩体系；制定合理的工作休息制度，以适应国外环境。三是加强企业文化培养。打造国际化企业文化，让来自不同国家和地区的员工获得归属感。建立科学激励机制，员工待遇与公司发展相绑定，形成核心凝聚力。

（五）加快信息化、数字化建设

（1）河南企业应加大对信息化、数字化改革重视程度。

近年来，我国大数据、物联网、云计算、区块链等新技术新业态快速发展，信息化、数字化产业在社会经济各个领域广泛应用，是未来产业改革升级的主要方向。河南企业国际化发展，要充分认识未来产业发展方向，加大信息化、数字化投入，提高市场研判、销售引领、科学管理、信息资源共享水平，依托企业信息化水平提升，尽早跻身全球优秀企业行列。

（2）多措并举推动企业信息化、数字化转型升级。

一是加大市场研判的信息化建设。信息化助推市场研究进入新高度，原本难以划分的人群和市场，在信息化助推下可以进一步市场细分，原本不具有经济性的领域可能诞生新的商业模式。二是加强市场销售领域的信息化应用。信息化在市场销售领域的应用较为广泛，如电子商务、直播销售等，但仍有很多机遇未被挖掘，尤其是在传统行业，有条件利用信息化技术，创新销售手段，缩减中间环节，提高企业效益。三是推广信息化在企业管理领域的应用。信息化手段推出前，企业人力、财务、资源、商品等管理较为粗放，管理效率较低。信息化手段能够增强数据信息的可视性，提升不同管理领域的配合协作效率，为企业综合效率分析和提高管理效能提供支撑。河南企业提高国际化水平，需多措并举扎实提高信息化、数字化保障能力。

（3）发展跨境电子商务，创新国际商务模式。

河南企业应当巧妙利用在电子商务和数字经济领域的独特优势，推动国际化经营的模式创新。通过将贸易流程各个环节，如洽谈、下单、报关、物流等，纳入信息化管理系统，可以显著提升跨境电商业务的运作效率，同时鼓励 B2B 与 B2C 两种模式在全球范围内的并驾齐驱。鉴于不同国家和地区在文化、语言和社会发展水平上的多样性，企业需实施差异化策略，无论是服务还是产品，都应精准对接各个市场的特定需求。此外，构建和完善跨境物流体系，扩容海外仓库，优化跨境货运效率，有效控制国际运输成本，对于拓宽电商的国际市场版图至关重要。同时，企业必须严格遵循目的国家的电子商务法律法规，保护用户数据隐私，确保交易安全，为全球消费者营造一个安心可靠的购物环境。总而言之，河南企业应紧抓数字化机遇，不断创新，精细化运营，以更加灵活高效的姿态迈向国际市场。

（六）防范国际化经营多重风险

（1）建立有效的风险评估与识别机制。

企业国际化面临多重风险，包括政治风险、政策风险、市场风险、文化和舆论风险等。部分河南企业国际化经验不足，对目标市场和政府均不熟悉，缺乏国际化经验，需要更加重视风险评估工作，应加大专业力量投入，建立有效的风险评估及预案，形成科学的决策基础，为下一步国际化战略实施减少障碍。

（2）河南企业应积极应对"走出去"风险。

一是积极应对政策变化风险。外交政策、对外开放政策、进出口贸易政策、关税政策、产品质量监管等政策的变化，均可能对企业国际化经营造成重大影响，导致企业海外经营失败或受阻。河南企业应积极研究本土政策变化趋势，早做调整。遭遇不合理的监管和处罚时，应当寻求省级政府以及国家政府帮助支持。二是积极应对市场风险。面对国际市场发展受阻时，需要河南企业深入研究市场竞争者的情况及企业所处的地位，制定合理的竞争策略；稳定关键材料和关键技术的供应渠道，确保供给端稳定可控；积极关注市场监管相关要求，合法合规运营。三是积极应对文化和舆论风险。加快产品和服务的本土化改造，减少地方消费者排斥情绪；尽快占领舆论高地，加强产品宣传；妥善处理负面新闻，适应国外环境。四是境外投资需做好尽职调查。收购境外企业需要做好前期尽职调查工作，考察被调查企业的产业核心能力、市场地位及评价情况，以及财务数据的真实情况和法律风险问题，减少因企业信息失真引起的投资损失风险。

（3）国外企业引进来同样需要做好风险防范工作。

境外融资注重保护我国核心产业的独立自主。对于民航、军工等涉及国家核心利益和安全的产业，企业境外工资工作需要详细考察境外注资方的核心目的，避免因国家产业及核心信息外流而带来损失。产业合作需做好协调沟通工作。境内外经营理念和管理机制差异较大，河南省企业境外合作，要主动了解境外企业管理经营文化，以开放包容的心态寻求共赢，推动产业合作平稳快速发展。

（七）促进要素流动，塑造国际品牌

河南省属企业想要真正进入国际市场，取得理想的经营效果与国际影响力，就应以促进要素流动、整合世界资源、树立国际品牌为目标，实施国际市场营销管理、国际市场细分、产品品牌塑造。通过立足全球实施4P营销组合，并根据东道国的社会经济发展、居民收入水平制定差异化的产品或服务，从质量、外观、功能、售后、附加价值等多方面着力，培育顾客品牌忠诚度，建立品牌形象，并通过产品、服务升级，使河南企业能够在海外不同经济、政治、文化环境下更具竞争力。一方面，借助中国文化、中原文化在国外的影响力，充分挖掘传统文化，设计、生产出更具有中国特色、河南特色的差异化产品或服务，以文化品牌建设提升企业市场影响力，增强企业跨国经营软实力。另一方面，河南企业还应通过国际合作、积极吸收国内外资金、对外经营手段、全球化人才与高新技术等关键要素，提升企业自身经营水平，以便更好输出企业文化、经营理念，努力建立起品牌信誉度。通过打造产品、管理、经营、社会化贡献多领域的国际品牌形象，实现全省企业国际化水平的全面提升。

二、多方合力推动对外贸发展再上新台阶

（一）鼓励多种模式进入国际市场

河南企业进入国际市场，对河南省扩大外贸经济比重、优化经济结构、提升供给能力、形成国内国际双循环的格局具有重要作用。应当优化产业结构，精准布局海外重点市场，利用好进出口政策，加快产品或服务的全球推广，对河南企业国际外贸、境外投资、产能输出等形成有效支持。

（1）鼓励河南企业发展外贸经济。

为鼓励河南企业恢复和加大外贸经济，克服国际环境带来的不确定性，建议

采取财税、金融等一系列手段予以支持。一是扩大出口退税。对于因国外环境等外部因素实行出口转内销的货物，仍按照一定比例实施出口退税政策，退税优惠额度不大于运费、保险费等的实际成本。二是实施所得税优惠。对于出口贸易达到一定额度，且占其总贸易额达到一定比例的企业，当年企业所得税实施部分减免或返还。三是加大金融支持。由于外贸型企业销售周期相对较长，资金压力较大，可利用政府增信贷款措施，由政府提供一定的贷款贴息，缓解营运资金压力。四是完善保险降低风险。目前经济环境下，外贸经济面临较大风险，可以引导保险机构创新外贸保险产品，保险范围有效环节延伸至由财政资金购买再保险，有效分担河南省外贸企业风险，降低企业保险资金压力。

（2）适度放宽境外投资监管程度。

境外投资有助于将国外先进产能、核心技术、高层次劳动力带回国内，是企业国际化发展的重要途径之一。河南企业境外投资监管政策不能一味严防死守，要合理区别真实目的，体现区别监管。一是建议完善对外投资的核准制度，材料充分、目的真实、合法合规的对外投资，原则上予以通过。二是不断下放核准权，加大各级核准权限，加快核准速度。三是核准程序透明化，同时严格设定核准最长期限，优化办理程序。

（3）鼓励河南企业产能输出。

伴随河南省产业结构不断优化，部分淘汰落后产能需要向外输出。但是产能转移风险较高，阻力较大，需要多方面引导。一是研究投资补助支持措施，对于对外转移的产能，按照境外投资的一定比例安排投资补助或低息贷款支持，减小企业投资压力。二是税收优惠，对于企业产能转移，但总部仍在河南省的企业，企业所得税汇算清缴过程中，在一定期限内不计算或减少计算境外汇入利润的所得额。三是服务保障支持。帮助解决对当地产能转出带来的员工安置等问题。

（二）增强企业间的联合协作能力

国际化是企业发展的较高阶段，对企业产品、人力、资金、管理等均提出较高要求。河南省拥有一批具有一定国际化竞争能力的中小企业，因规模较小，单独实施国际化的单位成本较高，需要增强企业间的联合协作能力，才能具备国际化能力。应当鼓励和引导企业间增强合作，共同开拓国际化市场。

（1）鼓励"以大带小"共同"走出去"。

在国际化过程前期投入较大，需要一定的产业规模。大型企业国际化经验较为丰富，具备一定的市场基础和销售经验，但仅靠大型企业带动全省国际化发展，形式较为单一，不足以发挥市场优势。建议以河南省大企业为主要抓手，发挥大企业海外市场优势，将小企业商品装入大企业"货架"，形成"以大带小"

联合"走出去"的良性格局。建议鼓励大企业打造合作外销平台，在税收政策方面，对大企业合作外销的产品，按照一定比例计算企业所得税应纳税所得额扣除。在财经政策方面，对大企业设立合作外销平台（包括网上平台），相关前期投入给予一定的投资补助支持。在土地和其他方面，对于大企业开发联合外贸平台的相关人员投入，在住房土地审批、落户和子女入学等方面予以支持。

（2）以大企业为带动，加强国际产能引进和消化。

河南省具有一批专业能力强、信用评价好、国际声誉高的大型企业，承接较多的国际产能合作业务。建议推动河南省大型企业加大利用同行业及上下游中小企业生产力资源，向中小企业分包国际订单，推动河南当地中小企业国际化发展。建议鼓励大型企业向外部推广技术标准，根据实际情况给予一次性的鼓励补偿。推动大型企业提高国际产能转包销售比例，在省内品牌打造、财税政策优惠等方面提供鼓励支持。

（三）加强产业集群，提升国际化水平

河南省要加强分析海外市场产业特征和外贸特点，牢牢抓住自身所属产业的优势，适宜发展外贸经济与优势产业，加大扶持力度，鼓励全国上下游相关产业向河南省集聚，形成产业集聚优势，打造产业国际化的核心动力。

（1）产业集群要以地方优势产业为关键抓手。

打造产业集群，不仅要依靠政策鼓励，更要依靠地方产业的自身优势。河南省打造产业集群，首先需要对省内优势产业进行分析，主要是分析产业进一步发展的决定性要素是否具备，发展所需环境是否具备，以及未来拟投向的国际市场是否有基础。实施中，产业集群引导要将发力点集中在地方优势产业上，推动供给侧优化调整，促进形成产业集群优势，不可分散措施力量，减少引导方向的偏差。

（2）放眼全球市场，加大关键要素导入。

针对优势产业集群化发展所需要素，即资金、技术、人才、经验等，河南省应当放眼全球环境，积极推动相关要素向河南流动，为河南打造产业集群流动提供支撑。基于此，提出以下建议：通过省级投资平台，积极收购或并购国外相关企业导入省内，弥补产业链上的关键短板；完善关键产业的财税、土地的引导措施，加大招商引资力度，促进国内企业向河南省流动；加大相关领域专业化人才引导力度，对人才落户、工作补助、子女教育等提供支持。

（3）完善集群产业，引导更多企业"走出去"。

河南优势产业形成集群后，不但要占领国内市场，更要放眼全球，在海外市场寻求更大的市场份额和更高的报酬。河南省应当完善对产业集群"走出去"

的引导支持体系。通过财税、金融等措施，支持集群产业提高海外销售额在总销量中的比重，扩大外贸经济整体规模；通过放松监管、融资支持等，支持集群产业海外投资收购，弥补现有产业集群的关键短板；通过综合宣传等渠道，为优势产业打上河南标签，提高产业的整体高度和形象，促进更多要素向河南省聚集，形成良性发展循环。

（4）拓展国际经济合作，深度融入全球价值链。

河南的企业应当紧紧抓住共建"一带一路"倡议、《区域全面经济伙伴关系协定》以及上海合作组织在投资自由化与投资者保护方面提供的良机，加速实施"走出去"战略，拓宽国际经贸合作的广度与深度，实现与全球产业链、供应链及价值链的深度融合，从根本上提升自身的国际化程度和市场竞争能力，这包括主动投身于海外产业园区的开发建设，利用区域合作平台，通过产业合作项目积累跨国经营管理的实践经验。在此国际化进程中，企业应当寻求与大型及领军企业的合作机会，通过专业化的分工合作和订单供应等模式，顺利嵌入到全球生产网络中。对于中小企业而言，关键在于聚焦并强化自身在产业链条中的独特优势环节，塑造品牌特色，培养核心竞争力，从而在国际产业链和供应链体系内占据有利位置。

（四）搭建国际化信息共享平台

信息的比拼是商业竞争的重要一环，尤其是对于企业国际化业务，由于不同国家间时空距离较远，政策环境与文化差异较大，容易带来信息不对称，造成企业损失，影响国际化水平。河南省需要搭建国际信息化共享平台，为企业提供信息服务，对河南企业国际化水平的提升具有重要的支持作用。

（1）建立政府主导的国际化信息共享平台。

建议河南省政府主导，由河南省相关机构负责实施，建立企业国际化信息共享平台，主要包含以下功能：一是提供国家和河南省国际化相关信息，包括减免税政策、投资补助政策、贷款贴息政策等。二是为企业提供相关行政手续的一站式办理电子平台，包括出口报关、对外投资报备、出口退税等，减少企业国际化业务的行政审批难度和时间。三是针对河南省出口的主要市场，联合中国驻当地使领馆等，就当地相关进口报关、税收、安全监管、质量要求等情况进行公布，并就当地市场、人文因素等进行研究，供河南省国际化企业参考。

（2）鼓励现有信息平台的共用共享改造。

针对目前已有相关企业和机构建立的国际化信息平台，可以通过购买服务等相关形式，加大对平台功能的利用，完善对河南"走出去"企业的服务。一是要推动相关平台开放共享。部分平台过去仅对本企业或部分企业服务，缺乏相关机制鼓励共享。要推动建立共享功能、设计会员注册或免费查阅端口，扩大服务范围。二是推动完善功能。相关平台过去可能仅为个别业务服务，信息覆盖面不广，服务能力不强。可以通过政府或行业协会主动提供数据信息，或支持其扩展功能等形式，引导扩大平台覆盖和服务范围。三是建立共享规则。尤其是对于国际化企业主导的信息共享平台，要避免相关企业"既当运动员，又当裁判员"。建立严格的平台运营规范，避免平台运营商损害其他竞争者利益。

（五）降低经营风险，加强风险预判

（1）综合评估政治形势，开展多元化经营。

在当前复杂的国际环境中，中国企业在走向全球的道路上遭遇了诸多政治挑战。部分国家对中企持有不利态度，导致一些企业的海外扩张计划受阻。鉴于此，企业应当提升自身的地缘政治敏锐度，用这一视角来指导其在全球范围内的战略部署，并强化对政治风险的认知。在海外经营活动之前，做好详尽的政治风险评估及防范准备，旨在通过这些措施来最小化潜在威胁，保障海外投资项目与运营活动的平稳运行。此外，针对中国互联网科技企业迈向国际的具体情况，研究工作需要深入区域特性、业务模式适应性以及企业在全球的影响力构建三个方面。这要求企业在考察某个特定市场时，要全面分析该地区的地缘政治背景、国家的宏观经济状况，以及企业在该行业中的战略位置和参与全球供应链的情况，从而做出周密的政治风险评估。为了成功规避可能的经济风险，建立一个健全的经济管理和监督体系，以及有效的风险控制机制，是必不可少的策略。总而言之，中国企业要想在国际舞台上稳健发展，就必须学会在复杂多变的国际形势中精准导航，既要主动把握机遇，也要妥善应对挑战。

（2）在新兴经济体国家分散经营降低风险。

共建"一带一路"国家和地区因其庞大的人口基数和未完全开发的巨大市场潜力，展现出极高的商业吸引力。企业若想成功进入这些市场，一个有效策略是专注于发掘具有发展潜力的细分领域，并与已经成功"走出去"的先行企业合作，以此来减轻海外扩张的难度。通过建立品牌间的协同合作和产品线的跨界融合，企业能够更顺畅地开拓海外市场。为了保护核心竞争力，企业应考虑在海外依托投资基金设立专门的知识产权服务机构，雇用熟知当地法律、政策的专家，为企业的海外知识产权事务提供专业支持。同时，定期对员工进行知识产权相关的培训，增强他们对海外运营中可能遇到的知识产权风险的认识和防范能力。进一步地，组建专门的海外知识产权保护团队，凭借专业的判断和监督机制，不仅能够提升企业防范和应对知识产权风险的能力，还能在遇到紧急情况时迅速作出响应，全方位保护企业在海外的知识产权安全。

（3）建立风险预警，以保险转移风险。

在推进国际化经营的征程中，企业应当组建专门的海外运营风险管控小组，并搭建风险预警机制。这意味着在涉足任何新市场之前，企业需要进行深入的市场调研及全面风险评估，依据目标市场的具体经济状况，量身定制经营策略。通过深化与本土企业的合作，企业能更有效地利用当地资源与信息，增强对市场环境的理解与适应力。另外，建立与所在国政府之间稳固而持久的合作纽带至关重要，这包括深入了解并紧跟当地政策法规动态，确保企业能够主动适应政策变动，从而有效抵御经济风险。总而言之，企业国际化之路需谨慎规划，既要依托强有力的内部风险控制体系，又要善用对外合作，特别是与当地政府及企业的密切合作，以此来确保海外拓展的平稳与成功。

此外，为了确保对外投资的经济回报，河南省企业可以积极探索购买海外投资保险作为一种风险缓释手段。这种保险是专为海外投资者设计的，旨在减轻他们在海外经营中可能遭遇的各种风险，它覆盖的范围广泛，涵盖了政治风险、货币汇率波动风险、资产被当地政府没收的风险、商业运营风险及自然灾害风险等。通过投资海外私人保险，企业不仅能够在风险事件发生时，将损失转移到保险公司，减轻自身财务压力，还可以依据相关国家之间的双边贸易协议，进一步向投资所在地政府或企业寻求赔偿，从而最大程度地减少经济损失，保障自身海外投资的安全与效益。

（六）尊重当地法律，改善舆论环境

（1）深入了解进入市场，尊重当地价值观。

企业要想在海外成功运营并扎根当地市场，需采取一系列策略以确保深度融入与可持续发展。首先，对目标市场进行全面的前期调研。这涵盖了文化背景、消费者行为偏好及法律框架等方面，目的是定制出真正贴合市场需求的产品与服务。这一过程可以通过与本土企业合作、借助专业咨询或是招募熟悉本土环境的人才来加速完成。其次，强化本土化管理，其是关键步骤。这意味着构建由本地人才组成的团队，他们不仅能够深刻理解本土市场动态，还能确保企业的运营策略、产品设计及服务模式与当地实际无缝对接，同时严格遵循当地的法律法规要求。企业应灵活调整其产品线和服务模式，使其与本地消费者的期望和规定相吻合。尊重并融入东道国的文化价值观是建立正面品牌形象的核心。企业行为需要体现出对当地文化的高度敬意，避免任何可能触犯当地情感或传统的举动，因为这直接关系到企业能否赢得民众的信任与好感，从而在舆论环境中占据有利位置。最后，注重员工福祉。在国际化进程中，吸引并保留本土人才对于提升企业的地方适应性和效率至关重要。提供优越的工作条件和福利待遇，不仅能够保障

员工的工作满意度和忠诚度，还能有效减少文化隔阂，促进团队协作，为企业的海外扩张奠定坚实的基础。

（2）遵守进入市场法规，积极履行社会责任。

企业在全球化运营中，确保合规并积极践行社会责任是至关重要的。首先，企业应强化内部监管机制，主动适应并遵守目的地国家的法律规章，通过与当地政府及机构的紧密合作，树立合法合规的企业形象，有效降低跨国经营的法律风险与不确定性。这一步骤不仅是对法律的尊重，也是企业信誉的基石。其次，构建全面的企业社会责任（CSR）体系，内容涵盖安全生产、争议解决机制以及对可持续发展目标的贡献等，确保这些政策不是停留在纸面上，而是切实执行，体现企业的担当。同时，投身于公共福利活动、支持社区发展、参与环保等公益项目，以此加深与当地社会的联系，实现共赢。再次，加强与外界的沟通互动，特别是在社交媒体和传统媒体平台上，企业应保持开放态度，积极回应外界关切，无论是赞誉还是批评，都应诚恳交流，展现透明度和责任感，以增进公众的理解与支持。此外，构建坚实的国际网络同样重要。与国际组织、各国政府及其他行业伙伴建立稳固的合作关系，不仅能够提升企业的国际影响力，还能在复杂的国际环境中寻求支持与合作，增强国际间的互信与协同。最后，企业文化作为企业的灵魂，其国际化建设不容忽视。企业应致力于打造包容、创新且富有社会责任感的企业文化，吸引全球用户与合作伙伴，通过在海外市场的积极履责，不仅提升品牌的社会价值，也为企业的长期发展注入动力。在这个过程中，融合企业核心竞争力与技术创新，以实际行动促进社会进步与品牌价值的双重提升，实现真正的"双赢"局面。

三、着力营造企业国际化发展良好氛围

（一）营造良好的资本经营环境

（1）加快转变政府职能，显著降低制度性交易成本。

河南省各级政府既是市场运行规则的制定者，也是市场正常平稳运行的坚定维护者。只有加快转变政府职能，建立"有为政府"，提高服务效能，才能有效降低内外资企业的制度性交易成本，提高河南对资本、产业的吸引力，提高本省企业的国际化程度。加快转变政府职能，一是要认清政府职能边界，划定政府和市场事权。政府有所为有所不为，应尽快推出负面清单制度，凡不属于涉及国家和省内重大安全、省内各区域间资源协调，或市场调节无效的领域，均以市场机制为主导，政府应当逐步退出。二是守住廉洁底线，维护公平正义。政府的公正对经济发展具有巨大的促进作用，政府不公正对经济发展将造成极大破坏。河南省各级政府应守住廉洁底线，公平执政、公平服务，确保国有非国有、境内境外各个主体公平获得资源、享受服务，加强对各方资本的吸引力。三是强化服务定位，提升服务品质。增强政府服务意识，加强对河南省各级政府及公务人员服务能力的考察；研究简化政务办事流程，设立"一站式"办事窗口；拓展服务领域，在信息提供、政策发布、税务申报、报关申请、工商注册等方面提供更多信息和服务支持。

（2）加强政策稳定性、持续性，稳定投资预期。

企业投资回收周期较长，面临较大风险。尤其是对于境外来豫的跨国企业，通常缺乏对政策稳定性的合理预估，承担较大风险。河南省吸引外资，打造良好的营商环境，需要在政策持续性、稳定性上做出创新性探索，形成稳定的内外资投资预期。

（3）广泛聚集资源要素，加强外商资本吸引力。

河南省拥有良好的劳动力资源和丰富的生产要素，但在某些核心技术、关键人才储备等方面仍存在较大不足。建议加大政策引导作用，尤其是就关键领域出台针对性政策，加强核心资源要素的聚集，补齐河南省生产资源或技术研发方面的短板，不断优化营商环境，提升对外商和外资的吸引力。

（二）强化社会中介服务纽带作用

社会中介服务机构涉及法律、财务、商务等各个领域，包括仲裁和公证机构、会计师事务所、资产评估事务所、各类商会、产权交易机构、各行业的行业协会等，对维护市场秩序起到非常重要的作用。社会中介服务机构在服务职能上属于社会公共服务或监管服务机构的延伸，在运作机制上又属于市场化机构，具有较强的逐利性。这决定了政府必须对社会中介机构进行规范监督，保障其合法合规运行，才能更好地发挥其纽带作用。

（1）加强管理监督，保障公平正义。

对于仲裁、公证、司法鉴定、财务审核、价值估值等涉及社会公平正义、市场秩序的机构，要加大管理和监督，加强合规性检查，避免部分"小、乱、差"机构为追逐利益出具不合理鉴定意见或虚假评估意见，对市场造成不必要干扰。通过对中介机构的规范和监督，实质上向市场传递了政府维护市场秩序和公平正义的理念和职责。

（2）强化中介服务纽带作用。

一是强化政府信息的传递作用。通过中介服务机构，将政府信息向市场发布，有利于市场主体更好地理解政策内涵，更有效地贯彻政策。二是提供意见反馈渠道。中介机构与市场主体接触更加密切，更加了解市场情况和市场主体诉求。河南省各级政府可以将关键的中介机构组织起来，定期了解市场主体的意见和建议反馈，提高政府服务质量。三是架起企业之间的沟通协作桥梁。中介机构天然具有第三方中立平台属性，有条件建立企业间公平合作的平台，为企业信息共享、沟通洽谈、商业合作等建立纽带。架起沟通桥梁将是提升河南企业海外经营能力的重要保障。

（三） 加大对省属企业的扶持力度

（1）加大财经政策支持力度。

财经支持政策对企业提高经营效益预期、进入市场和加大投入具有极大的促进作用。河南省政府应当加大对省域企业的财政政策扶持力度：一是加大税收支持力度，对省域国际化企业以及外商投资企业，提高企业所得税减免水平，研究减少预提增值税等的征收，降低企业综合税负。二是加大运营补贴政策，对于出口商品达到一定规模的企业，给予一定的运营补贴支持。三是给予固定资产投资补助，对外向型经济企业在省内的相关固定资产投资，以及外资进入企业的固定资产投资，给予一定程度的补助。

（2）创新金融支持手段。

一是创新政府融资手段，在传统银行贷款之外，通过政府引导基金等方式给予补助。拓宽政府引导基金对省域国际企业的支持范围，加快基金设立决策流程和投资审批流程，切实加大对省域企业的支持力度。二是加大对社会私募投资基金的引导作用。鼓励各渠道私募基金对尚处于成长初期的企业进行支持，发挥基金投资的灵活作用。

（3）完善保障措施体系。

一是加大土地政策扶持力度，对省域国际企业增设厂房、境外企业投资建厂等提出土地支持，安排优惠的土地使用价格，设置灵活的土地拍卖机制，有效降低省域国际企业的综合土地成本。二是加大落户扶持政策。建立教育、医疗、综合商业等保障设施，提高社会综合服务水平，重点保障省域国际化企业核心技术人员的落户和子女教育。

（4）扶持企业开展基础性研究。

公共产品理论指出，基础研究具有典型的非竞争性和非排他性特征，加之长期的投资周期和较高的不确定性，这通常导致私营企业不愿意投资这类领域。鉴于此，政府承担起至关重要的角色，激励和引导企业参与基础研究，具体措施包括财政与税收激励，政府可以通过直接的财务补助减轻企业从事基础研究的经济负担。同时，调整税收政策，比如增加对企业基础研究支出的税收抵扣比例，这意味着企业可以因投资基础研究而在应缴税款中享受更多减免，从而降低了研究的成本负担。全程支持与稳定性保证，为了消除企业的后顾之忧，政府应从基础研究的早期阶段就介入，提供持续且直接的支持。这种支持不仅限于资金，还包括科研资源的对接、研究成果的保护以及市场转化的协助，以确保项目的连续性和稳定性，增强企业的投资信心。精细化税收政策，制定更加精细化、差异化的税收策略，避免单一税率适用于所有情况，即不采取"一刀切"的做法。例如，依据不同行业特性，设定基础研究投入的不同级别，并据此实施递进式的税收优惠，投入越多，享受到的税收优惠力度越大。这样既考虑了行业的特殊性，也鼓励企业根据自身条件加大基础研究的投入。

（四）政府与企业共同发力形成双重保障

面对全球化进程中来自西方国家及其企业的双重阻力，仅依靠企业单打独斗往往难以招架，因此需要中国政府与企业携手，形成一股联合力量来共同应对。在国家的策略上，中国政府应加强对出境互联网科技企业的合法权利保护力度，通过制定和完善专门的法律法规体系，确保这些企业在海外的利益得到充分保障，并且明确它们在国际化拓展中应遵循的行为准则，提升它们遵循国际法及伦理标准的自觉性。同时，增强政府间的协作与沟通是关键一环。中国政府应当利用外交途径，增进与相关国家的互动与对话，通过协商来化解冲突和歧见。此外，充分利用WTO的规则体系，作为捍卫自身正当权益的有效工具，也是策略之一。简而言之，这是一场需要政府与企业紧密合作，借助国际法律框架，多渠道、多层次共同应对的"战役"，旨在为中国企业的海外发展营造一个更加公平与安全的外部环境。

（五）参与制定国际保护知识产权

（1）参与国际标准和规则制定，提高话语权。

在全球标准制定的舞台上，西方发达国家、行业团体以及世界500强企业等大型跨国公司主导着规则的制定过程。这些国际标准往往根植于西方的商业实践与需求，可能在某些方面未能充分考虑到中国企业的特性和利益，从而对中国企业产生一定的挑战。鉴于此，中国政府及相关部门应采取积极姿态，紧密跟踪国际市场的最新趋势与各行业的演进，主动参与到各类国际标准、规范及指导原则的制定流程之中。通过深度参与，中国旨在增强在国际经贸架构中的影响力和发言权，确保规则制定能够更加公平合理，反映多元经济体的诉求。进一步来说，这种策略性的参与不仅有助于构建一个对中国企业更加公平、友好的国际商业环境，还为中国跨国企业在全球范围内的拓展提供了有力支持，保障它们能够在海外市场中获得更平等的机会与更广阔的利益。

（2）加强知识产权保护，营造良好经营环境。

随着企业走向国际化，它们在不同国家的运营越来越受到当地知识产权保护法律的影响，特别是自《与贸易有关的知识产权协定》（TRIPS）实施以来，强有力的知识产权保护成为企业在全球市场保持竞争优势的关键。近年来，全球范围内对知识产权的保护力度不断加强，但现状显示，制定这些规则的话语权主要集中在发达国家手中。面对这一局面，中国正采取积极策略，不仅致力于参与全球知识产权规则的制定过程，还力求在国际知识产权贸易纠纷解决机制中发挥建设性作用，以此推动形成一个公正合理的国际知识产权秩序。中国政府计划在自由贸易港和自由贸易试验区采纳《区域全面经济伙伴关系协定》中关于知识产权的部分条款和标准，这样做不仅能为国内企业提供一个适应国际规则的"试验田"，还能积累宝贵经验，为将来参与更广泛的区域乃至多边数字贸易规则制定打下基础。

参考文献

[1] Alvesson M, Kärreman D. Constructing Mystery: Empirical Matters in Theory Development [J]. Academy of Management Review, 2007, 32 (4): 1265-1281.

[2] Andrade A D, Galina S R. Effects of Internationalization on the Performance of Multinational Companies from Developing Economies [J]. RAC: Revista De Administrao Contempornea, 2013, 17 (2): 239-262.

[3] Aspelund A, Madsen T K, Moenø. A Review of the Foundation, International Marketing Strategies, and Performance of International New Ventures [J]. European Journal of Marketing, 2007, 41 (11/12): 1423-1448.

[4] Aybar B, Ficici A. Cross-Border Acquisitions and Firm Value: An Analysis of Emerging-Market Multinationals [J]. Journal of International Business Studies, 2009, 40 (8): 1317-1338.

[5] Benner M J, Tushman M L. Exploitation, Exploration and Process Management: The Productivity Dilemma Revisited [J]. Academy of Management Review, 2003, 28 (2): 238-256.

[6] Berg B L. Qualitative Research Methods for the Social Sciences [M]. Boston: Pearson, 2004.

[7] Bernard B A, Eaton J, Jensen B J, et al. Plants and Productivity in International Trade [J]. The American Economic Review, 2003, 93 (4): 1268-1290.

[8] Bloodgood J M, Sapienza H J, Almeida J G. The Internationalization of New High-potential U. S. Ventures Antecedents and Outcomes [J]. Entrepreneurship Theory and Practice, 2002.

[9] Brenes E R, Ciravegna L, Pichardo C A. Managing Institutional Voids: A Configurational Approach to Understanding High Performance Antecedents [J]. Journal of Business Research, 2019 (105): 345-358.

[10] Bresman H, Birkinshaw J, Nobel R. Knowledge Transfer in International

Acquisitions [J]. Journal of International Business Studies, 1999, 30 (3): 439 - 462.

[11] Buckley P J, Casson M. The Future of the Multinational Enterprise [M]. London: Macmillan, 1976.

[12] Buckley P J, Clegg L J, Voss H, et al. A Retrospective and Agenda for Future Research on Chinese Outward Foreign Direct Investment [J]. Journal of International Business Studies, 2018 (49): 4-23.

[13] Cantwell J, Janne O. The Role of Multinational Corporations and Nation states in the Globalization of Innovatory Capacity: The European Perspective [J]. Technology Analysis and Strategic Management, 2000 (12): 243-262.

[14] Cantwell J, Tolentino P E E. Technological Accumulation and Third World Multinationals [M]. University of Reading, Development of Economics, 1990.

[15] Charles D S. The Measurement of Trade Openness [D]. Tallahassee: The Florida State University, 2003.

[16] Chibba M. Expanding the Perspective on Global Business [J]. Global Business and Organizational Excellence, 2013, 32 (2): 61-70.

[17] Ciravegnal L, Kundu S K, Kuivalainen O, et al. The Timing of Internationalization - Drivers and Outcomes [J]. Journal of Business Research, 2019, 105: 22-32.

[18] Corbin J M, Strauss A. Grounded Theory Research: Procedures, Canons, And Evaluative Criteria [J]. Qualitative Sociology, 1990, 13 (1): 3-21.

[19] Dash R, Ranjan R. An Effectual - Causal View of Managerial Decisions in the Internationalization of Indian MNEs [J]. Journal of International Management, 2019, 25 (1): 101-120.

[20] Deng Z, Bryan R J B, Sinkovics R R. Rapid Expansion of International New Ventures Across Institutional Distance [J]. Journal of International Business Studies, 2018 (49): 1010-1032.

[21] Du M, Boateng A. State Ownership, Institutional Effects and Value Creation in Cross-border Mergers & Acquisitions by Chinese Firms [J]. International Business Review, 2015, 24 (3): 430-442.

[22] Dunning J H. Reappraising the Eclectic Paradigm in an Age of Alliance Capitalism [J]. Journal of International Business Studies, 1995, 26 (3): 461-491.

[23] Dunning J H. The Theory of Transnational Corporations [M]. London: Routledge, 1993.

［24］ Dunning J H. Trade, Location of Economic Activities and the MNE: A Search for an Electric Approach ［C］//The International Allocation of Economic Activity: Proceedings of a Nobel Symposium held at Stockholm. London: Macmillan,1997.

［25］ Eisenhardt K M. Better Stories and Better Constructs: The Case for Rigor and Comparative Logic ［J］. Academy of Management Review, 1991, 16 (3): 620-627.

［26］ Federico Bonaglia. Strengthening Productive Capacities in Emerging Economies through Internationalisation ［R］. OECD Development Centre Working Papers, 2007.

［27］ Fernhaber S A, Mcdougall P P, Oviatt B M, et al. Exploring the Role of Industry Structure in New Venture Internationalization ［J］. Baylor University, 2007, 31 (4): 517-542.

［28］ Forsgren M. The Concept of Learning in the Uppsala Internationalization Process Model: A Critical Review ［J］. International Business Review, 2012, 11 (3):257-277.

［29］ Foss J N, Husted K, Michailova S. Governing Knowledge Sharing in Organizations: Levels of Analysis, Governance Mechanisms, and Research Directions ［J］. Journal of Management Studies, 2010, 47 (3): 455-482.

［30］ Frenz M, Letto-Gillies G. Does Mutinationality Affect the Propensity to Innovate? An Analysis of the Third UK Community Innovation Survey ［J］. International Review of Applied Economics, 2017, 21 (1): 99-118.

［31］ Glaser B G. Basics of Grounded Theory Analysis: Emergence vs Forcing ［M］. Oxford: Sociology Press, 1992.

［32］ González F J A. Thesis Review: The Subjective and Institutional Factors in the Internationalization Process of Firms ［J］. Journal of International Entrepreneurship, 2005, 3 (2): 111-113.

［33］ Gooderham P, Minbaeva D B, Pedersen T. Governance Mechanisms for the Promotion of Social Capital for Knowledge Transfer in Multinational Corporations ［J］. Journal of Management Studies, 2011, 48 (1): 123-150.

［34］ Graves C, Thomas J. Internationalization of Australian Family Businesses: A Managerial Capabilities Perspective ［J］. Family Business Review, 2006, 19 (3): 207-224.

［35］ Hitt M A, Bierman L, Uhlenbruck K, et al. The Importance of Resources in the Internationalization of Professional Servic Firms: The Good, the Bad, and the

Ugly [J]. Academy of Management Journal, 2006, 49 (6): 1137-1157.

[36] Humphrey J, Schmitz H. How Does Insertion in Global Value Chains Affect Upgrading in Industrial Clusters? [J]. Regional Studies, 2002, 36 (9): 1017 - 1027.

[37] Hymer S H. The International Operation of National Firms: A Study of Direct Foreign Investment [M]. Cambridge: The MIT Press, 1976.

[38] Johanson J, Wiedersheim-Paul F. The Internationalization of the Firm: Four Swedish Case Studies [J]. Journal of Management Studies, 2007, 12 (3): 305-322.

[39] Johanson J, Vahlne J E. The Internationalization Process of the Firm-A Model of Knowledge Development and Increasing Foreign Market Commitments [J]. Journal of International Business Studies, 1977, 8 (1): 23-32.

[40] Johanson J, Vahlne J E. The Mechanism of Internationalization [J]. International Marketing Review, 1990, 7 (4): 11-24.

[41] Johanson J, Wiedersheim-Paul. The Ternationalization of the Firm: Four Swedish Cases [J]. Journal of Management Studies, 1975, 12 (3): 305-322.

[42] Klossek A, Linke B M, Nippa M. Chinese Enterprises in Germany: Establishment Modes and Strategies to Mitigate the Liability of Foreignness [J]. Journal of World Business, 2010, 47 (1): 35-44.

[43] Kobrin S J, Buckley P J, Casson M. The Future of Multinational Enterprise [J]. Journal of Marketing, 1977, 41 (4): 45-87.

[44] Kogut B, Zander U. Knowledge of the Firm, Combative Capabilities, and the Replication of Technology [J]. Organization Science, 1992, 3 (3): 383-397.

[45] Kojima K. Direct Foreign Investment: A Japanese Model of Multinational [M]. New York: Praeger, 1978.

[46] Kumar V, Singh D, Purkayastha A, et al. Springboard Internationalization by Emerging Market Firms: Speed of First Cross-Border Acquisition [J]. Journal of International Bussiness Studies, 2020, 51 (1): 172-193.

[47] Lee K, Malerba F. Catch-up Cycles and Changes in Industrial Leadership: Windows of Opportunity and Responses of Firms and Countries in the Evolution of Sectoral Systems [J]. Research Policy, 2016, 46 (2): 338-351.

[48] Liao J, Kickul J R, Ma H. Organizational Dynamic Capability and Innovation: An Empirical Examination of Internet Firms [J]. Journal of Small Business Management, 2009, 47 (3): 398-420.

［49］ Lo D. State-Owned Enterprises in Chinese Economic Transformation: Institutional Functionality and Credibility in Alter-native Perspectives ［J］. Journal of Economic Issues, 2020, 54 （3）: 813-837.

［50］ Luostarinen R, Hellman H. The Internationalization Process and Strategies of Finnish Family Firms ［D］. Helsimki: Helsinki School of Economics and Business Administration, 1994.

［51］ Madsen T K, Servais P. The Internationalization of Born Global: An Evolutionary Process ［J］. International Business Review, 1997, 6 （6）: 561-583.

［52］ Maillat D. Territorial Dynamic, Innovative Milieus and Regional Policy ［J］. Entrepreneurship and Regional Development, 1995, 7 （2）: 157-165.

［53］ Marshall C, Rossman G. How to Conduct the Study: Designing Qualitative Research ［M］. Maryland: Sage Publications, 1989.

［54］ Micheli J, Carrillo J. The Globalization Strategy of a Chinese Multinational: Huawei in Mexico ［J］. Frontera Norte, 2016, 28 （56）: 35-58.

［55］ Miller M M. Executive Insights: The 10-Steps Road Map to Success in Foreign Markets ［J］. Journal of International Marketing, 1993, 1 （2）: 89-106.

［56］ Nguyen Q K, Kim S. The Multinationality and Performance Relationship: Revisiting the Literature and Exploring the Implications ［J］. International Business Review, 2020, 29 （2）: 101670.

［57］ Odlin D. Domestic Competitor Influence on Internationalizing SMEs as an Industry Evolves ［J］. Journal of World Business, 2019, 54 （2）: 119-136.

［58］ Ozkan K S L. International Market Exit by Firms: Misalignment of Strategy with the Foreign Market Risk Environment ［J］. International Business Review, 2020, 29 （6）: 101741.

［59］ Petrou A P, Hadjielias E, Thanos I C, et al. Strategic Decision-making Processes, International Environmental Munificence and the Accelerated Internationalization of SMEs ［J］. International Business Review, 2020, 29 （5）: 101735.

［60］ Phene A, Tallman S, Almeida P. When Do Acquisitions Facilitate Technological Exploration and Exploitation? ［J］. Journal of Management, 2012, 38 （3）: 753-783.

［61］ Raymond Vernon. International Investment and International Trade in the Product Cycle ［J］. Quarterly Journal of Economics, 1966 （80）: 190-207.

［62］ Rhodes J, Lok P, Hung R Y Y, et al. An Integrative Model of Organizational Learning and Social Capital on Effective Knowledge Transfer and Received Organizational Performance [J]. Journal of Workplace Learning, 2008, 20 (4): 245 – 258.

[63] Riehard D. Robinson. A New Approach to Corporate Strategic Decision Making [Z]. 1990.

[64] Robinson W I. Beyond Nation–state Paradigms: Globalization, Sociology, and the Challenge of Transnational Studies [J]. Sociological Forum, 1998 (13): 561–594.

[65] Rybadze A, Reger G. Globalization of R&D: Recent Changes in the Management of Renovation in Transnational Corporations [J]. Research Policy, 1999 (28): 251–274.

[66] Sanjaya Lall. The New Multinationals: The Spread of Third Workd Enterprises [M]. New York: John Wiley & Sons, 1983.

[67] Slangen H A. National Cultural Distance and Initial Foreign Acquisition Performance: The Moderating Effect of Integration [J]. Journal of World Business, 2006, 41 (2): 161–170.

[68] Stettner U, Lavie D. Ambidexterity Under Scrutiny: Exploration and Exploitation Via Internal Organization, Alliances, and Acquisitions [J]. Strategic Management Journal, 2014, 35 (13): 1903–1929.

[69] Stoian C. Extending Dunning's Investment Development Path: The Role of Home Country Institutional Determinants in Explaining Outward Foreign Direct Investment [J]. International Business Review, 2013, 22 (3): 615–637.

[70] Sullivan D. Measuring the Degree of Internationalization of a Firm [J]. Journal of International Business Studies, 1994, 25 (2): 325–342.

[71] Tage K, Madsen T K, Knudsen T. International New Venture: A New Organizational Form? [J]. International Entrepreneurship: Crossing Boundaries and Researching New Frontiers, 2003 (9): 19–22.

[72] Theodore Levitt. The Obalization of Markets [J]. Harvard Business Review, 1983, 61 (3): 92–102.

[73] Vahlne J E, Nordström K A. The Internationalization Process: Impact of Competition and Experience [J]. The Intertional Trade Journal, 2007, 7 (5): 529–548.

[74] Vernon R. International Investment and International Trade in the Product Cycle [J]. The Quarterly Journal of Economics, 1966, 80 (2): 190–207.

[75] Welch L S, Luostarinen R. Internationalization: Evolution of a Concept

[J]. Journal of General Management, 1988, 14 (2): 155-171.

[76] Wells L T. The Internationalization of Firms from Developing Countries [M]// Agmon T, Kindleberger C P. Multinationals from Small Countries. Cambridge, Massachusetts: MIT Press, 1977.

[77] Xu K, Hitt M A, Brock D. Country Institutional Environments and International Strategy: A Review and Analysis of the Research [J]. Journal of International Management, 2021, 27 (1): 10081.

[78] Yin R K. Case Study Research: Design and Methods [M]. London: Sage Publications, 2013.

[79] Yip G S, Biscarri J G, Monti, J A. The Role of the Internationalization Process in the Performance of Newly Internationalizing Firms [J]. Journal of International Marketing, 2000, 8 (3): 10-35.

[80] Zou S M, Cavusgil S T. The GMS: A Broad Conceptualization of Global Marketing Strategy and Its Effect on Firm Performance [J]. Journal of Marketing, 2002, 66 (4): 40-56.

[81] 蔡娅囡, 农驰. 中国企业国际化发展与实务 [J]. 时代汽车, 2021 (14): 6-12.

[82] 陈凤兰, 张鹏飞. 新发展格局下国内产业链延伸发展与企业国际化 [J]. 经济学家, 2023 (9): 45-54.

[83] 陈坚. 完善中国企业"走出去"政策措施体系之思考 [J]. 国际贸易, 2020 (10): 25-31.

[84] 成程, 陈彦名, 黄勃. 战略联盟对中国企业国际化的影响研究——来自上市公司公告大数据文本分析的证据 [J]. 国际贸易问题, 2022 (6): 159-174.

[85] 程旖婕, 刘云. 中国创新体系国际化的知识流动模式研究 [J]. 研究与发展管理, 2018, 30 (5): 15-26.

[86] 程永明. "一带一路"与中国企业走出去——日本企业海外发展的启示 [J]. 东北亚学刊, 2019 (4): 21-24.

[87] 崔赟玮. 比亚迪新能源汽车的国际化路径研究 [D]. 兰州: 兰州财经大学, 2022.

[88] 达捷, 董春. 我国产业集群式发展的现实分析 [J]. 特区经济, 2005 (11): 224-225.

[89] 丁昆, 丁贵桥. 中美经济摩擦背景下企业国际化的战略探讨 [J]. 决策与信息, 2021 (11): 51-59.

［90］董伟统.浙江民营企业国际化 SWOT 分析及对策研究［J］.商业经济，2012（4）：46-48.

［91］杜立科."一带一路"背景下国有企业国际化经营的路径探索［J］.河北企业，2023（7）：69-71.

［92］杜晓君，张宁宁.组织污名对企业国际化绩效的影响［J］.外国经济与管理，2019，41（7）：112-124.

［93］樊尊.河南对外开放竞争力研究［D］.郑州：河南大学，2009.

［94］高厚宾，吴先明.新兴市场企业跨国并购、政治关联与创新绩效——基于并购异质性视角的解释［J］.国际贸易问题，2018（2）：137-148.

［95］格佛海，孙忠娟，凌学忠.技术并购与经济绩效——来自中国企业的证据［J］.科学学与科学技术管理，2013，34（11）：116-125.

［96］葛欣昀.后疫情时代数字技术企业国际化发展面临的机遇，挑战与对策［J］.现代商业，2023（13）：45-48.

［97］郭仁忠，胡芬，唐新明.高分辨率卫星遥感产业国际化发展思路研究［J］.中国软科学，2018（11）：1-9.

［98］郭文臣，李婷婷，田雨.新型雇佣关系结构模型构建及实证研究［J］.南开管理评论，2016，19（4）：181-192.

［99］Hood N，Young S.跨国企业的全球化经营与经济发展（中译本）［M］.沈进建，译.北京：中国社会科学出版社，2006.

［100］河南省人民政府.2017 年河南省国民经济和社会发展统计公报［EB/OL］.［2018-02-28］.https：//www.henan.gov.cn/2018/02-28/387734.html.

［101］河南省人民政府.2018 年河南省国民经济和社会发展统计公报［EB/OL］.［2019-03-02］.https：//www.henan.gov.cn/2019/03-02/736255.html.

［102］河南省人民政府.2019 年河南省国民经济和社会发展统计公报［EB/OL］.［2020-03-10］.https：//www.henan.gov.cn/2020/03-10/1302745.html.

［103］河南省人民政府.2020 年河南省国民经济和社会发展统计公报［EB/OL］.［2021-03-08］.https：//www.henan.gov.cn/2021/03-08/2104927.html.

［104］河南省人民政府.2021 年河南省国民经济和社会发展统计公报［EB/OL］.［2022-03-14］.https：//www.henan.gov.cn/2022/03-14/2414064.html.

［105］河南省人民政府. 2022 年河南省国民经济和社会发展统计公报［EB/OL］.［2023-03-23］. https：//www. henan. gov. cn/2023/03-23/2711897. html.

［106］河南省商务厅. 2017 年上半年全省商务运行情况分析［EB/OL］.［2018-01-31］. https：//hnsswt. henan. gov. cn/2017/07-27/2004880. html.

［107］河南省商务厅. 2018 年全省商务运行情况分析［EB/OL］.［2019-01-31］. https：//hnsswt. henan. gov. cn/2019/01-28/2004914. html.

［108］河南省商务厅. 2019 年全省商务运行情况分析［EB/OL］.［2020-01-27］. https：//hnsswt. henan. gov. cn/2020/01-27/2004939. html.

［109］河南省统计局. 河南统计年鉴 2017［M］. 北京：中国统计出版社，2018.

［110］河南省统计局. 河南统计年鉴 2018［M］. 北京：中国统计出版社，2019.

［111］河南省统计局. 河南统计年鉴 2019［M］. 北京：中国统计出版社，2020.

［112］河南省统计局. 河南统计年鉴 2020［M］. 北京：中国统计出版社，2021.

［113］河南省统计局. 河南统计年鉴 2021［M］. 北京：中国统计出版社，2022.

［114］河南省统计局. 河南统计年鉴 2022［M］. 北京：中国统计出版社，2023.

［115］胡辰. 安徽中小企业国际化经营影响因素研究［D］. 蚌埠：安徽财经大学，2015.

［116］黄江明，李亮，王伟. 案例研究：从好的故事到好的理论——中国企业管理案例与理论构建研究论坛（2010）综述［J］. 管理世界，2011（2）：118-126.

［117］惠宁. 对我国企业国际化经营的几点思考［J］. 延安大学学报（社会科学版），1996（3）：49-53.

［118］季华，刘海波. 跨国并购溢价度、公司国际化程度与并购绩效［J］. 宏观经济研究，2019（6）：58-72.

［119］贾旭东，衡量. 基于"扎根精神"的中国本土管理理论构建范式初探［J］. 管理学报，2016，13（3）：336-346.

［120］江苏省工商联课题组. "一带一路"背景下江苏民营企业国际化现状、问题及对策建议［J］. 江苏省社会主义学院学报，2019（3）：42-48.

［121］江小涓，杜玲. 国外跨国投资理论的最新进展［J］. 世界经济，2001（6）：71-77.

［122］蒋玥. 中国信息通信产业"走入非洲"的发展策略研究［D］. 北京：北京外国语大学，2019.

［123］康晓剑，刘思峰. 略论我国企业的跨国并购整合——基于企业生命周期理论［J］. 经济问题，2007（9）：74-76.

［124］兰新. 后金融危机背景下安徽中小企业发展研究［D］. 合肥：安徽大学，2019.

［125］雷小苗. 正视文化差异发展文化认同——跨国公司经营中的跨文化管理研究［J］. 商业研究，2017（1）：13-18.

［126］李朝明. 中国民营企业国际化发展研究［D］. 杭州：浙江大学，2007.

［127］李从从. "一带一路"背景下国有企业国际化经营激励机制探索与思考［J］. 价值工程，2021（5）：51-52.

［128］李高勇，毛基业. 案例选择与研究策略——中国企业管理案例与质性研究论坛（2014）综述［J］. 管理世界，2015（2）：133-136.

［129］李季鹏，赵彤，刘丹. 新疆本土企业国际化发展SWOT—CLPV矩阵分析［J］. 广西职业技术学院学报，2018，11（2）：5-7.

［130］李林玥. 促进我国战略性新兴产业国际化发展研究的新思路［J］. 管理世界，2018，34（9）：180-181.

［131］李梅，余天骄. 研发国际化和母公司创新绩效：文献评述和未来研究展望［J］. 管理评论，2020，32（10）：106-119.

［132］李梅，余天骄. 研发国际化是否促进了企业创新——基于中国信息技术企业的经验研究［J］. 管理世界，2016（11）：125-140.

［133］李梅，赵乔. 研发国际化与企业创新绩效：基于社会网络理论视角［J］. 珞珈管理评论，2020（2）：1-19.

［134］李平，丁威旭. "双循环"格局下中国企业的有效应对战略：阴阳平衡视角［J］. 清华管理评论，2021（3）：92-97.

［135］李拯非，张宏. 国际化、供应商集中度与企业创新关系研究［J］. 山东社会科学，2020（1）：114-119.

［136］李志刚，李国柱. 农业资源型企业技术突破式高成长及其相关理论研究——基于宁夏红公司的扎根方法分析［J］. 科学管理研究，2008（3）：111-115.

［137］李子彪，王楠，孙可远. 国际化行为对高新技术企业创新绩效的影响

机理——基于吸收能力的中介效应［J］.科技管理研究，2019，39（8）：1-8.

［138］梁琦.关于我国优势产业国际化的思考［J］.开发研究，2009（4）：59-62.

［139］梁云.加入WTO与民营企业"走出去"战略的推进［J］.国际经济合作，2004（9）：22-25.

［140］林俐.民营企业国际化经营研究——基于温州的实践［M］.杭州：浙江大学出版社，2007.

［141］刘刚，张晓兰.我国汽车产业国际化路径探讨——基于制造业转型升级战略背景［J］.商业经济研究，2020（2）：189-192.

［142］刘健，刘春林."一带一路"倡议下跨境电商对区域经济均衡发展的研究［J］.物流工程与管理，2021，43（8）：94-98.

［143］刘丽艳.发达国家实施中小企业国际化战略的经验及其借鉴［J］.长春工程学院学报（社会科学版），2006（2）：51-53.

［144］刘怡民.我国中小企业国际化经营存在问题及对策研究［D］.郑州：郑州大学，2005.

［145］鲁慧玲.中国企业国际化与绩效关系研究［J］.上海：复旦大学，2008.

［146］鲁桐.WTO与中国企业国际化［M］.北京：经济管理出版社，2007.

［147］鲁桐.企业国际化阶段、测量方法及案例研究［J］.世界经济，2000（3）：9-18.

［148］吕蕊.中国民营企业的国际化进程——基于IP模型演进视角［J］.商业时代，2013（32）：78-80.

［149］罗华.新兴市场企业OFDI动因与模式研究：来自中国的证据［D］.武汉：武汉大学，2011.

［150］孟凡臣，赵中华.跨文化吸收能力对国际并购知识转移影响机制的多案例研究［J］.管理学报，2018，15（8）：1221-1230.

［151］宓红.从小规模技术理论看浙江民营企业对外直接投资的优势［J］.亚太经济，2003（4）：65-67.

［152］潘宏亮.国际创业经验、创新要素累积与天生国际化企业双元创新［J］.科研管理，2020，41（3）：43-51.

［153］任鸽，陈伟宏，钟熙.高管国际经验、环境不确定性与企业国际化进程［J］.外国经济与管理，2019，41（9）：109-121.

［154］沈灏，杨建君，苏中锋.关于企业国际化的国外理论研究综述［J］.管理学报，2009，6（12）：1709-1715.

［155］石丽静，洪俊杰. 知识产权保护如何影响企业国际化——来自中国上市公司的经验证据［J］. 国际贸易问题，2019（11）：146-158.

［156］宋国卿. 新形势下河南省对外开放的现状和对策［J］. 决策探索，2011（8）：19-20.

［157］苏敬勤，李召敏，吕一博. 管理创新决策的三层面——三维度关系分析［J］. 科学学与科学技术管理，2011，32（3）：50-56.

［158］汤玮晨，王丹. 双循环背景下民营企业国际化与经营绩效研究［J］. 现代管理科学，2021（8）：80-90.

［159］陶厚永，李燕萍，骆振心. 山寨模式的形成机理及其对组织创新的启示［J］. 中国软科学，2010（11）：123-135.

［160］万志宏，王晨. 中国对外直接投资与跨国公司国际化［J］. 南开学报（哲学社会科学版），2020（3）：67-77.

［161］王承云. 日本企业的技术创新机制及在华研发活动研究［M］. 上海：人民出版社，2009.

［162］王江，徐婷. 中国光伏产业国际化发展中的困境与应对之策［J］. 对外经贸实务，2012（7）：28-31.

［163］王静一. 对地区企业国际化发展水平的创新评价研究［J］. 科技管理研究，2006（26）：204-207.

［164］王向东，丁慧平. 基于产业集群视角的企业创新研究［J］. 中国流通经济，2008（11）：50-55.

［165］王亚刚，张晓军，葛京，等. 中国民营企业的国际化——制度及经验优势与行业动态性的影响效应［J］. 西安交通大学学报（社会科学版），2010，30（3）：41-48.

［166］王友南. 中国企业国际化面临的机遇与挑战［J］. 企业改革与管理，2021（1）：95-96.

［167］王玉华，陈奕. RCEP 背景下我国中小企业国际化的机遇与对策［J］. 中国经贸导刊，2021（6）：19-20.

［168］吴茜茜. 中国企业跨国并购绩效实证研究［D］. 上海：复旦大学，2012.

［169］吴先明，苏志文. 将跨国并购作为技术追赶的杠杆：动态能力视角［J］. 管理世界，2014（4）：146-164.

［170］吴岩. 广东中小企业国际化路径及其影响因素［J］. 改革与战略，2011，27（8）：157-158+174.

［171］吴振振，中国互联网科技企业国际化发展研究［D］. 黑龙江：黑龙

江大学，2023.

[172] 肖鹏，宣珊珊.国际化双元效应有利于提升中国跨国企业创新绩效吗？——东道国管制制度调节视角 [J].科技进步与对策，2020，37（12）：112-119.

[173] 徐淑英，刘忠明.中国企业管理的前沿研究 [M].北京：北京大学出版社，2004.

[174] 闫寒.企业国际化程度对创新能力的影响研究——基于社会责任的中介作用和政治关联的调节作用 [J].经济研究导刊，2023（9）：28-31.

[175] 杨勃，刘娟.来源国劣势：新兴经济体跨国企业国际化"出身劣势"——文献评述与整合框架构建 [J].外国经济与管理，2020，42（1）：113-125.

[176] 杨婵，贺小刚，杨昊，等.开发区是促进还是阻碍企业国际化？——基于文献的分析 [J].外国经济与管理，2020，42（4）：139-152.

[177] 杨林.我国科技型企业技术创新国际化战略的理论分析 [J].科技管理研究，2010，28（6）：5-10.

[178] 尹响，杨继瑞.我国高端装备制造产业国际化的路径与对策分析 [J].经济学家，2016（4）：103-104.

[179] 尤宏兵.中国民营企业国际化经营研究与实证分析 [D].南京：南京理工大学，2004.

[180] 原磊，邱霞.中国企业国际化的回顾与展望 [J].宏观经济研究，2009（9）：26-33.

[181] 张莉芳.政府补贴、国际化战略和企业创新能力——基于中国战略性新兴产业的经验研究 [J].商业研究，2018（6）：151-160.

[182] 张立华.国际化是中国电信企业发展的必然趋势 [J].北京邮电大学学报（社会科学版），2007（1）：39-42.

[183] 张丽芳.新兴市场企业国际化动因、路径与绩效：对中国企业的案例研究 [J].湖南社会科学，2016（3）：155-160.

[184] 张帅.西部地区中小企业国际化：现状与推进 [D].贵阳：贵州财经大学，2012.

[185] 张天顶，姜依晗.中国企业跨国并购的影响因素研究 [J].武汉科技大学学报（社会科学版），2017，19（6）：674-682.

[186] 张文骞.企业国际化发展状态评价指标体系研究 [D].杭州：浙江大学，2008.

[187] 张旭，郭义盟.中国国有企业国际化的时代背景、发展历程与世界意

义［J］.理论学刊，2021（2）：79-89.

［188］张彦.RCEP 区域价值链重构与中国的政策选择——以"一带一路"建设为基础［J］.亚太经济，2020（5）：14-24.

［189］张英，张倩肖.开放型技术双元、交互吸收能与企业国际化进入模式选择［J］.科技进步与对策，2021，38（18）：94-103.

［190］赵优珍.中小企业国际化——理论探讨与经营实践［M］.上海：复旦大学出版社，2005.

［191］赵瑜，刘善仕.经济政策不确定性，政府关系与企业国际化［J］.财会通讯，2022（9）：84-88.

［192］郑小碧.跨国创业导向、技术创新能力与天生全球化企业国际化绩效［J］.科研管理，2019，40（10）：230-239.

［193］钟熙，宋铁波，陈伟宏，等.外资持股、CEO 决策视野与企业研发国际化［J］.科学学研究，2020，38（3）：496-505.

［194］钟筱彤，周连喜，罗慧颖.母国要素与新创企业国际化：研究回顾与展望［J］.外国经济与管理，2019，41（8）：3-16.

［195］周立新.家族企业国际化与企业绩效——家族传承意愿与政治关系的调节效应［J］.管理评论，2019，31（9）：159-168.

［196］周荣敏.对外直接投资、产业升级与企业国际化路径选择［J］.经济问题，2015（8）：71-75.

［197］周新生.中国对外直接投资的边际产业选择［J］.国际贸易，2009（3）：64-68.

［198］朱春兰.浙江民营科技企业国际化影响因素分析——基于 200 家浙江民营科技企业的实证调查［J］.改革与战略，2014，30（11）：130-132.

［199］朱克力.新兴产业的国际化之路［J］.中国金融，2017（16）：42-43.

后　记

随着本书的篇章缓缓落下帷幕，我们的探索之旅悄然抵达了终点。希望本书能够为河南企业的国际化进程奠定坚实的理论基石，同时也为企业实践者和政策制定者点亮一盏指路明灯。在撰写与整理的过程中，我们深刻体会到，河南作为中部崛起的核心力量，其企业国际化之路既是一部充满活力的发展史，也是一个充满机遇与挑战的现代叙事。通过对河南企业国际化历程的细致梳理、现状的深度剖析以及未来路径的前瞻探索，我们希望传达一个明确的信息：在全球化与逆全球化浪潮交织的当下，河南乃至整个中部地区的企业完全有能力也有必要在全球舞台上扮演更加重要的角色，也必将为国际产业链创新变革贡献自己的力量。

此书的完成，离不开众多企业、学者及政府机构的无私分享与鼎力支持。正是这些来自一线的声音与数据，使我们的研究能够贴近实际，且既有理论的高度，也不失实践的温度。我们衷心感谢每一位参与者，是你们的故事与见解，丰富了本书的血肉，使之成为一个多维度、立体化的研究成果。当然，由于笔者水平有限，书中难免有不妥之处，敬请广大读者批评指正。

笔　者

2024 年 4 月